Introdução ao Direito: aulas práticas

Renato Lovato Neto

Professor Auxiliar da Universidade Portucalense
Doutor em Direito pela Faculdade de
Direito da Universidade do Porto
Mestre em Direito Privado pela Universidade
Católica Portuguesa do Porto
Advogado

Renato Lovato Neto

À Carolina, minha esposa, por ser a minha fonte eterna de energia e de motivação, e por sua paciência nestes anos de docência.

Índice

APRESENTAÇÃO

CAPÍTULO 1 – INTRODUÇÃO DAS AULAS PRÁTICAS

CAPÍTULO 2 – DA ORDEM SOCIAL À ORDEM JURÍDICA

CAPÍTULO 3 – A ORDEM JURÍDICA EM ESPECIAL

CAPÍTULO 4 – O DIREITO OBJETIVO E O DIREITO SUBJETIVO

CAPÍTULO 5 – OS FINS DO DIREITO: JUSTIÇA E SEGURANÇA JURÍDICA

CAPÍTULO 6 – A TÉCNICA LEGISLATIVA E A SEGURANÇA JURÍDICA

CAPÍTULO 7 – OS RAMOS DO DIREITO

CAPÍTULO 8 – A NORMA JURÍDICA

CAPÍTULO 9 – O FACTO JURÍDICO E A RELAÇÃO JURÍDICA

CAPÍTULO 10 – A RELAÇÃO JURÍDICA E OS SUJEITOS DA RELAÇÃO

CAPÍTULO 11 – A TIPOLOGIA DAS NORMAS JURÍDICAS

CAPÍTULO 12 – A CODIFICAÇÃO

CAPÍTULO 13 – AS REMISSÕES E OS ELENCOS EXEMPLIFICATIVOS E TAXATIVOS

CAPÍTULO 14 – AS FICÇÕES LEGAIS E AS PRESUNÇÕES

CAPÍTULO 15 – A TUTELA DOS DIREITOS SUBJETIVOS

CAPÍTULO 16 – OS MEIOS DE TUTELA

CAPÍTULO 17 – AS FONTES DO DIREITO

CAPÍTULO 18 – A VIGÊNCIA DAS LEIS E APLICAÇÃO DAS LEIS NO TEMPO

Apresentação

O texto que segue corresponde ao material de apoio às aulas práticas lecionados por mim, em parte do período diurno e período pós-laboral em 2022/23 e na totalidade do período diurno de 2023/24 e 2024/25, na unidade curricular de "Introdução ao Direito" no 1.º Ciclo de Estudos em Direito da Universidade Portucalense.

É dividido em 18 capítulos que, aos alunos, foram apresentados em 13 aulas, lecionadas no decorrer de 15 semanas letivas. Após 3 anos de tentativas, erros e acertos, me sinto suficiente confiante para publicar este material.

Os enunciados (e apenas) foram elaborados para sempre serem publicados com antecedência em plataforma *online* e posteriormente solucionados em aula, preferencialmente após uma ou duas semanas na sequência das aulas teóricas. Isso para permitir o aluno assimilar o conteúdo e responder com autonomia às questões, como é habitual nesta espécie de aulas.

A finalidade da publicação destas aulas dá-se por um motivo muito simples: apesar de existirem outras (várias e melhores) publicações do tipo, este material foi elaborado sob medida por mim para acompanhar as aulas teóricas do Professor Doutor Heinrich Hörster e da Professora Doutora Maria Emília Teixeira, regentes da cadeira em 2022/23 e a partir do ano seguinte, respetivamente. Por isso, agradeço imensamente a oportunidade de colaboração e de aprendizado que me ofereceram no meu retorno à Portugal e à academia.

Diante disso, por minha experiência pessoal, a grande maioria do conteúdo deste texto não corresponde a outros títulos do mesmo género, nomeadamente quanto às várias decisões judiciais cuidadosamente escolhidas para exemplificar os diversos conteúdos lecionados aos alunos de 1.º semestre da licenciatura em direito. A ideia por traz sempre foi permitir o acesso o quanto antes ao mundo jurídico que encontrarão quando saírem das cadeiras da Universidade.

Acreditando na possibilidade de ao menos um docente se encontrar na situação em que um dia estive e, mais ainda, na utilidade que pode se dar aos estudantes (que estiveram sempre no centro das intenções das aulas aqui apresentadas), publique-se.

Porto, 15 de Dezembro de 2024.
Renato Lovato Neto
Professor Auxiliar de Direito da Universidade Portucalense

Nota: todo artigo sem distinção da legislação a que se refere é do Código Civil.
Qualquer gralha, erro ou incoerência será

corrigido numa eventual próxima edição.

Abreviaturas:
CC: Código Civil
CRP: Constituição da República Portuguesa
LF: Lei Formulária

Capítulo 1 – Introdução das aulas práticas

1. Alguns exemplos de aula prática

CASO 1
Direito público ou direito privado? Identifique os ramos do direito abaixo:
    a) Direito Fiscal
    b) Direito do Consumo
    c) Direito da Família
    d) Direito Administrativo
    e) Direito do Trabalho
    f) Direito das Obrigações
    g) Direito da Concorrência
    h) Direito Penal
    i) Direito Constitucional
    j) Direito Comercial
    k) Direito Processual

CASO 2
Identifique o ramo do direito e se pertence ao direito público ao direito privado:
João vendeu a Maria, sua vizinha, um veículo automóvel. João sabia que o veículo era de gama inferior, mas convenceu Maria de que era, na realidade, um veículo muito mais caro.
Como Maria conhece João há muitos anos, e confiou em suas palavras e adquiriu o veículo. Pagou mais de 3.000 euros acima do valor de mercado. Maria pretende apresentar queixa contra João.
    Artigo 217.º, Código Penal - Burla
    1 - Quem, com intenção de obter para si ou para terceiro

enriquecimento ilegítimo, por meio de erro ou engano sobre factos que astuciosamente provocou, determinar outrem à prática de actos que lhe causem, ou causem a outra pessoa, prejuízo patrimonial é punido com pena de prisão até 3 anos ou com pena de multa.
2 - A tentativa é punível.
3 - O procedimento criminal depende de queixa.

b) Adauto contratou Tomás para transportar o mobiliário de sua casa antiga para a nova casa.

No transporte, Tomás não segurou corretamente os objetos, e três quadros de elevado valor acabaram por sofrer danos e não podem ser reparados.

Tomás não seguiu o cuidado que era esperado na situação concreta.

Adauto aciona judicialmente Tomás para pedir uma indemnização.

> Artigo 798.º, Código Civil - Responsabilidade do devedor
> O devedor que falta culposamente ao cumprimento da obrigação torna-se responsável pelo prejuízo que causa ao credor.
>
> Artigo 799.º, Código Civil - Presunção de culpa e apreciação desta
> 1. Incumbe ao devedor provar que a falta de cumprimento ou o cumprimento defeituoso da obrigação não procede de culpa sua.
> 2. A culpa é apreciada nos termos aplicáveis à responsabilidade civil.

CASO 3
O Código Civil é dividido em 5 livros:
Livro I – Parte Geral
Livro II – Direito das Obrigações

Livro III – Direito das Coisas
Livro IV – Direito da Família
Livro V – Direito das Sucessões

Em que livros podemos encontrar soluções para os seguintes temas:

1. Joana faleceu. Em seu testamento, dispôs de bem (um barco) em favor de seu amigo Vítor.
2. Mário reside numa casa há 17 anos, sem ser seu proprietário ou arrendatário. Alega que houve usucapião.
3. Joaquim celebrou um contrato de mandato com Fábio a gestão da quinta do primeiro no interesse deste.
4. Augusto celebrou um casamento com Patrícia.
5. Carlos derrubou um vaso de flor de sua janela no 3.º piso, que atingiu o carro de Manuel, causando-lhe danos. A quem cabe a prova?

CASO 4

Rubem não recolheu Imposto sobre o Rendimento (IRS) nos últimos 5 anos, quando iniciou a sua atividade como trabalhador por conta própria.
Alega desconhecimento sobre a lei.
Quid iuris?

Artigo 6.º, CC - Ignorância ou má interpretação da lei
A ignorância ou má interpretação da lei não justifica a falta do seu cumprimento nem isenta as pessoas das sanções nela estabelecidas.

CASO 5

Como opera a subsunção de factos à uma norma

jurídica?

Na construção lógica de uma norma jurídica há um antecedente (previsão) e um consequente (estatuição) – Baptista Machado, *Introdução ao direito...*, p. 79-80.

Silogismo jurídico:
   a) Premissa maior: a previsão da norma
   b) Premissa menor: situação concreta subsumível à previsão ou hipótese da norma
   c) Conclusão: consequência jurídica prevista na estatuição da norma

Se todo X é Y e no caso Z é X, então Z é Y.

Exemplo 1:
   Artigo 131.º, Código Penal – Homicídio
   Quem matar outra pessoa é punido com pena de prisão de 8 a 16 anos.

Se José matou Mário, então José será punido com pena de prisão.

Na construção lógica de uma norma jurídica há um antecedente (previsão) e um consequente (estatuição)

Exemplo 2:
   Artigo 483.º, CC - Princípio geral (responsabilidade civil)
   1. Aquele que, com dolo ou mera culpa, violar ilicitamente o direito de outrem ou qualquer disposição legal destinada a proteger interesses alheios fica obrigado a indemnizar o lesado pelos danos resultantes da violação. (...)

   a) Premissa maior: Todo aquele que causar danos

a outrem fica obrigado a indemnizar o lesado.
b) Premissa menor: A causou danos na viatura de B.
c) Conclusão: A está obrigado a indemnizar os danos causados a B.

CASO 6
Qual a subsunção da norma jurídica abaixo?
Código do Imposto sobre o Rendimento das Pessoas Singulares (CIRS) - Artigo 1.º
Artigo 1.º - Base do imposto
1 - O imposto sobre o rendimento das pessoas singulares (IRS) incide sobre o valor anual dos rendimentos das categorias seguintes, mesmo quando provenientes de atos ilícitos, depois de efetuadas as correspondentes deduções e abatimentos:
Categoria A - Rendimentos do trabalho dependente; Categoria B - Rendimentos empresariais e profissionais; Categoria E - Rendimentos de capitais; Categoria F - Rendimentos prediais; Categoria G - Incrementos patrimoniais; Categoria H - Pensões.
2 - Os rendimentos, quer em dinheiro quer em espécie, ficam sujeitos a tributação, seja qual for o local onde se obtenham, a moeda e a forma por que sejam auferidos.

Miguel é contratado por outro em um vínculo de direito do trabalho, recebendo um rendimento previsto no contrato de trabalho.

CASO 6
Pode um juiz resolver um litígio por meio de equidade?
Cfr.:
Artigo 4.º, CC - Valor da equidade
Os tribunais só podem resolver segundo a equidade:
a) Quando haja disposição legal que o permita;
b) Quando haja acordo das partes e a relação jurídica não seja indisponível;
c) Quando as partes tenham previamente convencionado o recurso à equidade, nos termos aplicáveis à cláusula compromissória.

Artigo 1158.º, CC - Gratuidade ou onerosidade do mandato
1. O mandato presume-se gratuito, excepto se tiver por objecto actos que o mandatário pratique por profissão; neste caso, presume-se oneroso.
2. Se o **mandato for oneroso**, a medida da retribuição, não havendo ajuste entre as partes, é determinada pelas tarifas profissionais; na falta destas, pelos usos; e, na falta de umas e outros, por **juízos de equidade**.

Capítulo 2 – Da ordem social à ordem jurídica

PARTE I – Da Ordem Social à Ordem Jurídica – Introdução
PARTE II – Os valores fundamentais sociais positivados na Constituição da República Portuguesa
PARTE III – Exemplos práticos de normas de solução de conflitos: normas jurídicas e referência ao Código Civil

PARTE I – Da Ordem Social à Ordem Jurídica – Introdução

1. A realidade social como realidade historicamente construída e o Direito como realidade e produto social

O ser humano precisa criar instituições que guiam o seu comportamento. As regras de conduta delimitam a sua atuação e seus impulsos: oferece estabilidade à sua conduta, permitem a planificação da vida e seu desenvolvimento.

O ser humano interage com o seu ambiente e se desenvolve com ele, num processo de aprendizagem. Se relaciona tanto com o ambiente natural quanto o ambiente humano, ou seja, a sociedade

O ser humano é ontogeneticamente inacabado: é incompleto e aberto. Ontogenia: origem e desenvolvimento de um organismo, tanto físico como psicológico.

A *exposição* a esse ambiente e o *aprendizado* é o que

fazem o ser humano se tornar pessoa humana. A própria sociedade vai dar direção a esse processo de exposição e aprendizagem.

A *abertura* do ser humano a essa exposição ao ambiente físico então passa por uma *clausura* norteada pela ordem social em que está inserido, quer dizer, pelo ambiente cultural e simbólico.

O ambiente cultural é criado pelo ser humano: é este próprio que determina a própria condição humana. A cultura é o grupo de objetos criados pelo homem: regras, expetativas, padrões de conduta, crenças, etc. Essa cultura compõe elemento sem o qual o homem não consegue viver em sociedade. O ser humano ontogeneticamente *inacabado* é frágil, inseguro e desorientado: por isso está exposto às tentações e ao caos.

Por isso, o ser humano precisa das *instituições*: dão a base para um consenso entre o certo e o errado, sobre o justo e o injusto. As instituições possibilitam tanto a segurança nas relações *entre* os homens como o desenvolvimento pessoal de cada indivíduo. Uma vez que cada pessoa pode se apoiar no programa das instituições, pode se autoafirmar e definir-se num contexto social. As instituições são criações humanas.

Cada sociedade destaca dentro da multiplicidade de modos de conduta humana algumas que merecem ser valoradas e elevadas a padrões de conduta sancionados e que são vinculantes a todos os membros do grupo; variam de grupo para grupo.

O ser humano então participa da sua *criação* e

modificação: participa assim da génese de si mesmo. A participação deve ser consciente e responsável: consciente de que as instituições são produtos humanos e que são necessárias para a boa coexistência entre si.

A existência humana numa sociedade dá-se num contexto de *ordem, direção e estabilidade.* O ser humano faz seus planos de vida confiando nessa ordem e estabilidade.

É um contexto onde as pessoas interagem socialmente entre si, em que cada indivíduo desempenha o seu próprio papel e é guiado pelas regras de conduta aplicáveis: mãe como mãe, juiz como juiz, advogado como advogado, policial como policial, etc.

As regras de conduta serão determinadas pela sua função, ditada pela sua posição na sociedade

A ordem social depende das pessoas assumindo essas funções e respeitando as regras de conduta; é isso que permite o ser humano fazer *projetos de vida* e *decisões* na vida diária.

A ordem social é inata? É derivada do direito natural? Não: a ordem social e suas instituições fazem parte de um processo histórico e evolutivo, tendo sua fonte na própria sociedade.

O ser humano não é apto a desenvolver sua existência de modo significativo sem as normas sociais. A identidade pessoal está ligada à sua inserção numa ordem institucional: preenche e define o conteúdo de sua pessoa. O desaparecimento da ordem social implicaria no ser humano relegado ao caos.

2. O direito é parte integrante da realidade social

Todos os dias estamos em contato com normas jurídicas, ainda que não percebam: pagar o almoço, usar o metro, conduzir uma viatura, comprar um lanche, etc.

Sobretudo, tomamos consciência quando a vida jurídica apresenta as suas patologias: no momento do conflito entre pessoas ou entre pessoas e entes públicos, na violação de normas jurídica, etc.

É normal pensarmos no valor da ordem jurídica quando precisamos nos socorrer dela para solucionar nossos problemas na vida social. Há também uma série de outras normas de conduta que não são normas jurídicas: as formas de vestir, regras de etiqueta e boas maneiras, modos de saudar as pessoas, etc.

Quando nos deparamos com normas de conduta, estamos diante de uma ordem social já existente: há um ajustamento da *conduta dos indivíduos* (muitas vezes espontâneo) a *padrões de comportamento* que os envolvem.

Nessa ordem social, incluem-se normas jurídicas, mas também outras. A *ordem jurídica* está integrada na *ordem social*, sendo o Direito algo complementar e que cuida de valores que a sociedade elevou ao que é de mais importante. A realidade *social* é uma realidade de *ordem*, que não existe sem essas estruturas ordenadoras ou normas. A sociedade não visa apenas uma *unidade de agregação* (a soma das partes) mas uma *unidade de ordem.*

Essa ordem social é baseada nas normas que lhe dão coerência e estrutura. A sociedade é algo necessário por natureza ao homem, que constitui a sua humanidade e o seu modo de vida.

Embora a sociedade seja um produto humano e pode ser modificada pelo desenvolvimento cultural e natural, apresenta mecanismos que a protegem do arbítrio individual.

3. Instituições

Ação e o efeito de instituir: fixa ou estabelece qualquer coisa e a ordena.

Noção: complexos normativos reunidos à volta de princípios comuns e que regulamentam um determinado tipo de relação social, ou um determinado fenómeno social

Ou: a realidade social que está na base de tais relações.

Ex.: matrimónio, família, propriedade, etc., regulados pelo regime jurídico do casamento, pelas relações jurídicas familiares, pelo direito de propriedade, etc.

Instituições como princípios regulativos que organizam a maioria das atividades dos indivíduos numa sociedade, segundo formas ou padrões organizacionais definidos, considerando os problemas básicos e permanentes de qualquer vida social ordenada:

- Os padrões de conduta regulados pelas instituições se referem a *problemas básicos e permanentes* de qualquer sociedade;
- As instituições envolvem a *regulamentação*

da conduta dos indivíduos na sociedade *de acordo com modelos* definidos, duradoiros e organizados;

Essa regulamentação é assentada em *normas e sanções* legitimadas por essas próprias normas

Instituições apenas têm existência na medida em que os *atores sociais* cumprem os seus *papéis* num ambiente determinado.

Com essa atuação, a ordem institucional adquire presença real na experiência dos indivíduos. Todo comportamento institucionalizado abriga papéis que devem ser representados num ambiente institucional, em interação com outros agentes desempenhando outros papéis: **a conduta de uma pessoa complementa a da outra:**

> Ex.: credor x devedor; pai x filha; cidadão x polícia; juiz x partes processuais; juiz x Estado; juiz x advogado; advogado x cliente

Quando os indivíduos desempenham seus papéis, participam no mundo social. Inserem-se num contexto social amplo em que o papel desempenhado está correlacionado com os outros papéis de outros indivíduos.

A pessoa não está a agir por si só, mas num papel que corresponde a um conjunto de normas comportamentais com o fim de uma realização própria daquela função. **O conteúdo dessas normas comportamentais será dado pela instituição em que o papel se insere.** Pode haver papéis de ordem jurídica e de ordem política, religiosa, etc.

3.1. Funções das instituições

a) Estabilidade normativa

Função de assegurar que os valores da sociedade sejam conhecidos e interiorizados pelos seus membros.

Objetiva que os membros aceitem as instituições, conformem o seu comportamento às suas exigências e sejam motivadas a isso.

b) Integração

Garantir a necessária coordenação entre as diferentes partes ou unidades do sistema social, com especial atenção à sua contribuição para organização e funcionamento do conjunto

As funções de **estabilidade** e **integração** afetam tanto o indivíduo como a vida social: libertam o indivíduo do pesado ónus de decidir seu modo de agir a todo o momento (sem que tivesse critérios seguros de orientação).

Liberto desse peso e desempenhando papéis regulados previamente, o indivíduo pode desempenhar suas funções em um espaço de criatividade.

Também permite o indivíduo fazer planos baseados em expectativas seguras: as normas que regulam o seu comportamento também regulam outros membros da sociedade, podem assim antever como esses se conduzirão.

Libertam-se do caos e da imprevisibilidade do comportamento de outrem: há alguma certeza sobre o futuro.

Igualmente, estando inserido em uma realidade social estável e integrada, à pessoa que desempenha um papel na vida social é conferida uma *identidade reconhecida e estável*, que lhe permite o desenvolvimento de uma personalidade coerente e voltada para a realidade.

c) Definição e prossecução dos objetivos do sistema social e de cada uma das suas unidades constituintes

Abrange a obtenção dos meios necessários para atingir aqueles objetivos.

As instituições são frutos de uma evolução histórica e social, sendo transmitidas as regras institucionais de uma geração para outra:

- Garante um elemento de *objetividade*, pois não está voltada a apenas uma geração, mas a todos aqueles que vierem a fazer parte daquele contexto;
- Apresentam-se ao indivíduo como algo *certo* e *coercitivo.*

É por meio da educação na vida doméstica que se transmitem; na escola; nas universidades; no convívio social; etc.

As instituições em seu teor histórico antecedem e transcendem à realidade individual: uma pessoa apenas participa de um momento muito curto da história objetiva da sociedade.

É por isso que as instituições exercem um poder de coação sobre as pessoas, com o fim de adequar o seu comportamento.

O homem *produtor do direito* (como uma coletividade) e o seu *produto* (o mundo social) interagem, em uma relação de dialética.

Resta aqui a importância de interiorização das instituições, em que uma pessoa desempenhará os seus papéis voltando-se à manutenção da sociedade que ela própria, de forma coletiva, é criadora e parte integrante.

PARTE II – Os valores fundamentais sociais positivados na Constituição da República Portuguesa

1. Valores fundamentais pessoais tutelados na ordem constitucional: exemplos práticos

a) Igualdade

Artigo 13.º, Constituição da República Portuguesa (CRP) – Princípio da igualdade

1. Todos os cidadãos têm a mesma dignidade social e são iguais perante a lei.
2. Ninguém pode ser privilegiado, beneficiado, prejudicado, privado de qualquer direito ou isento de qualquer dever em razão de ascendência, sexo, raça, língua, território de origem, religião, convicções políticas ou ideológicas, instrução, situação económica, condição social ou orientação sexual.

b) Universalidade

Artigo 12.º, CRP – Princípio da universalidade

1. Todos os cidadãos gozam dos direitos e estão sujeitos aos deveres consignados na Constituição.
2. As pessoas coletivas gozam dos direitos e estão sujeitas aos deveres compatíveis com a sua natureza.

Artigo 4.º, CRP – Cidadania portuguesa

São cidadãos portugueses todos aqueles que como tal sejam considerados pela lei ou por convenção internacional.

c) Direito à vida
Artigo 24.º, CRP – Direito à vida
1. A vida humana é inviolável.
2. Em caso algum haverá pena de morte.

d) Direito à integridade pessoal
Artigo 25.º, CRP – Direito à integridade pessoal
1. A integridade moral e física das pessoas é inviolável.
2. Ninguém pode ser submetido a tortura, nem a tratos ou penas cruéis, degradantes ou desumanos.

e) Direitos pessoais
Artigo 26.º, CRP – Outros direitos pessoais
1. A todos são reconhecidos os direitos à identidade pessoal, ao desenvolvimento da personalidade, à capacidade civil, à cidadania, ao bom nome e reputação, à imagem, à palavra, à reserva da intimidade da vida privada e familiar e à proteção legal contra quaisquer formas de discriminação. (...)

f) Direito à liberdade e à segurança
Artigo 27.º, CRP – Direito à liberdade e à segurança
1. Todos têm direito à liberdade e à segurança.
2. Ninguém pode ser total ou parcialmente privado da liberdade, a não ser em consequência de **sentença judicial condenatória pela prática de ato punido por lei** com pena de prisão ou de aplicação judicial de medida de segurança.
Excetua-se deste princípio a privação da liberdade, pelo tempo e nas condições que a lei determinar, nos casos seguintes: (...)

g) Família, casamento e filiação
Artigo 36.º, CRP – Família, casamento e filiação
1. Todos têm o direito de constituir família e de contrair casamento em condições de plena igualdade.

2. A lei regula os requisitos e os efeitos do casamento e da sua dissolução, por morte ou divórcio, independentemente da forma de celebração. (...)

Artigo 67.º, CRP – Família
1. A **família, como elemento fundamental da sociedade**, tem direito à proteção da sociedade e do Estado e à efetivação de todas as condições que permitam a realização pessoal dos seus membros.

h) Liberdade de expressão e informação

Artigo 37.º, CRP – Liberdade de expressão e informação
1. Todos têm o direito de exprimir e divulgar livremente o seu pensamento pela palavra, pela imagem ou por qualquer outro meio, bem como o direito de informar, de se informar e de ser informados, sem impedimentos nem discriminações.
2. O exercício destes direitos não pode ser impedido ou limitado por qualquer tipo ou forma de censura.

i) Liberdade de consciência, de religião e de culto

Artigo 41.º, CRP – Liberdade de consciência, de religião e de culto
A liberdade de consciência, de religião e de culto é inviolável.
Ninguém pode ser perseguido, privado de direitos ou isento de obrigações ou deveres cívicos por causa das suas convicções ou prática religiosa.

j) Liberdade de criação cultural

Artigo 42.º, CRP – Liberdade de criação cultural
1. É livre a criação intelectual, artística e científica.
2. Esta liberdade compreende o direito à invenção, produção e divulgação da obra científica, literária ou artística, incluindo a proteção legal dos direitos de autor.

k) Liberdade aprender e ensinar; direito ao ensino e

à cultura

>Artigo 43.º, CRP – Liberdade de aprender e ensinar
>1. É garantida a liberdade de aprender e ensinar. (...)

>Artigo 73.º, CRP – Educação, cultura e ciência
>2. Todos têm direito à educação e à cultura. (...)

>Artigo 74.º, CRP – Ensino
>1. Todos têm direito ao ensino com garantia do direito à igualdade de oportunidades de acesso e êxito escolar. (...)

l) Direito de deslocação

>Artigo 44.º, CRP – Direito de deslocação e de emigração
>1. A todos os cidadãos é garantido o direito de se deslocarem e fixarem livremente em qualquer parte do território nacional.
>2. A todos é garantido o direito de emigrar ou de sair do território nacional e o direito de regressar.

m) Direito de reunião e de manifestação; liberdade de associação

>Artigo 45.º, CRP – Direito de reunião e de manifestação
>1. Os cidadãos têm o direito de se reunir, pacificamente e sem armas, mesmo em lugares abertos ao público, sem necessidade de qualquer autorização.
>2. A todos os cidadãos é reconhecido o direito de manifestação.

>Artigo 46.º, CRP – Liberdade de associação
>1. Os cidadãos têm o direito de, livremente e sem dependência de qualquer autorização, constituir associações, desde que estas não se destinem a promover a violência e os respetivos fins não sejam contrários à lei penal. (...)

n) Liberdade De Escolha De Profissão

>Artigo 47.º, CRP – Liberdade de escolha de profissão e acesso à função pública

1. Todos têm o direito de escolher livremente a profissão ou o género de trabalho, salvas as restrições legais impostas pelo interesse coletivo ou inerentes à sua própria capacidade. (..)

o) Direito ao trabalho

Artigo 58.º, CRP – Direito ao trabalho
1. Todos têm direito ao trabalho.
2. Para assegurar o direito ao trabalho, incumbe ao Estado promover:
a) A execução de políticas de pleno emprego;
b) A igualdade de oportunidades na escolha da profissão ou género de trabalho e condições para que não seja vedado ou limitado, em função do sexo, o acesso a quaisquer cargos, trabalho ou categorias profissionais;
c) A formação cultural e técnica e a valorização profissional dos trabalhadores.

p) Direito de propriedade privada

Artigo 62.º, CRP – Direito de propriedade privada
1. A todos é garantido o direito à propriedade privada e à sua transmissão em vida ou por morte, nos termos da Constituição.
2. A requisição e a expropriação por utilidade pública só podem ser efetuadas com base na lei e mediante o pagamento de justa indemnização.

q) Direito à saúde

Artigo 64.º, CRP – Saúde
1. Todos têm direito à proteção da saúde e o dever de a defender e promover. (...)

r) Direito à inviolabilidade do domicílio e da correspondência

Artigo 34.º, CRP – Inviolabilidade do domicílio e da correspondência
1. O domicílio e o sigilo da correspondência e dos outros

meios de comunicação privada são invioláveis.
2. A entrada no domicílio dos cidadãos contra a sua vontade só pode ser ordenada pela autoridade judicial competente, nos casos e segundo as formas previstos na lei. (...)

s) Direito ao ambiente
Artigo 66.º, CRP
Ambiente e qualidade de vida
Todos têm direito a um ambiente de vida humano, sadio e ecologicamente equilibrado e o dever de o defender. (...)

t) Acesso ao direito e tutela jurisdicional efetiva
Tutela jurisdicional, estatal ou pública, ou heterotutela:

Artigo 20.º, CRP – Acesso ao direito e tutela jurisdicional efetiva
1. A todos é assegurado o acesso ao direito e aos tribunais para defesa dos seus direitos e interesses legalmente protegidos, não podendo a justiça ser denegada por insuficiência de meios económicos.
2. Todos têm direito, nos termos da lei, à informação e consulta jurídicas, ao patrocínio judiciário e a fazer-se acompanhar por advogado perante qualquer autoridade. (...)

Artigo 202.º, CRP – Função jurisdicional
1. Os tribunais são os órgãos de soberania com competência para administrar a justiça em nome do povo.
2. Na administração da justiça incumbe aos tribunais assegurar a defesa dos direitos e interesses legalmente protegidos dos cidadãos, reprimir a violação da legalidade democrática e dirimir os conflitos de interesses públicos e privados. (...)
4. A lei poderá institucionalizar instrumentos e formas

de composição não jurisdicional de conflitos.

Artigo 203.º, CRP - Independência
Os tribunais são independentes e apenas estão sujeitos à lei.

u) Direito ao patrocínio forense

Artigo 208.º, CRP – Patrocínio forense
A lei assegura aos advogados as imunidades necessárias ao exercício do mandato e regula o patrocínio forense como elemento essencial à administração da justiça.

v) Direito de resistência
Tutela privada ou autotutela:

Artigo 21.º, CRP – Direito de resistência
Todos têm o direito de resistir a qualquer ordem que ofenda os seus direitos, liberdades e garantias e de repelir pela força qualquer agressão, quando não seja possível recorrer à autoridade pública.

2. Valores fundamentais de participação política: exemplos práticos
a) Direito de participação na vida pública

Artigo 48.º, CRP – Participação na vida pública
1. Todos os cidadãos têm o direito de tomar parte na vida política e na direção dos assuntos públicos do país, diretamente ou por intermédio de representantes livremente eleitos.
2. Todos os cidadãos têm o direito de ser esclarecidos objetivamente sobre atos do Estado e demais entidades públicas e de ser informados pelo Governo e outras autoridades acerca da gestão dos assuntos públicos.

Artigo 50.º, CRP – Direito de acesso a cargos públicos
1. Todos os cidadãos têm o direito de acesso, em condições de igualdade e liberdade, aos cargos públicos.
(...)

Artigo 51.º, CRP – Associações e partidos políticos
1. A liberdade de associação compreende o direito de constituir ou participar em associações e partidos políticos e de através deles concorrer democraticamente para a formação da vontade popular e a organização do poder político. (...)

b) Direito ao voto

Artigo 49.º, CRP – Direito de sufrágio
1. Têm direito de sufrágio todos os cidadãos maiores de dezoito anos, ressalvadas as incapacidades previstas na lei geral.
2. O exercício do direito de sufrágio é pessoal e constitui um dever cívico.

c) Sufrágio como meio de escolha de representantes

Artigo 113.º, CRP – Princípios gerais de direito eleitoral
1. O sufrágio direto, secreto e periódico constitui a regra geral de designação dos titulares dos órgãos eletivos da soberania, das regiões autónomas e do poder local. (...)

PARTE III – Exemplos práticos de normas de solução de conflitos: normas jurídicas e referência ao Código Civil

QUESTÃO 1
Em regra geral, qual o início da vigência (produção de efeitos jurídicos) de uma lei?

Cfr.:

Artigo 5.º, CC – Começo da vigência da lei
1. A lei só se torna obrigatória depois de publicada no jornal oficial.
2. Entre a publicação e a vigência da lei decorrerá o tempo que a própria lei fixar ou, na falta de fixação, o que for

determinado em legislação especial.

Exemplo 1:
Artigo 2.º, CC – Começo de vigência
1. O Código Civil entra em vigor no continente e ilhas adjacentes no dia 1 de Junho de 1967, à excepção do disposto nos artigos 1841.º a 1850.º, que começará a vigorar somente em 1 de Janeiro de 1968.
2. O código não é, porém, aplicável às acções que estejam pendentes nos tribunais no dia da sua entrada em vigor, salvo o disposto nos artigos 17.º e 21.º do presente decreto-lei.

Exemplo 2:
Artigo 6.º, Lei n.º 67/2007, de 31 de Dezembro – Entrada em vigor
A presente lei entra em vigor no prazo de 30 dias após a data da sua publicação.

QUESTÃO 2
Quando cessa a vigência da lei?

Cfr.:
Artigo 7.º, CC – Cessação da vigência da lei
1. Quando se não destine a ter vigência temporária, a lei só deixa de vigorar se for revogada por outra lei.
2. A revogação pode resultar de declaração expressa, da incompatibilidade entre as novas disposições e as regras precedentes ou da circunstância de a nova lei regular toda a matéria da lei anterior.
3. A lei geral não revoga a lei especial, excepto se outra for a intenção inequívoca do legislador.
4. A revogação da lei revogatória não importa o renascimento da lei que esta revogara.

QUESTÃO 3
Poderá um juiz se escusar de decidir um caso?

REGRA GERAL:

Artigo 8.º, CC – Obrigação de julgar e dever de obediência à lei

1. O tribunal não pode abster-se de julgar, invocando a falta ou obscuridade da lei ou alegando dúvida insanável acerca dos factos em litígio.
2. O dever de obediência à lei não pode ser afastado sob pretexto de ser injusto ou imoral o conteúdo do preceito legislativo.
3. Nas decisões que proferir, o julgador terá em consideração todos os casos que mereçam tratamento análogo, a fim de obter uma interpretação e aplicação uniformes do direito.

Artigo 43.º, Código de Processo Penal – Recusas e escusas

1. A intervenção de um juiz no processo pode ser recusada quando correr o risco de ser considerada suspeita, por existir motivo, sério e grave, adequado a gerar desconfiança sobre a sua imparcialidade. (...)

Artigo 119.º, Código de Processo Civil – Pedido de escusa por parte do juiz

1. O juiz não pode declarar-se voluntariamente suspeito, mas pode pedir que seja dispensado de intervir na causa quando se verifique algum dos casos previstos no artigo seguinte e, além disso, quando, por outras circunstâncias ponderosas, entenda que pode suspeitar-se da sua imparcialidade. (...)

Ver também:

"I – A norma do art. 32º, nº 9, da Constituição da República Portuguesa consagra o princípio do juiz legal, ou natural, nos termos do qual na decisão de uma causa intervém o juiz individualizado segundo regras de competência, gerais e abstractas, previamente estabelecidas.

II – Excepcionalmente, em situações muito ponderosas, este juiz, assim determinado, poderá ser afastado do processo quando os princípios da imparcialidade e isenção – tão importantes como o primeiro –, imponham esse afastamento.

III – Quer a regra, quer a excepção, estão pensadas para defender o sistema legal e, fundamentalmente, a liberdade e o direito de defesa do arguido.

IV – A desconfiança que fundamenta o afastamento do juiz pré-escolhido para intervir tem que se elevar acima da opinião subjectiva, deste ou daquele ou do próprio, e surgir como ofendendo o dever da independência dos tribunais de modo a fazer perigar o reconhecimento público da imparcialidade do juiz.

V – Resultando do alegado que a juíza é amiga da arguida desde há cerca de 6 anos, sendo esta relação de amizade do conhecimento de um círculo alargado de pessoas e, devido a essa amizade, a arguida fez confidências à requerente, de factos relacionados com a queixa que deu origem a este processo.

VI - Este conhecimento pessoal da situação, resultante de confidências radicadas numa relação de amizade, põe em causa princípios estruturantes da função de julgar, que são a isenção e imparcialidade, impedindo a requerente de julgar o caso relatado nos autos."

Acórdão do Tribunal da Relação de Coimbra de 07.03.2018 (Olga Maurício)

QUESTÃO 4
José naturalizou-se português após completar 5 anos de residência em Portugal em 2019. Em 2021, uma reforma na lei altera esse prazo para 7 anos. Essa alteração afetará José?

Artigo 6.º, Lei da Nacionalidade (Lei n.º 37/81, de 03 de

Outubro) – Requisitos

1. O Governo concede a nacionalidade portuguesa, por naturalização, aos estrangeiros que satisfaçam cumulativamente os seguintes requisitos:

a) Serem maiores ou emancipados à face da lei portuguesa;

b) **Residirem legalmente no território português há pelo menos cinco anos**; (...)

Artigo 12.º, CC – Aplicação das leis no tempo. Princípio geral

1. A lei só dispõe para o futuro; ainda que lhe seja atribuída eficácia retroactiva, presume-se que ficam ressalvados os efeitos já produzidos pelos factos que a lei se destina a regular.

2. Quando a lei dispõe sobre as condições de validade substancial ou formal de quaisquer factos ou sobre os seus efeitos, entende-se, em caso de dúvida, que só visa os factos novos; mas, quando dispuser directamente sobre o conteúdo de certas relações jurídicas, abstraindo dos factos que lhes deram origem, entender-se-á que a lei abrange as próprias relações já constituídas, que subsistam à data da sua entrada em vigor.

QUESTÃO 5
Carla praticou uma conduta que não era considerada crime em 2015. Dois anos depois, uma alteração no Código Penal tipificou aquela conduta. Pode Carla ser condenada por esse novo crime?
Em 2012, Mário cometeu um crime em que a pena máxima prevista era de 5 anos. Foi condenado a 4 anos de prisão. Em 2015, uma alteração da lei reduziu a pena máxima para 3 anos. Será Mário beneficiado por essa alteração, considerando que o crime foi cometido na vigência da lei anterior?

Cfr.:
> Artigo 2.º, Código Penal – Aplicação no tempo
> 1. As penas e as medidas de segurança são determinadas pela lei vigente no momento da prática do facto ou do preenchimento dos pressupostos de que dependem.
> 2. O facto punível segundo a lei vigente no momento da sua prática deixa de o ser se uma lei nova o eliminar do número das infracções; neste caso, e se tiver havido condenação, ainda que transitada em julgado, cessam a execução e os seus efeitos penais.
> 3. Quando a lei valer para um determinado período de tempo, continua a ser punível o facto praticado durante esse período.
> 4. Quando as disposições penais vigentes no momento da prática do facto punível forem diferentes das estabelecidas em leis posteriores, é sempre aplicado o regime que concretamente se mostrar mais favorável ao agente; se tiver havido condenação, ainda que transitada em julgado, cessam a execução e os seus efeitos penais logo que a parte da pena que se encontrar cumprida atinja o limite máximo da pena prevista na lei posterior.

QUESTÃO 6
Josefa e Carlos, ambos de 15 anos, querem casar-se. Terão os dois capacidade para contrair casamento?
Cfr.:
> Artigo 1601.º, CC – Impedimentos dirimentes absolutos
> São impedimentos dirimentes, obstando ao casamento da pessoa a quem respeitam com qualquer outra:
> a) A idade inferior a dezasseis anos; (...)

QUESTÃO 7
Marcelo colidiu com o seu barco no de Patrícia, causando-lhe danos estruturais. Marcelo aciona

Patrícia judicialmente para reparar os danos por meio de uma indemnização
Qual o artigo do Código Civil que delimita a responsabilidade civil? E o nexo causal?

Cfr.:

Artigo 563.º, CC – Nexo de causalidade
A obrigação de indemnização só existe em relação aos danos que o lesado provavelmente não teria sofrido se não fosse a lesão.

QUESTÃO 8
Vítor frequentemente organiza festas em sua morada. Os participantes ocasionalmente adentram no terreno vizinho, arrendado por Manuel. Este tem receio de que possa sofrer danos. Quais os artigos do Código Civil que permitem a defesa da posse por Manuel?

Cfr.:

Artigo 1276.º, CC - Acção de prevenção
Se o possuidor tiver justo receio de ser perturbado ou esbulhado por outrem, será o autor da ameaça, a requerimento do ameaçado, intimado para se abster de lhe fazer agravo, sob pena de multa e responsabilidade pelo prejuízo que causar.

Artigo 1277.º, CC - Acção directa e defesa judicial
O possuidor que for perturbado ou esbulhado pode manter-se ou restituir-se por sua própria força e autoridade, nos termos do artigo 336.º, ou recorrer ao tribunal para que este lhe mantenha ou restitua a posse.

Artigo 336.º, CC - Acção directa
1. É lícito o recurso à força com o fim de realizar ou assegurar o próprio direito, quando a acção directa

for indispensável, pela impossibilidade de recorrer em tempo útil aos meios coercivos normais, para evitar a inutilização prática desse direito, contanto que o agente não exceda o que for necessário para evitar o prejuízo.
2. A acção directa pode consistir na apropriação, destruição ou deterioração de uma coisa, na eliminação da resistência irregularmente oposta ao exercício do direito, ou noutro acto análogo.
3. A acção directa não é lícita, quando sacrifique interesses superiores aos que o agente visa realizar ou assegurar.

QUESTÃO 9

Fábio e Marília celebraram um contrato de empreitada. Onde podemos encontrar o regime jurídico aplicável?

As circunstâncias do mercado alteraram, tornando-se excessivamente onerosa para Fábio cumprir as suas obrigações como estabelecidas. Há algum remédio previsto no Código Civil?

Sobre o instituto da alteração superveniente das circunstâncias, cfr.:

Artigo 437.º, CC – Condições de admissibilidade

1. Se as circunstâncias em que as partes fundaram a decisão de contratar tiverem sofrido uma alteração anormal, tem a parte lesada direito à resolução do contrato, ou à modificação dele segundo juízos de equidade, desde que a exigência das obrigações por ela assumidas afecte gravemente os princípios da boa fé e não esteja coberta pelos riscos próprios do contrato.
2. Requerida a resolução, a parte contrária pode opor-se ao pedido, declarando aceitar a modificação do contrato nos termos do número anterior.

QUESTÃO 10
Luísa ameaçou a integridade física de Carlota se esta não aceitasse celebrar um contrato de doação de um imóvel à primeira.
Carlota, com receio de sofrer tal violência, manifestou o seu consentimento.
Quais os artigos do Código Civil que tratam da coação moral que vicia a vontade nos negócios jurídicos?

Cfr.:

Artigo 255.º, CC – Coacção moral
1. Diz-se feita sob coacção moral a declaração negocial determinada pelo receio de um mal de que o declarante foi ilicitamente ameaçado com o fim de obter dele a declaração.
2. A ameaça tanto pode respeitar à pessoa como à honra ou fazenda do declarante ou de terceiro.
3. Não constitui coacção a ameaça do exercício normal de um direito nem o simples temor reverencial.

Artigo 256.º, CC – Efeitos da coacção
A declaração negocial extorquida por coacção é anulável, ainda que esta provenha de terceiro; neste caso, porém, é necessário que seja grave o mal e justificado o receio da sua consumação.

QUESTÃO 11
Francisco quer outorgar uma procuração para que José o represente na celebração de um contrato de compra e venda com António, pois não pode estar presente naquele dia.
Quais os artigos do Código Civil que regulam o instituto da representação?

Cfr.:
> Artigo 262.º, CC – Procuração
> 1. Diz-se procuração o acto pelo qual alguém atribui a outrem, voluntariamente, poderes representativos.
> 2. Salvo disposição legal em contrário, a procuração revestirá a forma exigida para o negócio que o procurador deva realizar.

QUESTÃO 12
Daniel vendeu um telemóvel para Mónica, sua amiga.
O telemóvel está com a bateria a apresentar anomalias.
Há alguma solução prevista para o caso no Código Civil?

Sobre a venda de coisas defeituosas, cfr.:
> Artigo 913.º, CC – Remissão
> 1. Se a coisa vendida sofrer de vício que a desvalorize ou impeça a realização do fim a que é destinada, ou não tiver as qualidades asseguradas pelo vendedor ou necessárias para a realização daquele fim, observar-se-á, com as devidas adaptações, o prescrito na secção precedente, em tudo quanto não seja modificado pelas disposições dos artigos seguintes.
> 2. Quando do contrato não resulte o fim a que a coisa vendida se destina, atender-se-á à função normal das coisas da mesma categoria.

> Artigo 914.º - Reparação ou substituição da coisa
> O comprador tem o direito de exigir do vendedor a reparação da coisa ou, se for necessário e esta tiver natureza fungível, a substituição dela; mas esta obrigação não existe, se o vendedor desconhecia sem culpa o vício ou a falta de qualidade de que a coisa padece.

QUESTÃO 13
Marcela pretende locar um automóvel para viajar com a família durante as férias de Natal.
Há algum regime jurídico previsto no Código Civil para esse contrato que Marcela tenciona celebrar?

Cfr.:

Artigo 1022.º, CC – Noção
Locação é o contrato pelo qual uma das partes se obriga a proporcionar à outra o gozo temporário de uma coisa, mediante retribuição.

Artigo 1023.º, CC – Arrendamento e aluguer
A locação diz-se arrendamento quando versa sobre coisa imóvel, aluguer quando incide sobre coisa móvel.

QUESTÃO 14
Uma multinacional do ramo de combustíveis cedeu a Ângela por tempo determinado o direito de exploração de um posto de gasolina.
Na fase de negociação do contrato, a empresa não cumpriu com seus deveres de lealdade e informação. Não informou que a exploração seria por prazo máximo de 5 anos. O investimento feito por ano foi de tal volume que não o faria se soubesse anteriormente dessa limitação.
Há alguma exigência de boa conduta nas relações pré-negociais?
Cfr. Acórdão do Tribunal da Relação de Lisboa de 03.07.2001 (Rua Dias)

Cfr.:

Artigo 227.º, CC – Culpa na formação dos contratos
1. Quem negoceia com outrem para conclusão de um

contrato deve, tanto nos preliminares como na formação dele, proceder segundo as regras da boa fé, sob pena de responder pelos danos que culposamente causar à outra parte.
2. A responsabilidade prescreve nos termos do artigo 498.º

QUESTÃO 15
Luís é casado com Maria, sem filhos e sem ascendentes.
Ao preparar o seu testamento, Luís pretende dispor de todo o seu património para seu amigo Nuno.
Há alguma limitação no Código Civil que tutele Maria?

Cfr.:

> Artigo 2156.º, CC – Legítima
> Entende-se por legítima a porção de bens de que o testador não pode dispor, por ser legalmente destinada aos herdeiros legitimários.

> Artigo 2157.º, CC – Herdeiros legitimários
> São herdeiros legitimários o cônjuge, os descendentes e os ascendentes, pela ordem e segundo as regras estabelecidas para a sucessão legítima.

> Artigo 2158.º, CC – Legítima do cônjuge
> A legítima do cônjuge, se não concorrer com descendentes nem ascendentes, é de metade da herança.

QUESTÃO 16
Qual a estrutura lógico-jurídica do Código Civil português e qual a sua origem no direito comparado?

A estrutura e sistematização do Código Civil

português segue a do BGB, influenciado pelas *pandectas*:

> LIVRO I – Parte Geral
> LIVRO II – Direito das obrigações
> LIVRO III – Direito das Coisas
> LIVRO IV – Direito da Família
> LIVRO V – Direito das Sucessões

QUESTÃO 17

Qual o Livro do Código Civil em que podemos encontrar o prazo ordinário de prescrição?

Esse prazo é aplicável apenas às relações jurídicas desse Livro, ou aos demais livros do diploma?
Cfr.:
> Artigo 309.º, CC – Prazo ordinário
> O prazo ordinário da prescrição é de vinte anos.

LIVRO I – Parte Geral
> Título I - Das leis, sua interpretação e aplicação (regras que aplicam-se além do CC)
> Capítulo I - Fontes do direito (ID)
> Capítulo II - Vigência, interpretação e aplicação das leis (ID)
> Capítulo III - Direitos dos estrangeiros e conflitos de leis (DIPriv)
> Título II - Das relações jurídicas (regras gerais para todo o CC, TGDC)
> Subtítulo I - Das pessoas
> Subtítulo I-A - Dos animais (3 arts., adicionados pela Lei n.º 8/2017, de 03/03)
> Subtítulo II - Das coisas
> Subtítulo III - Dos factos jurídicos
> Subtítulo IV - Do exercício e tutela dos direitos

QUESTÃO 18
Qual o Livro do Código Civil em que podemos encontrar o conteúdo da obrigação?
Em princípio, essa definição é aplicável apenas às relações jurídicas desse Título, ou aos contratos em geral?
E as normas jurídicas aplicáveis especificamente ao contrato de compra e venda? Estarão sob esse mesmo título?

LIVRO II – Direito das Obrigações
Título I - Das obrigações em geral
Capítulo I - Disposições gerais
Secção I – Conteúdo das obrigações

Artigo 398.º, CC – Conteúdo da prestação
1. As partes podem fixar livremente, dentro dos limites da lei, o conteúdo positivo ou negativo da prestação.
2. A prestação não necessita de ter valor pecuniário; mas deve corresponder a um interesse do credor, digno de protecção legal.

LIVRO II – Direito das Obrigações
TÍTULO II - Dos contratos em especial
CAPÍTULO I - Compra e venda
SECÇÃO I - Disposições gerais

Artigo 874.º e ss. – Noção
Compra e venda é o contrato pelo qual se transmite a propriedade de uma coisa, ou outro direito, mediante um preço.

LIVRO II – Direito das Obrigações: direitos relativos e entre partes
Título I - Das obrigações em geral
Capítulo I - Disposições gerais (parte geral do direito das

obrigações)
Capítulo II - Fontes das obrigações
Secção I - Contratos
Secção II - Negócios unilaterais
Secção III - Gestão de negócios
Secção IV - Enriquecimento sem causa
Secção V - Responsabilidade civil
Capítulo III - Modalidades das obrigações
Capítulo IV - Transmissão de créditos e de dívidas
Capítulo V - Garantia geral das obrigações
Capítulo VI - Garantias especiais das obrigações
Capítulo VII - Cumprimento e não cumprimento das obrigações
Secção I - Cumprimento
Secção II - Não cumprimento
Secção III - Realização coactiva da prestação
Secção IV - Cessão de bens aos credores
Capítulo VIII - Causas de extinção das obrigações além do cumprimento
Título II - Dos contratos em especial

QUESTÃO 19
Qual o Livro do Código Civil em que podemos encontrar o dispositivo abaixo?

Artigo 1251.º - Noção
Posse é o poder que se manifesta quando alguém actua por forma correspondente ao exercício do direito de propriedade ou de outro direito real.

Esse livro apresenta uma parte geral, transversal aos demais institutos?

LIVRO III – Direito das Coisas: em regra, direitos absolutos e de domínio sobre uma coisa
Título I - Da posse
Capítulo I - Disposições gerais
Capítulo II - Caracteres da posse

Capítulo III - Aquisição e perda da posse
Capítulo IV - Efeitos da posse
Capítulo V - Defesa da posse
Capítulo VI - Usucapião
Título II - Do direito de propriedade (*direito sobre uma coisa própria*)
Capítulo I - Propriedade em geral
Capítulo II - Aquisição da propriedade
Capítulo III - Propriedade de imóveis
Capítulo IV - Propriedade das águas
Capítulo V - Compropriedade
Capítulo VI - Propriedade horizontal
Título III - Do usufruto, uso e habitação (*direitos reais limitados e sobre uma coisa alheia*)
Título IV - Da enfiteuse (*direitos reais limitados e sobre uma coisa alheia: revogado*)
Título V - Do direito de superfície (*direitos reais limitados e sobre uma coisa alheia*)
Título VI - Das servidões prediais (*direitos reais limitados e sobre uma coisa alheia*)

QUESTÃO 20
Em que Livro encontramos os poderes e deveres decorrentes da maternidade e da paternidade?

LIVRO IV – Direito da Família
TÍTULO III - Da filiação
CAPÍTULO I - Estabelecimento da filiação
SECÇÃO I - Disposições gerais

Artigo 1796.º, CC – Estabelecimento da filiação
Relativamente à mãe, a filiação resulta do facto do nascimento e estabelece-se nos termos dos artigos 1803.º a 1825.º
A paternidade presume-se em relação ao marido da mãe e, nos casos de filiação fora do casamento, estabelece-se pelo reconhecimento.

Artigos 1877.º e ss., CC – Responsabilidades parentais

LIVRO IV – Direito da Família
Título I - Disposições gerais
Título II - Do casamento
Capítulo I - Modalidades do casamento
Capítulo II - Promessa de casamento
Capítulo III - Pressupostos da celebração do casamento
Capítulo IV - Celebração do casamento civil
Capítulo V - Invalidade do casamento (...)
Capítulo IX - Efeitos do casamento quanto às pessoas e aos bens dos cônjuges (...)
Capítulo XI - Simples separação judicial de bens
Capítulo XII - Divórcio e separação judicial de pessoas e bens
Título III - Da filiação
Capítulo I - Estabelecimento da filiação (...)
Secção II - Estabelecimento da maternidade
Secção III - Estabelecimento da paternidade
Capítulo II - Efeitos da filiação (...)
Secção II - Responsabilidades parentais
Secção III - Meios de suprir o poder paternal
Título IV - Da adopção (...)
Capítulo II - Adopção plena
Capítulo III - Adopção restrita
Título V - Dos alimentos

QUESTÃO 21
Uma pessoa falece e uma ou mais pessoas são chamadas para tornarem-se titulares das relações jurídicas patrimoniais dessa pessoa, assim como devolver os bens que a essa pertenciam.
Essas pessoas se agrupam em diferentes classificações.
Qual o Livro que dispõe sobre os seus direitos e

deveres nessa situação?

LIVRO V - DIREITO DAS SUCESSÕES
TÍTULO I - Das sucessões em geral
CAPÍTULO I - Disposições gerais

Artigo 2024.º, CC – Noção
Diz-se sucessão o chamamento de uma ou mais pessoas à titularidade das relações jurídicas patrimoniais de uma pessoa falecida e a consequente devolução dos bens que a esta pertenciam.
Artigo 2030.º, CC – Espécies de sucessores
Os sucessores são herdeiros ou legatários.
Diz-se herdeiro o que sucede na totalidade ou numa quota do património do falecido e legatário o que sucede em bens ou valores determinados. (...)

LIVRO V – Direito das Sucessões
Título I - Das sucessões em geral
Título II - Da sucessão legítima
Capítulo I - Disposições gerais
Capítulo II - Sucessão do cônjuge e dos descendentes
Capítulo III - Sucessão do cônjuge e dos ascendentes
Capítulo IV - Sucessão dos irmãos e seus descendentes
Capítulo V - Sucessão dos outros colaterais
Capítulo VI - Sucessão do Estado
Título III - Do acompanhamento de maiores
Título IV - Da sucessão testamentária
Capítulo I - Disposições gerais
Capítulo II - Capacidade testamentária
Capítulo III - Casos de indisponibilidade relativa
Capítulo IV - Falta e vícios da vontade
Capítulo V - Forma do testamento
Capítulo VI - Conteúdo do testamento
Capítulo VII - Nulidade, anulabilidade, revogação e caducidade dos testamentos e disposições testamentárias

Capítulo VIII - Testamentaria

Capítulo 3 – A ordem jurídica em especial

QUESTÃO 1
a) Quais as características imanentes ao ser humano que exigem o seu preenchimento pela ordem social?
b) Qual a importância da ordem social para o ser humano?
c) Por que o ser humano precisa de orientações para sua vida?

1. Ordem Jurídica e a sujeição do ser humano às suas regras

O ser humano é ontogeneticamente inacabado e incompleto. Ao contrário os animais, não pode ficar dependente de instintos. É no meio sociocultural que o ser humano compreende os padrões de conduta na vida e como se comportar.

Essas características de incompletude são modificadas por um elemento de *clausura* pela ordem social: esta delimita o modo de conduta e o conteúdo desta conduta. É na ordem social que o homem compreende o que é justo e injusto; certo e errado. As normas sociais definem o comportamento humano: como uma pessoa se portará e o que pode esperar dos outros.

As normas sociais são agrupadas em conjuntos normativos que formam *institutos*, cada qual com sua natureza e modelos de conduta. O ser humano pressupõe normas de conduta externas para se libertar e fazer os seus planos de vida. São as normas de conduta que controlam os seus **impulsos**.

QUESTÃO 2
a) Como essas regras de convivência social são transmitidas de pessoa para pessoa; de geração para geração?
b) Cite exemplos de mecanismos de transmissão de regras de conduta entre pessoas e entre gerações?

1.1. A aprendizagem das regras de convivência humana: as instituições e suas regras; a individualidade do ser humano

O ser humano inacabado e incompleto necessita *aprender* as normas sociais. Desde o nascimento, o homem está rodeado por um ambiente que o influencia: o ser humano convive com outras pessoas. A convivência humana o acompanha por toda a sua vida: isso permite a transmissão de regras de pessoa para pessoa

A transmissão de regras pode ser ativa ou passiva, por meio de observação. O ser humano apreende as normas de conduta por meio de diversos instrumentos criados pela sociedade:

- Passagem de ensinamentos e valores de pais e mães para filhos e filhas;
- Frequência em escolas de educação formal: ensino obrigatório (ensino primário, ensino básico e ensino secundário) e ensino superior (1.º, 2.º e 3.º Ciclos)
- Convivência social: a existência em sociedade delimita a conduta das pessoas – uma pessoa observa e repete comportamentos; se comunica com pares;

é repreendida quando desobedece a regra social e celebrada quando cumpre com o comportamento esperado
- Autoconhecimento e autodidatismo: a pessoa pode buscar por conta própria informações (e.g., ler livros, periódicos, etc.), porém ainda assim será uma transmissão derivada da produção intelectual de outra pessoa – é mais instável e insegura

QUESTÃO 3
a) Onde as pessoas numa dada sociedade conseguem identificar as regras de conduta em determinadas situações?
b) Esses agrupamentos são idênticos entre si, quer dizer, preveem normas de comportamento com o mesmo objeto e objetivo?

Essas regras de conduta social se aglutinam em torno de objetos comuns e formam as *instituições*, das quais o homem precisa para guiar a sua vida.

Noção de instituição: conjunto ou complexo normativo organizado na realidade social que estabelece regras de comportamento com caráter normativo, que regulamentam um determinado tipo de relações sociais.

A instituição é *estável* e *durável*: seu conteúdo não é passível de ser facilmente modificado e sua existência se prolonga com o tempo. A observação das normas de comportamento das instituições garante a segurança nas relações entre as pessoas.

As instituições variam de acordo com a sua área que

a norma social pretende reger. As principais esferas são:

a) Familiar e de parentesco: princípios institucionais sobre relações de procriação e relações de sangue/adoção/matrimónio/afinidade entre indivíduos; é onde se dá a socialização inicial de novos membros da sociedade em cada geração.

b) Educativa: socialização de jovens e sua transformação em membros responsáveis na sociedade; transmissão da herança cultural de geração para geração.

c) Económica: produção, distribuição e consumo de bens e serviços dentro da sociedade.

d) Política: controle do uso da força, manutenção da paz e estabilidade interna e satisfação do bem-estar e interesses da coletividade.

e) Culturais: criação e conservação de artefactos culturais (e.g., religiosos, artísticos e científicos), com a distribuição desses bens entre os vários grupos da sociedade.

QUESTÃO 4
Cite exemplos das instituições abaixo:
a) Familiares
b) Educativas
c) Económicas
d) Políticas
e) Culturais

As instituições podem ser classificadas de acordo com as suas principais esferas de regulação:
a) **Familiares**: casamento, filiação (maternidade/paternidade), adoção, responsabilidades parentais, divórcio, etc.
b) **Educativas**: normas sobre educação obrigatória e ensino superior, etc.
c) **Económicas**: contratos, propriedade, associações profissionais, sociedades, câmaras de comércio, associações industriais, etc.
d) **Políticas**: Estado, assembleia legislativa, governo, tribunais, prisões, exército, instituições administrativas em geral, partidos políticos, etc.
e) **Culturais**: museus, academia, centros de investigação, universidades e institutos politécnicos, etc.

Esse processo educativo e de transmissão de conhecimentos é constante e permanente: por ser ativo e passivo, muitas vezes as pessoas <u>nem sentem que estão a ser educadas</u>, <u>nem que estão a se comportar tal como foram educadas</u>, devido à interiorização dessas normas de comportamento.

É no quadro normativo das instituições que o ser humano encontra como se comportar quando está a desempenhar um papel social e é com base nesse plano que os meios educativos socioculturais são desenvolvidos.

As instituições visam regular os comportamentos, mas também são formados por este: a realidade social que enquadra a instituição e lhe dá o seu sentido.

QUESTÃO 5
a) Quais as funções das instituições?
b) Como essas funções se relacionam com as características do ser humano como incompleto e inacabado?

1.2. Funções Das Instituições
a) **Estabilidade normativa**: função de assegurar que os valores da sociedade sejam conhecidos e interiorizados pelos seus membros.
Objetiva que os membros aceitem as instituições, conformem o seu comportamento às suas exigências e sejam motivadas a isso.
b) **Integração**: garantir a necessária coordenação entre as diferentes partes ou unidades do sistema social, com especial atenção à sua contribuição para organização e funcionamento do conjunto.

QUESTÃO 6
As instituições são mutáveis ou imutáveis?
As instituições são produtos socioculturais. Embora condicionais das condutas humanas em vida social, elas também sofrem processos de adaptação às novas demandas sociais. Há novos fenómenos que surgem no decorrer da evolução do homem que precisam de uma resposta norma.
É o que temos nas reformas legislativas com base em *avanços científicos*, e.g., Lei n.º 32/2006, de 26 de Julho, que criou um regime que regula a utilização de técnicas de procriação medicamente assistida (PMA); ou alterações sociais, e.g., o desenvolvimento

do regime jurídico do casamento desde o Código Civil de 1966, passando pela reforma igualitária de 77 até a Lei n.º 9/2010, de 31 de Maio, que disciplinou o regime do casamento entre pessoas do mesmo sexo.

QUESTÃO 7
Qual a diferença entre a ordem social e a ordem jurídica?

1.3. A ordem sociocultural como ordem normativa

A ordem sociocultural é produto e tem como objeto regulador a conduta humana.

Entre os diversos valores e condutas que a ordem social tem de relevantes, há algumas que são ainda mais necessárias para a sua concretização e as pessoas precisam ser compelidas a cumpri-las.

Essas normas compõem a ordem jurídica e determinam uma consequência para o comportamento diverso do previsto na regra.

QUESTÃO 8
a) Qual a necessidade das normas da ordem jurídica para a vida de uma pessoa?
b) Quais são os requisitos gerais para que uma ordem jurídica seja cumprida pelos membros de uma sociedade?

1.4. A ordem jurídica como necessidade para a convivência humana

As pessoas precisam das normas jurídicas no dia-a-dia: estabelecem condutas que possibilita e garante:

    a) O desenvolvimento do homem e da sua convivência com os outros;

b) A consecução dos seus interesses individuais.

O Direito desenha um plano de comportamento exterior para todos os membros de um grupo, criando um quadro onde podem e devem agir ou se omitir de determinados modos.

Essa função garante e limita a liberdade individual, permitindo a pacífica coexistência entre as pessoas numa sociedade.

A ordem jurídica terá como objeto tanto a objetivação de interesses dos homens quanto as normas de proibições e punições. É necessário um equilíbrio entre essas normas, de modo que não limite abusivamente a liberdade das pessoas, que têm interesses divergentes entre si.

Uma ordem jurídica que restringe em demasiado o comportamento e os interesses das partes tende a não ser cumprida: os homens buscarão a criação de sistemas normativos paralelos à lei.

O Direito é exigível mesmo contra a vontade dos destinatários da norma, mas a ordem jurídica deve ser equilibrada e garantir a liberdade e a segurança das pessoas para ser aceita e respeitada.

QUESTÃO 9

a) Em geral, quais são os meios que a ordem jurídica dispõe para fazer cumprir suas instituições?

b) Há alguma diferença nesse aspecto em comparação com as normas sociais?

As normas jurídicas tais como as normas sociais em geral preveem comportamentos elevados como de importância a serem cumpridos: ações ou omissões. Normas jurídicas determinam sanções para o não cumprimento da conduta prevista. Essas sanções compõem o elemento de coercibilidade do direito. O Direito então regula meios de aplicação dessas sanções através de órgãos estatais e garantias de processos que seguem a lei, são isentos e objetivos: tribunais, polícia, ministério público, advogados, etc.

Esse monopólio dos meios de coação visa excluir (ou limitar ao máximo) a tutela coercitiva privada ("justiça pelas próprias mãos"). A ordem jurídica tem a sua disposição o controle da força e dos meios de coação: Direito e força são codependentes.

O Direito depende da coação e da força: depende não só na sua aplicação, mas na sua origem, na medida em que é criado por um ente que tem autoridade social e poder político para fazê-lo (e.g., Parlamento, Governo)

Quanto à sua aplicação, a efetividade da sanção prevista na norma é garantida pela existência e atuação de uma instância organizada e integrada no aparelho do Estado.

O Direito não possui em si mesmo a Força para impor suas normas; A Força não legitimada e que não exprime o direito é apenas uma arbitrariedade à vontade dos seus detentores.

Tutela coerciva privada em geral:
Artigo 336.º, CC – Acção directa
1. É lícito o recurso à força com o fim de realizar ou assegurar o próprio direito, quando a acção directa

for indispensável, pela impossibilidade de recorrer em tempo útil aos meios coercivos normais, para evitar a inutilização prática desse direito, contanto que o agente não exceda o que for necessário para evitar o prejuízo.

2. A acção directa pode consistir na apropriação, destruição ou deterioração de uma coisa, na eliminação da resistência irregularmente oposta ao exercício do direito, ou noutro acto análogo.

3. A acção directa não é lícita, quando sacrifique interesses superiores aos que o agente visa realizar ou assegurar.

Tutela coerciva privada na posse:

Artigo 1276.º, CC – Acção de prevenção

Se o possuidor tiver justo receio de ser perturbado ou esbulhado por outrem, será o autor da ameaça, a requerimento do ameaçado, intimado para se abster de lhe fazer agravo, sob pena de multa e responsabilidade pelo prejuízo que causar.

Artigo 1277.º, CC – Acção directa e defesa judicial

O possuidor que for perturbado ou esbulhado pode manter-se ou restituir-se por sua própria força e autoridade, nos termos do artigo 336.º, ou recorrer ao tribunal para que este lhe mantenha ou restitua a posse.

QUESTÃO 10

a) Podemos falar em uma ordem ética perante a existência do Direito?
b) Essas normas podem ser impostas aos homens?
c) Qual a diferença entre uma norma jurídica e uma norma moral? Como estas afetam a vida das pessoas?

1.5. A ordem moral como regra ética

A ordem moral é mais elevada que a ordem

jurídica: distinguem-se tanto pelo conteúdo como pela finalidade.

O Direito trata das relações dos homens entre si ou com a sociedade que o rodeia: ordena, delimita e compatibiliza os seus interesses e comportamentos. O Direito visa regular a convivência exterior e garantir a liberdade de agir; a conduta é coercível e controlável externamente.

A ordem moral é voltada para o interior do ser humano: pauta-se pelas convicções internas e o aperfeiçoamento ético do homem. A ordem moral não contém o mesmo elemento de coercibilidade da ordem jurídica e não pode ser fiscalizada e imposta.

O comportamento exterior desejado pela norma jurídica pode ser obtido por via coercitiva; mas as convicções internas, não.

É comum que a consciência de uma pessoa corresponda às normas de conduta humana, porém não é pressuposto. O modelo do Direito permite que as pessoas possam viver livremente com suas convicções morais, crenças ou religiões. O Direito é fundado na ética e moral, o que não significa que transpõe princípios morais individuais para o seu arcabouço.

QUESTÃO 11
Pode o Direito invocar a aplicação de regras morais para resolver um conflito?

O Direito por vezes recorre aos princípios morais gerais de uma determinada sociedade para compor a norma jurídica aplicável num caso concreto, p.ex., os "bons costumes" a serem respeitados pelos negócios jurídicos e no exercício de direitos no Código Civil:

Artigo 280.º, CC – Requisitos do objecto negocial
1. É nulo o negócio jurídico cujo objecto seja física ou legalmente impossível, contrário à lei ou indeterminável.
2. É nulo o negócio contrário à ordem pública, ou ofensivo dos bons costumes.

Artigo 281.º, CC – Fim contrário à lei ou à ordem pública, ou ofensivo dos bons costumes
Se apenas o fim do negócio jurídico for contrário à lei ou à ordem pública, ou ofensivo dos bons costumes, o negócio só é nulo quando o fim for comum a ambas as partes.

Artigo 334.º, CC – Abuso do direito
É ilegítimo o exercício de um direito, quando o titular exceda manifestamente os limites impostos pela boa fé, pelos bons costumes ou pelo fim social ou económico desse direito.

QUESTÃO 12
Pode um juiz invocar aplicação de regras morais para recusar a aplicação de uma lei?
P.ex., um juiz no Tribunal da Relação do Porto entende que não é moral que o art. 1.591.º (promessa de casamento) não permita a exigência do matrimónio e ordena a celebração entre autor e réu;
Em Acórdão do Tribunal da Relação de Évora, decidiu-se não aplicar os arts. 754.º e 755.º do CC porque entendeu-se não ser justo que o albergueiro retenha as coisas de uma pessoa albergada por não pagamento pela hospedagem.

Regra geral:

Artigo 8.º, CC – Obrigação de julgar e dever de obediência à lei

1. O tribunal não pode abster-se de julgar, invocando a falta ou obscuridade da lei ou alegando dúvida insanável acerca dos factos em litígio.
2. O dever de obediência à lei não pode ser afastado sob pretexto de ser injusto ou imoral o conteúdo do preceito legislativo.
3. Nas decisões que proferir, o julgador terá em consideração todos os casos que mereçam tratamento análogo, a fim de obter uma interpretação e aplicação uniformes do direito.

QUESTÃO 13
Poderá um juiz invocar hábitos reiterados na vida social para resolver conflitos?
P.ex., um juiz da Secção Social do Tribunal da Relação de Lisboa entender – diante da prática constante, uniforme, pacífica e prolongada dos empregados num depósito fazerem uma pausa de 15 minutos durante a jornada de trabalho – que esse intervalo deve ser contabilizado no tempo de trabalho?
Cfr. Acórdão do Tribunal da Relação de Évora de 20.04.2017 (Baptista Coelho)
Em determinado meio de negociação, é prática repetida e estabelecida entre os contratantes que o silêncio sobre determinado dispositivo corresponde a uma declaração de aceite (p.ex., a não manifestação sobre a proposta de prorrogação do contrato pela outra parte). Uma parte silencia.
Poderá o juiz considerar que declarou a sua vontade em sentido positivo?

Cfr.:

> Artigo 1.º, Código do Trabalho – Fontes específicas
> O contrato de trabalho está sujeito, em especial, aos instrumentos de regulamentação colectiva de trabalho, assim como aos usos laborais que não contrariem o princípio da boa fé.
>
> Artigo 3.º, CC – Valor jurídico dos usos
> 1. Os usos que não forem contrários aos princípios da boa fé são juridicamente atendíveis quando a lei o determine.
> 2. As normas corporativas prevalecem sobre os usos.
>
> Artigo 218.º, CC – O silêncio como meio declarativo
> O silêncio vale como declaração negocial, quando esse valor lhe seja atribuído por lei, uso ou convenção.

1.5. As normas de conduta ou trato social

Os usos e costumes são diferentes das normas jurídicas e das normas morais, que são meras normas de conduta social cuja observância não tem valor jurídico.

São exteriores ao homem, mas não são judicialmente coercíveis: caberá apenas uma "coerção social".

A "coerção social" tanto pode ser branda quanto ter consequências até mais graves do que sanções jurídicas, como a exclusão de uma pessoa de um meio social e isolamento. Mas apenas produzem efeitos jurídicos por autorização legal e de forma subsidiária.

As normas do trato social (usos e costumes), assim como as normas morais, terão relevância jurídica quando o Direito atribuí-la. Haverá normas morais e normas do trato social que são positivadas como normas jurídicas e sua inobservância trará consequências previstas na lei.

Porém, há situações em que o legislador fará uma previsão de aplicabilidade geral e abstrata com referência a essas normas para a composição de conflitos e preenchimento da norma no caso.

Serão essas as únicas situações em que a moral e os usos e costumes produzirão efeitos jurídicos

Além do silêncio, também são exemplos de referência às normas de trato social:

- O prazo e regime subsidiário na parceria pecuária (na falta de convenção, aplicam-se os "usos da terra", arts. 1.122.º e 1.128.º, CC);
- Animais e coisas móveis perdidas, com observação dos "usos da terra" (art. 1.323.º, n.º 2, CC);
- "(...) fizer valado, deve deixar externamente regueira ou alcorca, salvo havendo, em qualquer dos casos **usos da terra** em contrário" (art. 1.357.º, CC);
- "Usos da terra" para definir propriedade de sebes vivas (art. 1.359.º, n.º 2, CC).

QUESTÃO 14
a) Qual a diferença entre o jus-positivismo e o jus-naturalismo?
b) Quais são os marcos de cada uma dessas correntes teóricas?

1.5. O direito justo: o jus-positivismo e o jus-naturalismo

O Direito é uma de convivência humana com um

sentido: a justiça. Eventualmente, o Direito pode não ser tido como "justo" pela conceção de justiça comum dos indivíduos a que a norma se destina.

O Direito vigente e positivado pode estar em contradição insanável com as convicções morais dominantes na sociedade que deve ordenar. A ordem jurídica não pode desconhecer a ordem moral: essa relação é abordada pelas correntes do jus-positivismo e do jus-naturalismo.

1.5.1. Jus-positivismo

Trata do direito feito pelo homem, como convenção social. É diferente do direito positivo (CRP, Códigos, leis, etc.), pois é uma corrente doutrinária. A norma jurídica é ato de vontade do legislador, que é a única fonte de Direito.

Fatores fora da lei (extralegais), como a sociologia e a política, têm sua importância, mas não na aplicação do Direito. Fidelidade incondicional à lei, sem se preocupar com a sua justiça ou moralidade. Ao aplicador do direito, não cabe desobedecer os mandamentos legais sob argumentos de imoralidade ou injustiça.

1.5.2. Jus-naturalismo

Parte da distinção aristotélica entre direito natural e direito legal: o primeiro estará acima do segundo.

O direito natural é a única fonte de validade e justificação do direito positivo. O direito natural pode original da natureza, da vontade divina, da condição humana ou da lógica da razão. Existe independentemente de uma participação humana e é imutável no tempo e entre todos os povos.

O jus-naturalismo se legitima pela ideia de justiça e volta-se para uma ideia de um direito supralegal: o direito natural, que se baseia na natureza essencial do homem e no que é comum a todos.

Haveria valores fundamentais inerentes ao ser humano (que porventura podem evoluir com as conceções éticas) que o direito positivo deve respeitar. Principais épocas: antiguidade (fundado numa ordem natural); teológico (o direito natural não é criado pelos homens, mas existe por si só); e o iluminismo (coloca a razão e a natureza no centro das questões).

O direito natural existe independentemente do direito positivo e tem função:
 a) Legitimar o direito positivo expresso nas leis;
 b) Corrigir o direito posto, no sentido de buscar um direito ainda mais justo com base em valores humanos universais

Após grande influência nas ordens jurídicas dos séculos XVIII e XIX, o pensamento jus-naturalismo foi afastado pelas correntes da Escola histórica do direito e pelo jus-positivismo ainda no século XIX.

Para a Escola histórica, o direito é um fenómeno histórico que nasce do espírito do povo e dos seus costumes: manifesta e traduz a mentalidade da comunidade em causa.

Com os abusos resultantes de regimes totalitários do século XX, ganhou impulso novamente uma ideia de jus-naturalismo e enfoque no direito natural, com um corolário de valores e princípios da humanidade universais.

QUESTÃO 15
a) Qual a diferença das consequências do não cumprimento de normas jurídicas; normas morais; e normas de conduta social?
b) Podem estas entrar em conflito?

1.6. Interdependência entre a ordem jurídica e a ordem moral

As normas jurídicas, morais e de conduta social situam-se a níveis diferentes e sua não observância tem efeitos diferentes:

a) Normas jurídicas: cumprimento pode ser imposto por meio dos órgãos estaduais competentes

b) Normas morais: não há sanções externas, mas apenas de caráter íntimo e na consciência de quem não as cumpre

c) Normas de conduta social: pode resultar na marginalização ou exclusão da convivência do indivíduo infrator

Na sociedade, pode ocorrer que uma pessoa é afetada por uma norma moral que entre em conflito com normas jurídicas, levando a não respeitar o Direito em prol de imperativos morais e éticos.

Há diferença entre (1) invocar normas morais contra regras ditatoriais ou de tiranos e (2) não observar a lei de um Estado democrático de Direito com base em normas morais:

(1) Contra tiranias e sistemas opressivos, pode ser legitimada a não observância por razões

ética; (2) isso será inconcebível no caso de um regime democrático legitimado, pois a lei é universal e os princípios morais devem ser relativizados pela boa convivência humana.

QUESTÃO 16
a) Qual a diferença entre estar **moralmente obrigado** e estar **juridicamente obrigado**?
b) Essas obrigações poderão coincidir?

1.7. Obrigação jurídica x obrigação moral

Uma pessoa está obrigada juridicamente quando outrem, apoiado numa norma jurídica, pode exigir daquela um determinado comportamento, que aquela está obrigada a observar.

Por exemplo, arts. 1.038.º, alíneas *a) e b)*, CC:
 a) o locatário deve pagar a renda ou aluguer; e
 b) facultar ao locador o exame da coisa locada; 879.º, *b) e c);* 2.009.º, CC.

Uma pessoa está obrigada moralmente quando a sua consciência a impõe um dever. Por exemplo, auxiliar uma pessoa a atravessar a rua; dar uma esmola a pessoa com necessidade; fazer donativos às vítimas de catástrofes naturais; socorrer alguém que está a afogar-se; etc.

Obrigações morais e jurídicas podem se sobrepor:
 a) uma obrigação moral pode também ser uma obrigação jurídica;
 b) uma pessoa pode se sentir moralmente compelido a cumprir com uma obrigação jurídica

É o caso da obrigação de socorrer alguém:

Artigo 200.º, CP, Omissão de auxílio
1 - Quem, em caso de grave necessidade, nomeadamente provocada por desastre, acidente, calamidade pública ou situação de perigo comum, que ponha em perigo a vida, a integridade física ou a liberdade de outra pessoa, deixar de lhe prestar o auxílio necessário ao afastamento do perigo, seja por acção pessoal, seja promovendo o socorro, é punido com pena de prisão até 1 ano ou com pena de multa até 120 dias.
2 - Se a situação referida no número anterior tiver sido criada por aquele que omite o auxílio devido, o omitente é punido com pena de prisão até 2 anos ou com pena de multa até 240 dias.
3 - A omissão de auxílio não é punível quando se verificar grave risco para a vida ou integridade física do omitente ou quando, por outro motivo relevante, o auxílio lhe não for exigível.

A pessoa pode estar legalmente obrigada a prestar alimentos para os seus ascendentes, descendentes e irmãos e, também, se sentir moralmente compelida a fazê-los:

Artigo 2009.º, CC – Pessoas obrigadas a alimentos
1. Estão vinculados à prestação de alimentos, pela ordem indicada:
a) O cônjuge ou o ex-cônjuge;
b) Os descendentes;
c) Os ascendentes;
d) Os irmãos;
e) Os tios, durante a menoridade do alimentando;
f) O padrasto e a madrasta, relativamente a enteados menores que estejam, ou estivessem no momento da morte do cônjuge, a cargo deste.
2. Entre as pessoas designadas nas alíneas b) e c) do número anterior, a obrigação defere-se segundo a ordem

da sucessão legítima.

3. Se algum dos vinculados não puder prestar os alimentos ou não puder saldar integralmente a sua responsabilidade, o encargo recai sobre os onerados subsequentes.

QUESTÃO 17
Com base nas diversas normas jurídicas estudadas, quais as modalidades de normas jurídicas que conseguem caracterizar?

1.8. Primeiro esboço de modalidades de normas jurídicas: "tu deves, tu não deves e tu podes"

a) Normas preceptivas

Impõem ou prescrevem um certo comportamento: **ordenam uma conduta.**

P.ex.:
- As normas que nos obrigam a pagar impostos;
- A circular pela direita (art. 13.º, n.º 1, do Código da Estrada);
- Obrigações do vendedor e do comprador (art. 879.º, CC);
- Os deveres conjugais para aqueles que se casam (arts. 1.672.º e ss., CC);
- A obrigação de contratar um seguro de automóvel (art. 4.º, DL n.º 291/2007, de 21 de Agosto, Regime Jurídico do Seguro de Automóvel Obrigatório), etc.

b) Normas proibitivas ou sancionatórias

São normas que **proíbem** determinados

comportamentos. P.ex., as normas que tipificam os crimes no direito penal (normas que punem o homicídio, o furto, as ofensas corporais, etc.); normas de direito civil que proíbem determinados comportamentos ou prescrevem consequências para factos ilícitos.

É o que diz o art. 483.º, CC:

> "Aquele que (...) violar ilicitamente o direito de outrem (...) **fica obrigado a indemnizar o lesado pelos danos resultantes da violação**".

Em destaque está a consequência da conduta (ação ou omissão) que viola o direito de outrem sem justificativa legal.

A proibição do abuso de direito do art. 334.º, CC: "É ilegítimo o exercício de um direito, quando o titular exceda manifestamente os limites impostos pela boa fé, pelos bons costumes ou pelo fim social ou económico desse direito."

Normas que proíbem a convenção antenupcial que atinja bens indisponíveis (arts. 1.699.º e 1733.º, CC). Cfr. também:

> Artigo 131.º, CP - Homicídio
> Quem matar outra pessoa é punido com pena de prisão de 8 a 16 anos.

> Artigo 143.º, CP.- Ofensa à integridade física simples
> 1. Quem ofender o corpo ou a saúde de outra pessoa é punido com pena de prisão até 3 anos ou com pena de multa. (...)

> Artigo 203.º, CP - Furto
> 1. Quem, com ilegítima intenção de apropriação para si ou para outra pessoa, subtrair coisa móvel ou animal alheios, é punido com pena de prisão até 3 anos ou com

pena de multa. (...)

c) Normas permissivas ou dispositivas
Além de ordenar e proibir, a ordem jurídica também permite ou autoriza certos comportamentos
Não é apenas não ordenar nem proibir; afinal tudo que não é proibido estaria permitido
Trata-se da conceção positiva de poderes ou faculdade; ou de conferir direitos, sempre **nos limites da** lei, p.ex:

Art. 405.º, CC: liberdade contratual das partes fixarem o conteúdo dos contratos;

Art. 802.º, CC: permite ao credor a faculdade de resolve o negócio ou exigir o cumprimento do que for possível em certos termos;

Art. 1.055.º, CC: permite às partes num contrato de arrendamento de se oporem à renovação do pacto;

Art. 1.698.º, CC: permite aos nubentes estipular livremente o regime de bens do casamento.

QUESTÃO 18
Quais as características da ordem jurídica?

2. A ordem jurídica como ordem normativa: características
a) Necessidade
A necessidade primordial da ordem jurídica é regular a convivência humana em sociedade. A necessidade resulta da natureza social do ser humano, que precisa se comunicar, produzir e consumir bens e utilidades.
O homem é um ser social e precisa viver com outros

para concretizar seus interesses; nesse âmbito pode surgir conflitos e são necessárias normas para regular os comportamentos. Normas preveem direitos e deveres; condutas a cumprir, condutas a não fazer e condutas que pode esperar de outrem.

b) Exterioridade

Normas jurídicas disciplinam comportamentos que se manifestam exteriormente.

O Direito também penetra na consciência das pessoas pelos estímulos a se conduzirem de determinado modo, mas o objetivo são os atos externos: a mera intenção sem manifestação no mundo não gera consequências jurídicas.

A ordem jurídica não regula pensamentos e comportamentos não produzidos na externalidade: desde que as intenções se mantenham no foro íntimo, não serão percetíveis ao mundo jurídico

A intenção (p.ex., dolo direto, dolo eventual, culpa, má fé, boa fé) tem valor jurídico quando há um comportamento; todavia, ela é valorada objetivamente.

c) Estatalidade

O Direito provém do Estado: a ordem jurídica é emanada dos órgãos regulado pelo próprio Direito e eles compete a criação de leis em sentido amplo e a aplicação da lei por meio das autoridades judiciárias e Poder Executivo (doutrina do **monismo jurídico**).

O Direito e o Estado são dois aspectos distintos, mas inseparáveis, da mesma realidade:

    (1) O Estado é o direito como actividade

normativa;

(2) O Direito é o Estado como situação fixada pelas suas normas.

Oposta a esta visão está a doutrina do **pluralismo jurídico**, que nega o monopólio da criação e aplicação do Direito pelo Estado: nem todo Direito seria criado e aplicado pelos órgãos estatais

Ao lado do papel do Estado, estariam fontes de direito que não emanam do Estado: Direito Canónico, Direito Internacional Privado, Direito da União Europeia, direito consuetudinário, normas criadas por autarquias e regiões autónomas ou por órgãos profissionais e desportivos, etc.

A solução de conflitos também se dá hoje por arbitragem e mediação, tribunais internacionais, etc.

d) Imperatividade e obrigatoriedade

A ordem jurídica traduz um comando e é dotada de imperatividade; sem esta, a sua **função de ordenação social** estaria esvaziada.

A imperatividade tem na sua essência a coercibilidade em caso de violação de normas jurídicas, que é motor principal para o seu cumprimento.

Nem todas as normas jurídicas trazem sanção e nem por isso deixam de ser imperativas. A essência do "dever-ser" da norma jurídica corresponde a obrigatoriedade de obediência sem que seja possível escolher livremente o cumprimento ou a inobservância: o Direito regula as condutas sem depender da vontade das pessoas.

A imperatividade faz com que a ordem jurídica seja de observância obrigatória: podem impor ou proibir uma conduta; mas também atribuir um poder, uma faculdade ou liberdade.

Por exemplo, o exercício das liberdades se dá dentro dos limites legais; é este o conteúdo da obrigatoriedade.

e) Coercibilidade

A possibilidade de recorrer ao uso da força para aplicar as sanções prescritas pelo Direito em caso de violação deste (por meio da conduta) ou para obrigar o cumprimento da norma – nos limites da lei.

O uso da força é a possibilidade de se socorrer dos meios legais (órgãos estaduais e mecanismos processuais) para garantir o cumprimento das normas e evitar violações do direito, de forma preventiva, punitiva ou reparatória.

A coercibilidade também cumpre uma função pedagógica.

A coação e a coercibilidade contribuem para eficácia e vigência do Direito: a coercibilidade só é legítima se a norma também o for; a norma jurídica apenas se faz valer porque há uma consequência jurídica que visa sua obediência.

Excepcionalmente, o uso da força própria pelos indivíduos é permitido, quando não for possível recorrer às autoridades e estiver em causa uma situação de urgência, que obriga a atuação defensiva imediata.

QUESTÃO 19

Introdução ao Direito

a) Qual a diferença entre imperatividade e coercibilidade?
b) Há normas jurídicas sem sanções jurídicas? Ainda são imperativas? Ainda podem ser objeto de coercibilidade?

Normas que trazem definições legais ou noções, em geral, não trazem sanção:

Artigo 202.º, CC – Noção
1. Diz-se coisa tudo aquilo que pode ser objecto de relações jurídicas. (...)

Artigo 349.º, CC – Noção
Presunções são as ilações que a lei ou o julgador tira de um facto conhecido para firmar um facto desconhecido.

Artigo 397.º, CC – Noção
Obrigação é o vínculo jurídico por virtude do qual uma pessoa fica adstrita para com outra à realização de uma prestação.

Artigo 874.º, CC – Noção
Compra e venda é o contrato pelo qual se transmite a propriedade de uma coisa, ou outro direito, mediante um preço.

Artigo 1157.º, CC – Noção
Mandato é o contrato pelo qual uma das partes se obriga a praticar um ou mais actos jurídicos por conta da outra.

Artigo 1577.º, CC – Noção de casamento
Casamento é o contrato celebrado entre duas pessoas que pretendem constituir família mediante uma plena comunhão de vida, nos termos das disposições deste Código.

Capítulo 4 – O Direito objetivo e o direito subjetivo

QUESTÃO 1
Qual a diferença entre direito objetivo e direito subjetivo?

1. O Direito objetivo

As normas jurídicas no seu conjunto – o ordenamento jurídico – constituem o "direito objetivo".

É legitimado pela função de manter a paz social através de suas regras de conduta, baseado em critérios de justiça.

Essas normas jurídicas têm caráter imperativo e são coercivas.

Além de **imperativas**, as regras são **gerais** e **abstratas**: preveem normas de conduta para uma coletividade indeterminada de pessoas e condutas.

O direito objetivo reconhece ou atribui às pessoas os seus direitos e suas obrigações.

Definição de Baptista Machado (p. 64): "(...) corpo ou complexo de regras gerais e abstractas que organizam a vida em sociedade sob os mais diversos aspectos e que, designadamente, definem o estatuto das pessoas e regulam as relações entre elas".

E continua: "É nesse sentido que continuaremos a usar a palavra **direito**.".

Portanto, **o direito objetivo é o direito posto ou positivo**: as normas jurídicas gerais e abstratas previstas no corpo legislativo que formam um sistema ou ordenamento jurídico de uma

determinada sociedade.
2. O Direito subjetivo
Definição de Baptista Machado (p. 64): "aquelas posições de privilégio (direitos), faculdades ou poderes que, por *aplicação* das regras de direito objectivo, são atribuídos a pessoas determinadas, uma vez verificados certos eventos (factos jurídicos em sentido lato) previstos naquelas mesmas regras."

Uma pessoa que tem a titularidade de um direito subjetivo terá uma outra(s) pessoa(s) em posição de um dever jurídico ou num estado de sujeição.

O direito subjetivo tem origem quando uma pessoa invoca uma norma prevista pelo direito objetivo e passa a poder exigir de outrem um determinado comportamento.

Não há direito subjetivo se não houver norma de direito objetivo anterior que crie essa situação jurídica de direitos e faculdades, ou sua pretensão.

P.ex., está na norma jurídica de direito objetivo:
> Artigo 483.º, CC (Princípio geral)
> 1. Aquele que, com dolo ou mera culpa, violar ilicitamente o direito de outrem ou qualquer disposição legal destinada a proteger interesses alheios fica obrigado a indemnizar o lesado pelos danos resultantes da violação. (...)

Da aplicação das normas jurídicas aos factos, nasce o direito subjetivo:
> Quando João sofre um dano em seu veículo causado pela negligência de Mário ao não observar as normas de segurança ao limpar uma janela do 2.º piso, cria-se com essa situação jurídica uma pretensão a João de demandar

uma indemnização a Mário. Essa pretensão é o direito subjetivo.

QUESTÃO 2
Correspondem as situações abaixo a direito objetivo ou a direito subjetivo?
a) Joaquim é casado com Antónia. Sem dissolver o casamento, Joaquim casa-se com Mariana. Antónia intenta ação de anulabilidade do casamento de Joaquim com Mariana, com base nos arts. 1.601.º, *c*), e 1.639.º, n.º 2, CC.

b) No contrato de mandato, é uma das obrigações do mandante o fornecimento dos meios necessários à execução do mandato ao mandatário, se nada for convencionado em contrário (art. 1.167.º, *a*), CC).

c) Teresa comprou um livro de Vânia. Esse livro era de Márcia – esse facto era de conhecimento de Vânia, que emprestou dela para ler durante as férias de verão. Teresa acreditava que o livro era de Vânia, que, estando de boa fé, não pode ter a nulidade da venda oposta por esta última (art. 862.º, CC).

d) No contrato a favor de terceiro: "O terceiro a favor de quem for convencionada a promessa adquire direito à prestação, independentemente de aceitação." (art. 444.º, n.º 1, CC)

QUESTÃO 3
Quais as modalidades de direito subjetivo?

2.1. Os direitos subjetivos absolutos
Os direitos subjetivos absolutos são ou <u>direitos de domínio</u> ou <u>direitos da personalidade.</u>
Correspondem a uma obrigação passiva universal de todos os outros que os devem respeitar, uma vez que os sujeitos passivos são indeterminados.
Absoluto não é o mesmo que ilimitado ou isento de vinculações: pertencem apenas ao seu titular, mas são oponíveis a todos os outros.
Os direitos subjetivos absolutos têm eficácia *erga omnes*.
São direitos de exclusão: impõem a toda a comunidade um comportamento negativo, de não violar o direito ou não interferir no seu exercício.
Há uma obrigação universal passiva de respeitar o direito do titular: esses direitos outorgam ao seu titular um poder direto e imediato sobre uma pessoa ou um bem corpóreo ou não corpóreo.

a) Os <u>direitos de domínio</u> incidem sobre uma coisa determinada, que constituem o seu objeto: o titular desse domínio tem direitos oponíveis a todos os outros

Exemplo:
>Artigo 1305.º - Propriedade das coisas
>O proprietário goza de modo pleno e exclusivo dos direitos de uso, fruição e disposição das coisas que lhe pertencem, dentro dos limites da lei e com observância das restrições por ela impostas.

>Artigo 1356.º - Conteúdo
>A todo o tempo o proprietário pode murar, valar, rodear de sebes o seu prédio, ou tapá-lo de qualquer modo.

b) Os direitos de personalidade também são direitos subjetivos absolutos e o seu titular pode impor a sua observância a uma generalidade indeterminada de pessoas
Exemplos:
>Artigo 70.º - Tutela geral da personalidade
>1. A lei protege os indivíduos contra qualquer ofensa ilícita ou ameaça de ofensa à sua personalidade física ou moral.
>2. Independentemente da responsabilidade civil a que haja lugar, a pessoa ameaçada ou ofendida pode requerer as providências adequadas às circunstâncias do caso, com o fim de evitar a consumação da ameaça ou atenuar os efeitos da ofensa já cometida.
>
>Artigo 72.º - Direito ao nome
>1. Toda a pessoa tem direito a usar o seu nome, completo ou abreviado, e a opor-se a que outrem o use ilicitamente para sua identificação ou outros fins. (...)
>
>Artigo 80.º - Direito à reserva sobre a intimidade da vida privada
>1. Todos devem guardar reserva quanto à intimidade da vida privada de outrem. (...)

c) Existem <u>direitos familiares pessoais</u> que são oponíveis a terceiros em absoluto, mas que criam outros direitos e deveres entre os que estão vinculados pelas relações jurídica familiares
Exemplos:
>Os cônjuges são vinculados por um contrato de casamento (art. 1.577.º, CC) que estabelece deveres conjugais **entre si**, como a fidelidade, coabitação, cooperação, assistência, etc. (art.

1.672.º, CC). Essa relação matrimonial é oponível a **terceiros** *erga omnes*.

As responsabilidades parentais (segurança, saúde, educação, sustento, etc.) compete aos **pais em relação aos seus filhos** (art. 1.878.º, CC), que podem esperar obediência dos filhos. Essa relação de maternidade e paternidade é oponível a **terceiros** *erga omnes*.

2.2. Os direitos subjetivos relativos

Os direitos subjetivos são dirigidos à realização de uma prestação: **o titular pode exigir uma conduta de uma determinada pessoa**.

São direitos de crédito, que permitem demandar uma prestação ao estabelecerem uma relação jurídica entre pessoas determinadas.

As pessoas na posição de sujeição ativa e passiva são identificáveis e é possível extrair uma conduta exigível entre uma pessoa e outra.

Os direitos subjetivos relativos são oponíveis *inter partes*.

P.ex., o art. 397.º define que "obrigação é o vínculo jurídico por virtude do qual uma pessoa fica adstrita para com outra à realização de uma prestação".

As partes nessa situação consentem se vincular por meio de uma obrigação e os direitos subjetivos entre elas são oponíveis à uma e à outra, entre si.

Aqueles que celebrem um contrato entre si o fazer por liberalidade (art. 406.º, n.º 1, CC): por isso, em regra, apenas produzem efeitos entre si, somente excecionalmente a lei permitirá efeitos contra terceiras (art. 406.º, n.º 2, CC).

Mesmo situação como obrigações tributárias criaram direitos subjetivos relativos: a obrigação de pagar tributo pelo contribuinte ao Estado.

Os advogados e os juízes devem tratar-se com urbanidade no decorrer de procedimentos cíveis:
> Artigo 9.º, CPC - Dever de recíproca correção
> 1 - Todos os intervenientes no processo devem agir em conformidade com um dever de recíproca correção, pautando-se as **relações entre advogados e magistrados por um especial dever de urbanidade**. (...)

QUESTÃO 4
Qual a eficácia das modalidades de direito subjetivo?

2.3. A violação dos direitos subjetivos
A) Direitos subjetivos absolutos: efeitos *erga omnes*
Os direitos absolutos devem ser respeitados por um corpo indeterminado de pessoas e, por isso, podem ser violados por quaisquer um que os deva respeitar.

B) Direitos subjetivos relativos: efeitos *inter partes*
Os direitos relativos criam direitos e deveres entre as partes e, via de regra, só podem ser exigidos no seu cumprimento e violados pelas partes titulares das posições jurídicas relevantes.

Se não for possível o cumprimento forçado da obrigação, a violação de direitos subjetivos enseja a reparação dos danos que causar, pela restauração da posição que estaria não fosse a conduta lesiva.

Exemplo: responsabilidade civil contratual e extracontratual
> Artigo 483.º - Princípio geral
> 1. Aquele que, **com dolo ou mera culpa**, violar

ilicitamente o direito de outrem ou qualquer disposição legal destinada a proteger interesses alheios fica obrigado a indemnizar o lesado pelos danos resultantes da violação. (...)

Artigo 798.º - Responsabilidade do devedor
O devedor que falta **culposamente** ao cumprimento da obrigação torna-se responsável pelo prejuízo que causa ao credor.

Artigo 562.º - Princípio geral
Quem estiver obrigado a reparar um dano deve reconstituir a situação que existiria, se não se tivesse verificado o evento que obriga à reparação.

QUESTÃO 5
a) O que são os direitos potestativos?
b) Quais as espécies de direitos potestativos?

1. Os direitos potestativos
Exercício unilateral de direitos: são direitos que traduzem uma faculdade ou um poder de, por ato livre de vontade e apoiado em norma jurídica ou por decisão judicial, produzir efeitos jurídicos que afetam a esfera jurídica de outrem.

Ao outro, apenas cabe **suportar a sujeição** e as consequências do exercício do direito pela outra parte.

A parte exerce um direito que atinge outra pessoa determinada, mas esta nada pode fazer para obstar ou afastar os efeitos jurídicos impostos.

O direito potestativo pressupõe a pré-existência de um direito subjetivo propriamente dito ou de uma relação/situação jurídica que dá origem ao direito a ser exercido.

O direito potestativo extingue-se após o seu exercício ou pelo decurso de prazo (caducidade).

2. Efeitos dos direitos potestativos
A) Direito potestativo extintivo
Extingue uma relação jurídica anterior.
P.ex., um cônjuge decide pedir o divórcio pela rutura definitiva do casamento (art. 1.781.º, d), CC), então terá o efeito da extinção da relação jurídica familiar de casamento (art. 1.788.º, CC).
O senhorio pode resolver o contrato de arrendamento quando o arrendatário não paga as rendas por determinado período (art. 1.083.º, n.º 1, CC) ou se o arrendatário viola regras de higiene, sossego e de boa vizinhança (*Ibidem*, n.º 2, a), CC).

B) Direito potestativo modificativo
Modifica uma relação jurídica pré-existente
Exemplo 1:
> Duas pessoas casadas em regime de bens de comunhão de adquiridos (arts. 1.721.º e ss., CC); um dos cônjuges incorre em má administração dos bens do outro cônjuge (art. 1.767.º, CC); este poderá pedir a separação judicial de bens, passando o regime de bens a ser o da separação, procedendo-se a partilha de bens do património comum, como se o casamento tivesse sido dissolvido (art. 1.770.º, CC).

O estado de casado se mantém, mas o regime matrimonial de bens modifica-se.
> Em termos semelhantes dá-se a separação judicial de pessoas e bens (arts. 1.794.º e

1795.º-A , CC), em que o casamento mantém-se, mas altera o regime de bens e alguns efeitos pessoais do casamento, nomeadamente os deveres conjugais.

Exemplo 2:

Os poderes de direção exercidos no âmbito de um contrato de trabalho (art. 1.152.º, CC, e art. 97.º, Código do Trabalho), em que o empregador impõe condutas a serem cumpridas pelo trabalhador.

C) Direito potestativo constitutivo
Cria-se uma nova relação jurídica.
Exemplos:

O proprietário de um terreno encravado (prédio dominante) exerce o direito potestativo de exigir a construção de uma servidão de passagem (art. 1.543.º, CC) através do terreno (prédio serviente), entre o primeiro terreno e a via pública: cria-se uma nova relação jurídica, a servidão legal de passagem (art. 1.550.º, CC).

O proprietário de prédio confinante com parede ou muro alheio pode adquirir comunhão em todo ou em parte, impondo a outrem o seu poder de aquisição (art. 1.370.º, CC).

Uma pessoa em determinadas situações jurídicas terá direito de preferência quanto a um bem; o titular dessa propriedade, que teria em geral a liberdade de escolher para quem vende, nesses casos terá imposta a obrigação de vender para essa pessoa (*e.g.*, arts. 1.380.º, 1.409.º e 1.535.º, CC).

3. Síntese conclusiva: os direitos subjetivos

Direito subjetivo é o poder ou a faculdade reconhecida pela ordem jurídica ao seu titular de:

    A) *exigir* ou de *pretender* de outrem um comportamento ativo/positivo (*facere*) ou passivo/negativo (*non facere*)

Não obtendo o seu direito, o titular pode solicitar (exigir) ao tribunal que aplique determinadas medidas que lhe proporcionem a satisfação do interesse ou uma vantagem equivalente; ou ainda sanções.

A mera *pretensão* se dá quando o titular não pode reagir contra a pessoa que não cumpriu o seu dever jurídico. P.ex., obrigações naturais (arts. 402.º e 403.º, CC).

    B) produzir unilateralmente efeitos jurídicos na esfera de outrem

Direitos potestativos permitem uma pessoa modificar, extinguir ou constituir relações jurídicas na esfera de outrem.

QUESTÃO 6
a) Poderão as pessoas em posição de sujeição passiva de direitos subjetivos estarem eternamente sujeitos aos seus efeitos? Quer dizer, estarão os sujeitos passivos vinculados *ad infinitum* aos deveres e sujeições decorrentes dos direitos subjetivos?
b) Quais os fenómenos jurídicos que regulam essas disposições?

Cfr.:

Artigo 298.º, CC - Prescrição, caducidade e não uso do direito

1. Estão sujeitos a prescrição, pelo seu não exercício durante o lapso de tempo estabelecido na lei, os direitos que não sejam indisponíveis ou que a lei não declare isentos de prescrição.
2. Quando, por força da lei ou por vontade das partes, um direito deva ser exercido dentro de certo prazo, são aplicáveis as regras da caducidade, a menos que a lei se refira expressamente à prescrição.
3. Os direitos de propriedade, usufruto, uso e habitação, enfiteuse, superfície e servidão não prescrevem, mas podem extinguir-se pelo não uso nos casos especialmente previstos na lei, sendo aplicáveis nesses casos, na falta de disposição em contrário, as regras da caducidade.

QUESTÃO 7
Qual a diferença entre a caducidade, a prescrição e o não uso do direito?

4. Os prazos para o exercício dos direitos subjetivos
A) Prescrição

O direito subjetivo ainda existe, mas pelo decurso de tempo (arts. 309.º e ss., CC), o seu titular não pode mais exigi-lo judicialmente.

O titular do direito ainda pode *pretender* o seu direito e o devedor pode cumprir *voluntariamente* a sua obrigação; este também pode recusar o cumprimento ou se opor ao exercício do direito prescrito (art. 304.º, CC).

Não pode ser reconhecida de ofício pelo tribunal, mas deve ser invocada pelo titular, representante ou Ministério Público (em caso de incapaz) – cfr. 303.º, CC.

B) Caducidade

Podem os direitos subjetivos também caducar pelo decurso de tempo: nesse caso, deixam de existir.

A caducidade pode ser apreciada oficiosamente pelo tribunal e pode ser alegada a qualquer momento no processo judicial (art. 333.º, n.º 1, CC).

Em geral, são os direitos potestativos que caducam; mas pode ocorrer a caducidade de complexos de obrigações, como a caducidade do contrato de mandato por morte do mandante ou do mandatário (art. 1.174.º, CC) ou do contrato de locação pelo fim do prazo (art. 1.051.º, *a*), CC).

Nos casos acima, extingue-se a relação jurídica contratual.

C) Extinção do direito subjetivo pelo não uso

Os direitos absolutos de propriedade, usufruto, uso e habitação, enfiteuse, superfície e servidão não prescrevem.

Podem, todavia, extinguirem-se pelo não uso nos casos previstos em lei.

Exemplos:
> Artigo 1476.º, CC - Causas de extinção
> 1. O usufruto extingue-se: (...)
> c) Pelo seu não exercício durante vinte anos, qualquer que seja o motivo;
> Artigo 1569.º - Casos de extinção
> 1. As servidões extinguem-se: (...)
> b) Pelo não uso durante vinte anos, qualquer que seja o motivo; (...)

Capítulo 5 – Os fins do direito: justiça e segurança jurídica

QUESTÃO 1
a) Qual a finalidade principal do direito?
Por exemplo, há um conflito entre pretensões entre duas pessoas. Há uma norma de conduta que regula esta relação jurídica. Qual o propósito da aplicação dessa norma jurídica ao caso concreto?
b) É possível defini-la?
c) Essa finalidade se modifica ou permanece imóvel?

1. OS FINS DO DIREITO: A JUSTIÇA

Os fins da ordem jurídica se voltam à realização da justiça. A ideia de justiça legitima o direito; é aceite ou tolerada pela sociedade. Não há uma definição objetiva e final de justiça, que seja comumente aceite.

O conceito de justo modifica com:
- a evolução histórico-social e das convicções religiosas e morais;
- alterações na realidade económica.

Há a necessidade de uma constante comunicação ou interação entre a lei e aqueles que devem obedecê-la. A justiça e sua relação com os direitos subjetivos deve sempre ser conexa à realidade em que se aplica. Deve respeitar a evolução dos conhecimentos; da técnica; da ordem social; do sentir dos homens; e das suas expectativas. Deve ser observada essa conexão com o fim de evitar desfasamento entre a realidade social e o direito objetivo, que pode ser fatal para a aceitação de uma ordem jurídica. Sem aceitação, não há Estado Democrático de Direito e nem ordem jurídica legítima.

QUESTÃO 2
Serão justas as disposições abaixo?

Código de Hammurabi - Mesopotâmia, séc. XVIII a.C.:
§209. Se um homem ferir uma mulher nascida livre para que ela perca seu filho por nascer, ele deverá pagar dez shekels por sua perda[1].
§210. Se a mulher morrer, sua filha será morta.

Lei das XII Tábuas – Roma, 449 a.C.:
Tábua IV. Poder paternal - 1. Uma criança notavelmente deformada deve ser morta imediatamente[2].

Ordenações Manuelinas – Portugal:
A pena para o traidor contra a Coroa: "morrerá naturalmente morte cruel, e todos seus bens que houver ao tempo da condenação serão confiscados para a Coroa do Reyno" (Livro 5, Título II, n.º 9).

QUESTÃO 3
Serão justas as disposições abaixo?

Ordenações Manuelinas (séc. XVI) – Portugal:
A pena para o traidor contra a Coroa: "morrerá naturalmente morte cruel, e todos seus bens que houver ao tempo da condenação serão confiscados para a Coroa do Reyno" (Livro 5, Título II, n.º 9)

Código Penal – 1852:
Art. 351.º Será punido com a pena de morte o crime de homicídio voluntário (...), quando concorrer qualquer das circunstâncias seguintes: 1.ª Premeditação; 2.º Quando se empregarem torturas (...)

Código Civil português – 1867:
Do mandato judicial – art. 1354.º - Não podem ser procuradores em juízo: (...) 2.º As mulheres, excepto em causa própria, ou dos seus ascendentes e descendentes ou do seu marido, achando-se estes impedidos.

Código Civil português – 1966:
Artigo 1674.º - Poder marital - O marido é o chefe da família, competindo-lhe nessa qualidade representá-la e decidir em todos os actos da vida conjugal comum, sem prejuízo do disposto nos artigos subsequentes.

QUESTÃO 4
Quais são os elementos da justiça?

2. OS ELEMENTOS DA JUSTIÇA
2.1. Elementos gerais
A) Impessoalidade
Estabelece critérios gerais objetivos (não há sentimentos pessoais como amor, caridade, amizade, etc.). Há um limite e uma medida, diferente de elementos personalíssimos.

B) Alteridade
A justiça se orienta para os outros, para os seus comportamentos exteriorizados: a convivência social, a sua sujeição à evolução contínua e sua orientação para a vida social e a preservação da liberdade.

Por exemplo, o direito penal protege bens jurídicos constitucionalmente tutelados e apenas pode agir quando nenhuma outra esfera do direito é capaz de o fazer (princípio da subsidiariedade) e apenas na medida mínima para realizar aquela defesa (princípio da intervenção mínima, cfr. CRP, art. 18.º, n.º 2).

Esses bens jurídicos são os da mais elevada importância: vida, integridade física, liberdade pessoal, autodeterminação sexual, honra, vida privada, património, ordem económica, identidade cultural, etc.

2.2. Elementos lógico-formais
A) Proporcionalidade

A proporcionalidade busca um **equilíbrio**. Existe com a **reciprocidade** entre agentes sociais (meios de proteção afetam as pessoas no tráfico jurídico para proteger outras, que também estarão sujeitas a estas mitigações).

E a **adequação** (sob a ideia de medidas serem adequadas para atingirem as suas finalidades).

Cfr.:
> Artigo 193.º, CPP - Princípios da necessidade, adequação e proporcionalidade
> 1 - As medidas de coacção e de garantia patrimonial a aplicar em concreto devem ser **necessárias e adequadas às exigências cautelares que o caso requerer** e **proporcionais à gravidade do crime** e às sanções que previsivelmente venham a ser aplicadas.
> 2 - A prisão preventiva e a obrigação de permanência na habitação só podem ser aplicadas quando se revelarem inadequadas ou insuficientes as outras medidas de coacção.

B) Igualdade

A ordem jurídica se aplica igualmente a todos os membros de uma sociedade. Se contrapõe à arbitrariedade.

Cfr.:
> Artigo 12.º, CRP – Princípio da universalidade
> 1. Todos os cidadãos gozam dos direitos e estão sujeitos aos deveres consignados na Constituição. (...)

> Artigo 13.º, CRP - Princípio da igualdade
> 1. Todos os cidadãos têm a mesma dignidade social e são iguais perante a lei. (...)

C) Respeito pela dignidade da pessoa humana

Dignidade está na base da República Portuguesa, conforme o art. 1.º da CRP.

É um conceito aberto e toma forma diante dos elementos sistemáticos em que se aplica: pode envolver diferentes elementos da vida humana e social; atinge fins de interesse individual, públicos, coletivos e de outrem.

É base para aplicação e existência dos direitos fundamentais.

No direito comparado, *e.g.*, é fundamento da República Federativa do Brasil (art. 1.º, inc. III, CRF) e da República Italiana (art. 3.º); na Lei Fundamental da República Federal Alemã, é direito básico inviolável, sendo o seu respeito e proteção o dever de todas as autoridades estatais (art. 1.º, § 1.º).

Cfr.:
> "Não se nega, decerto, que a «dignidade da pessoa humana» seja um valor axial e nuclear da Constituição portuguesa vigente, e, a esse título, haja de inspirar e fundamentar todo o ordenamento jurídico.
> Não se trata efectivamente — na afirmação que desse valor se faz logo no artigo 1.º da Constituição — de uma mera proclamação retórica, de uma simples «fórmula declamatória», despida de qualquer significado jurídico-

normativo; trata-se, sim, de reconhecer esse valor — o valor eminente do homem enquanto «pessoa», como ser autónomo, livre e (socialmente) responsável, na sua «unidade existencial de sentido» — como um verdadeiro princípio regulativo primário da ordem jurídica, fundamento e pressuposto de «validade» das respectivas normas».

E, por isso, se dele não são dedutíveis «directamente», por via de regra, «soluções jurídicas concretas», sempre as soluções que naquelas (nas «normas» jurídicas) venham a ser vasadas hão-de conformar-se com um tal princípio, e hão-de poder ser controladas à luz das respectivas exigências (...). Quer tudo isto dizer — em suma — que o princípio da «dignidade da pessoa humana» é também seguramente, só por si, padrão ou critério possível para a emissão de um juízo de constitucionalidade sobre normas jurídicas.

Simplesmente, não pode também deixar de reconhecer-se que a ideia de «dignidade da pessoa humana», no seu conteúdo concreto — nas exigências ou corolários em que se desmultiplica —, não é algo de puramente apriorístico (cfr. Gomes Canotilho e Vital Moreira, Constituição da República Portuguesa Anotada, 1.º vol., 2.ª ed., Coimbra, 1984, p. 70, anotação IV) e ou a-histórico, mas algo que justamente se vai fazendo (e que vai progredindo) na história, assumindo, assim, uma dimensão eminentemente «cultural».

Para dizer ainda com Vieira de Andrade: «o valor da dignidade da pessoa humana [...] corresponde a uma potencialidade característica do ser humano, que se vai actualizando nas ordens jurídicas concretas» (ob. cit., p. 113).

Ora, este ponto reveste-se da máxima importância, quanto à possibilidade de emitir um juízo de inconstitucionalidade sobre determinada solução legal, com base tão-só em que ela viola esse valor, ideia ou

princípio.
É que, se o conteúdo da ideia de dignidade da pessoa humana é algo que necessariamente tem de concretizar-se histórico-culturalmente, já se vê que no Estado moderno"
Acórdão n.º 105/90 do Tribunal Constitucional (Bravo Serra)

QUESTÃO 5

a) A justiça pode ser guiada por sentimentos de amor e amizade do aplicador da lei?

b) A justiça regula o pensamento das pessoas?

c) A justiça permite que uma pessoa que dolosamente não paga os seus tributos de usufruir dos serviços públicos, assim como outrem que os paga?

d) O direito das obrigações poderá ser aplicado de modo diverso para uma pessoa que nada tem em seu património, com relação a uma pessoa que tem 100.000,00 euros?

e) Poderá a pena por um tipo penal incorrer em tortura?

f) Cabe ao direito repartir os bens em uma sociedade, ou será isso algo controlado pela vontade e liberalidade das partes?

2.3. Elementos materiais

O direito deve resolver conflitos concretos; garantir a compartição dos bens de todos da comunidade; e a integração do ser humano na sociedade. Esses elementos são necessários para a convivência pacífica entre pessoas.

Uma pessoa não se torna responsável pelo *ser* dos outros e esses não são responsáveis pelo ser daquela: é voltada à autorresponsabilidade.

Haverá situações em que as pessoas assumem riscos (p.ex., por uma conduta negligente que não atende aos deveres de cuidado) e acabam por lesar os bens de outro: para a convivência pacífica e integração dos membros da sociedade, é necessário recompor a situação do lesado e recolocá-lo na situação que estaria se não fosse a violação ilícita.

A responsabilização pelo ser do outro necessitaria da possibilidade de uma pessoa determinar as condutas de outrem. Cfr.:

> Artigo 491.º, CC - Responsabilidade das pessoas obrigadas à vigilância de outrem
>
> As pessoas que, por lei ou negócio jurídico, forem obrigadas a vigiar outras, por virtude da incapacidade natural destas, são responsáveis pelos danos que elas causem a terceiro, salvo se mostrarem que cumpriram o seu dever de vigilância ou que os danos se teriam produzido ainda que o tivessem cumprido.

O que o direito prevê são formas de resolver conflitos que nascem da violação de normas de conduta: impõe-se uma conduta como resultado do comportamento contrário à lei.

Por isso, as pessoas devem respeitar os outros como iguais sujeitos de direitos; em caso de desrespeito, importará a coerção.

QUESTÃO 6
Quais são as modalidades de justiça?

3. As modalidades da justiça
A justiça pode ser diferenciada em modalidades com base em diversos aspetos:
- A justiça como virtude pessoal
- A justiça como igualdade absoluta
- A justiça num sentido formal
- A justiça num sentido material

Nesse contexto, estudaremos:
- A justiça comutativa
- A justiça distributiva
- A justiça contributiva

QUESTÃO 7
Quais as características das modalidades de justiça?

3.1. A justiça comutativa
Baseada no princípio PRESTAÇÃO ← → CONTRAPRESTAÇÃO
Pode ser voluntária ou involuntária.

A) JUSTIÇA COMUTATIVA VOLUNTÁRIA OU SINALAGMÁTICA
Fundada no sinalagma ou na reciprocidade. Pretende o equilíbrio ou equivalência das prestações de um contrato bilateral em que há prestações de ambas as partes.
Do ut des: "Dou para que tu dês".
Busca o equilíbrio entre as prestações das partes de um contrato, livremente celebrado entre as partes com base no art. 405.º, CC.

Exemplo: contrato de compra e venda
Artigo 874.º, CC - Noção
> Compra e venda é o contrato pelo qual se transmite a propriedade de uma coisa, ou outro direito, mediante um preço.

> Artigo 879.º, CC - Efeitos essenciais
> A compra e venda tem como efeitos essenciais:
> a) A transmissão da propriedade da coisa ou da titularidade do direito;
> b) A obrigação de entregar a coisa;
> c) A obrigação de pagar o preço.

No contrato unilateral, há um desequilíbrio de prestações, pois apenas uma das partes está obrigada, por sua própria vontade:

> Artigo 940.º, CC - Noção
> 1. Doação é o contrato pelo qual **uma pessoa**, por espírito de liberalidade e **à custa do seu património, dispõe gratuitamente de uma coisa ou de um direito, ou assume uma obrigação**, em benefício do outro contraente. (...)

B) Justiça comutativa involuntária ou justiça corretiva

Corrige uma situação desigual: visa corrigir o desequilíbrio que foi criado por um facto danoso através da realização de uma indemnização que foi imposta por lei a quem causou o dano.

A obrigação de indemnizar surge como consequência involuntária de um facto que causou um dano e destruiu o equilíbrio entre os sujeitos.

É corrigido ao restabelecer a situação que existiria se não houvesse o facto danoso.

Exemplo: a responsabilidade civil

Artigo 483.º, CC - Princípio geral
1. Aquele que, com dolo ou mera culpa, violar ilicitamente o direito de outrem ou qualquer disposição legal destinada a proteger interesses alheios fica obrigado a indemnizar o lesado pelos danos resultantes da violação.
2. **Só existe obrigação de indemnizar independentemente de culpa nos casos especificados na lei.**

Artigo 12.º, Lei de Defesa do Consumidor (Lei n.º 24/96, de 31 de Julho)
Direito à reparação de danos
1 - O consumidor tem direito à indemnização dos danos patrimoniais e não patrimoniais resultantes do fornecimento de bens ou prestações de serviços defeituosos.
2 - **O produtor é responsável, independentemente de culpa, pelos danos causados por defeitos de produtos que coloque no mercado, nos termos da lei.**

3.2. A justiça distributiva

Prestação sem contraprestação. Pretende a correção da **repartição dos bens**, quando essa for considerada injusta.

Predominantemente por meio de prestações sociais atribuídas por organismos públicos a favor de cidadãos necessitados e merecedores de apoio. Não há uma medida objetiva sobre o que é a repartição de bens justa

Se fundamenta por uma ideia do que é *socialmente* entendimento como justa. Afeta também o direito sucessório, pela repartição justa prevista na lei entre os herdeiros e a proteção da legítima.

Exemplo 1:

Artigo 81.º, CRP - Incumbências prioritárias do Estado
Incumbe prioritariamente ao Estado no âmbito económico e social:
a) Promover o aumento do bem-estar social e económico e da qualidade de vida das pessoas, **em especial das mais desfavorecidas**, no quadro de uma estratégia de desenvolvimento sustentável;
b) Promover a justiça social, assegurar a igualdade de oportunidades e operar **as necessárias correções das desigualdades na distribuição da riqueza e do rendimento**, nomeadamente através da política fiscal; (...)
Artigo 104.º, CRP - Impostos
1. O imposto sobre o rendimento pessoal **visa a diminuição das desigualdades** e será único e progressivo, tendo em conta as necessidades e os rendimentos do agregado familiar. (...)
3. A tributação do património deve **contribuir para a igualdade** entre os cidadãos.

Exemplo 2:

Artigo 2156.º, CC - Legítima
Entende-se por legítima a porção de bens de que o testador não pode dispor, por ser legalmente destinada aos herdeiros legitimários.

Artigo 2158.º, CC - Legítima do cônjuge
A legítima do cônjuge, se não concorrer com descendentes nem ascendentes, é de metade da herança.

Artigo 2159.º, CC - Legítima do cônjuge e dos filhos
1. A legítima do cônjuge e dos filhos, em caso de concurso, é de dois terços da herança.
2. Não havendo cônjuge sobrevivo, a legítima dos filhos é de metade ou dois terços da herança, conforme exista um só filho ou existam dois ou mais.

3.3. A justiça contributiva (ou legal ou geral)

Participação de todos segundo o critério da igualdade proporcional nos **encargos comuns** da sociedade, em benefício de todos.

Há igualdade para todos na obrigação de contribuir; não há igualdade no valor da obrigação.

A prestação depende da capacidade de quem está obrigado. Há a proporcionalidade da prestação.

Exemplo:

> Artigo 104.º, CRP - Impostos
> 1. O imposto sobre o rendimento pessoal visa a diminuição das desigualdades e será único e **progressivo, tendo em conta as necessidades e os rendimentos do agregado familiar.** (...)

> Artigo 70.º, CIRS - Mínimo de existência
> 1 - O valor de referência do mínimo de existência é igual ao maior valor entre 10 640 e 1,5 x 14 x IAS. (...)

QUESTÃO 8
a) Existe uma justiça "social"?
b) Qual seria o seu objetivo, fundamento e possíveis pontos negativos?

3.4. A justiça social

Não possui consentimento em sua definição, é um conceito móvel. Aplica-se por um mecanismo de "combate" que objetiva introduzir melhoramentos sociais ao beneficiar quem é considerado como desfavorecido ou discriminado.

Ao direito cabe, de forma geral, materializar a justiça na vida real e social do ser humano. A justiça é desenhada pelas leis criadas pelas pessoas para as pessoas.

Apenas podemos considerar uma situação de "injustiça social" em relações sociais sujeitas às normas jurídicas, isto é, juridificadas.

Há diversas situações que entenderíamos como "injustas", porém que não se aplicam ao conceito acima.

Por exemplo, situações que causam um desconforto ou repulsa, mas em que não há uma violação do direito ou de uma disposição de lei: factos não causados por atos humanos, mas por fenómenos danosos da natureza.

A injustiça advém aqui de uma convicção moral.

E.g., acasos não controláveis: lugar do nascimento, nacionalidade, deficiências, situação económica (nascer numa família abastada ou sem recursos), propensão a praticar determinadas atividades (artísticas, desportivas, etc.).

São situações de desequilíbrio, mas não desde já injustiças.

A desigualdade por si só não é injustiça: as próprias regras jurídicas são desenvolvidas com base em uma sociedade com membros desiguais, que também já estão habituadas e integradas nesse sistema.

A desigualdade pode atingir um grau que passa a ser considerada como socialmente insuportável, especialmente quando impede as pessoas de atingirem a concretização de seus direitos (acumulação de riqueza, acesso à educação e profissão, descanso, desenvolvimento da família, etc.).

Essa injustiça que nasce dessas desigualdades naturais e não voluntárias devem ser reequilibras por meio de critérios da justiça social.
Exemplo:
>Artigo 73.º, CRP - Educação, cultura e ciência
>1. Todos têm direito à educação e à cultura.
>2. O Estado promove a **democratização da educação** e as demais condições para que a educação, realizada através da escola e de outros meios formativos, contribua para a **igualdade de oportunidades, a superação das desigualdades económicas, sociais e culturais, o desenvolvimento da personalidade e do espírito de tolerância**, de compreensão mútua, de solidariedade e de responsabilidade, para o **progresso social** e para a participação democrática na vida coletiva.
>3. O Estado promove a **democratização da cultura**, incentivando e assegurando o acesso de todos os cidadãos à fruição e criação cultural (...)

3.5. Juridificação da (des)igualdade

Há uma tendência de sujeitar desigualdades – que anteriormente eram consideradas apenas como produto do infortúnio – para o controlo do direito.

Resultado é uma extensão do conceito de (in)justiça, tornando-se mais lato.

P. ex., a criação de direitos subjetivos que permitam que um sujeito recorra ao poder judiciário para efetivar um direito social (e.g., uma prestação económica social ou uma reforma mínima); ou a criação de novos direitos subjetivos através do ativismo judiciário (e.g., uma ação para pedir ao Estado a compra de um medicamento para uma síndrome rara, que não é correntemente fornecido e importa na génese de um custo elevado aos cofres públicos).

Em contraposição, pode vir a ter o efeito de esvaziar a autorresponsabilidade e aumentar em demasiado a máquina Estatal: deve se ter precaução.

QUESTÃO 9
Todos são sujeitos do dever de obediência a lei. Haverá injustiça na existência de lei, se o legislador se omitiu em criar o direito positivo?

3.6. Omissão legislativa

Injusto é o resultado da omissão na criação de leis que estão ao alcance do legislador.

Por exemplo, criar medidas necessárias para que as pessoas tenham acesso aos mecanismos de educação e difusão de cultura; à redistribuição de renda que tenda à reparação de desigualdades; ao atendimento médico-hospitalar.

P.ex., omissão em criar as normas jurídicas necessárias para concretizar direitos fundamentais:

>Artigo 64.º, CRP - Saúde
>1. Todos têm direito à proteção da saúde e o dever de a defender e promover.
>2. O direito à proteção da saúde é realizado:
>a) Através de um serviço nacional de saúde universal e geral e, tendo em conta as condições económicas e sociais dos cidadãos, tendencialmente gratuito;
>
>Artigo 283.º, CRP - Inconstitucionalidade por omissão
>1. A requerimento do Presidente da República, do Provedor de Justiça ou, com fundamento em violação de direitos das regiões autónomas, dos presidentes das Assembleias Legislativas das regiões autónomas, o Tribunal Constitucional aprecia e verifica o não

cumprimento da Constituição por omissão das medidas legislativas necessárias para tornar exequíveis as normas constitucionais.
2. Quando o Tribunal Constitucional verificar a existência de inconstitucionalidade por omissão, dará disso conhecimento ao órgão legislativo competente.

Artigo 15.º, Responsabilidade Civil Extracontratual do Estado (Lei n.º 67/2007, de 31 de Dezembro) – Responsabilidade no exercício da função político-legislativa
1 - O Estado e as regiões autónomas são civilmente responsáveis pelos danos anormais causados aos direitos ou interesses legalmente protegidos dos cidadãos (...).
3 - O Estado e as regiões autónomas são também civilmente responsáveis pelos danos anormais que, para os direitos ou interesses legalmente protegidos dos cidadãos, resultem da omissão de providências legislativas necessárias para tornar exequíveis normas constitucionais.
(...)
5 - A constituição em responsabilidade fundada na omissão de providências legislativas necessárias para tornar exequíveis normas constitucionais depende da prévia verificação de inconstitucionalidade por omissão pelo Tribunal Constitucional.

QUESTÃO 10
Ao aplicador do direito, caberá sempre a aplicação estrita da lei?

4. *Ius strictum versus ius aequum*
A obediência da lei exige que o legislador siga regras de lógica e linguagem jurídica, mas que também que a norma seja redigida com uso de termos claros e precisos.

Nem sempre será desejável a aplicação estrita da norma; pode ser mais adequado uma aplicação maleável, sacrificando-se a certeza do direito.

A aplicação estrita de uma norma - que visa a justiça - pode criar uma situação de injustiça num caso concreto.

A regra geral é a aplicação estrita, como *ius strictum* (aplica-se o princípio *dura lex sed lex*: "a lei é dura, porém é a lei").

Sendo a lei concebida para alcançar a justiça, quando a sua aplicação estrita resultar numa injustiça, poderá ser aplicada uma correção: *ius aequum*.

Quando autorizada por lei ou por convenção das partes, a equidade virá a socorrer (art. 8.º, CC).

A lei cria mecanismos para o aplicador do direito resolver essas injustiças no caso concreto; a própria norma protege o direito da arbitrariedade.

Equidade não é contraposta à justiça, mas uma modalidade específica, que visa a justiça diante das circunstâncias do caso concreto.

Ius aequum e *ius strictum* buscam uma solução justa e correta.

Exemplo 1:
>Artigo 812.º - Redução equitativa da cláusula penal
>
>1 - A cláusula penal pode ser **reduzida** pelo tribunal, de acordo com a **equidade, quando for manifestamente excessiva**, ainda que por causa superveniente; é nula qualquer estipulação em contrário.
>
>2. É admitida a redução nas mesmas circunstâncias, se a obrigação tiver sido parcialmente cumprida.

Exemplo 2:
>Resolução ou modificação do contrato por alteração das

circunstâncias
Artigo 437.º, CC - Condições de admissibilidade
1. Se as circunstâncias em que as partes fundaram a decisão de contratar tiverem sofrido uma alteração anormal, tem a parte lesada direito à resolução do contrato, ou à modificação dele segundo juízos de equidade, desde que a exigência das obrigações por ela assumidas afecte gravemente os princípios da boa fé e não esteja coberta pelos riscos próprios do contrato.
2. Requerida a resolução, a parte contrária pode opor-se ao pedido, declarando aceitar a modificação do contrato nos termos do número anterior.

Exemplo 3:
Artigo 494.º, CC - Limitação da indemnização no caso de mera culpa
Quando a responsabilidade se fundar na **mera culpa**, poderá a indemnização ser fixada, equitativamente, em montante inferior ao que corresponderia aos danos causados, desde que o grau de culpabilidade do agente, a situação económica deste e do lesado e as demais circunstâncias do caso o justifiquem.
Artigo 496.º, CC - Danos não patrimoniais
1. Na fixação da indemnização deve atender-se aos danos não patrimoniais que, pela sua gravidade, mereçam a tutela do direito. (...)
4 - O montante da indemnização é fixado equitativamente pelo tribunal (...).

Exemplo 4:
Artigo 388.º, CPC - Fundamento
1 - Como dependência da ação de indemnização fundada em morte ou lesão corporal, podem os lesados, bem como os titulares do direito a que se refere o n.º 3 do artigo 495.º do Código Civil, requerer o **arbitramento de quantia certa**, sob a forma de renda mensal, como **reparação**

provisória do dano.

2 - O juiz defere a providência requerida desde que se verifique uma situação de necessidade em consequência dos danos sofridos e esteja indiciada a existência de obrigação de indemnizar a cargo do requerido.

3 - **A liquidação provisória, a imputar na liquidação definitiva do dano, é fixada equitativamente pelo tribunal.**

4 - O disposto nos números anteriores é também aplicável aos casos em que a pretensão indemnizatória se funde em dano suscetível de pôr seriamente em causa o sustento ou habitação do lesado.

Exemplo 5:

Artigo 2016.º, CC - Divórcio e separação judicial de pessoas e bens

1 - Cada cônjuge deve prover à sua subsistência, depois do divórcio.

2 - Qualquer dos cônjuges tem direito a alimentos, independentemente do tipo de divórcio.

3 - Por razões manifestas de equidade, o direito a alimentos pode ser negado.

4. O disposto nos números anteriores é aplicável ao caso de ter sido decretada a separação judicial de pessoas e bens.

QUESTÃO 11
Ao lado da justiça, qual a finalidade do direito que pressupõe que os efeitos da aplicação do direito e da conduta das pessoas sejam previsíveis?

5. A segurança jurídica

A criação da segurança e da certeza jurídica correspondem a outra finalidade essencial do direito.

A vida livre e em paz (*iustitia et pax, pax et*

tranquilitas) em sociedade pressupõe que as pessoas se mantenham dentro dos quadros normativos estabelecidos pelo direito. Devem as pessoas respeitar as normas jurídicas.

As regras jurídicas materializam uma segurança ordenadora específica e própria de sua positivação no direito legislado.

Garante-se a observância das normas jurídicas (quando não voluntária) pelo uso do poder coercivo do Estado. Sem segurança jurídica, não há convivência pacífica e estável entre os homens.

A segurança jurídica decorre da certeza sobre o resultado da aplicação das regras jurídicas. A certeza jurídica cria uma confiança sobre a estabilidade das normas e da previsibilidade de sua aplicação. A sociedade aceita o direito como legítimo e obedece voluntariamente as suas regras. Todavia, quando não o fazem, há uma possibilidade de antecipar a aplicação de medidas coercivas e as suas consequências.

QUESTÃO 12
Quais os elementos que compõem uma ideia de segurança jurídica?

A) **Paz social e ordem:** tutela as pessoas e seus bens, prevenindo as agressões contra estas e punindo as violações.

B) **Certeza jurídica:** segurança quanto à previsibilidade dos efeitos jurídicos das condutas, tanto das que obedecem à norma, quanto das contrárias; garante a liberdade das decisões diárias.

C) **Segurança dos particulares perante o estado:** os órgãos estatais devem agir segundo o princípio da legalidade, tendo a sua estrutura e modo de atuar prevista em lei e anterior ao seu movimento.

D) **Imparcialidade e independência dos tribunais:** os tribunais devem ser munidos de prerrogativas e garantias que os protejam contra interferências externas (pressões, pedidos de amizade, relações familiares, inimizades, interesses políticos, etc.).

E) **Segurança social:** a possibilitação do acesso ao trabalho (e ao seu corpo normativo protetor) e às profissões; ou a meios de redistribuição de riqueza e apoios sociais, com base na justiça redistributiva ou social.

QUESTÃO 13
Há alguma relação entre a justiça e a segurança jurídica? Ou são independentes?

6. Relação entre justiça e segurança
A) Sintonia
A segurança jurídica traz ordem e paz social e deve estar ao lado da justiça. A ideia de justiça impressa na legislação deve ter a aceitação da sociedade. O direito deve ter atenção à realidade que as pessoas vivem. Se não houver essa conexão, a lei pode perder a sua legitimidade e se transformar num mero limitador de liberdades.

O direito que não objetiva a justiça com coerência à sociedade que pretende regular, deixa de ser observada pelas pessoas e não contribui para a paz social. A segurança jurídica depende que as pessoas tenham o direito como legítimo para que o cumpram (ou aceitam serem coagidas se não obedecer). Essa legitimidade que leva as pessoas a obedecerem a lei permitira a certeza da aplicação do direito e a previsibilidade dos efeitos das normas e do comportamento das pessoas.

Apenas se houver segurança jurídica, poderá haver justiça e paz social. Para além disso, o direito prevê diversos dispositivos que garantem marcos para as pessoas e lhes permitem se orientar na vida social, pois têm a segurança de saberem quais os direitos subjetivos que lhes competem.

Exemplo 1: delimitações e conceitos sobre estatutos

Artigo 130.º - Efeitos da maioridade
Aquele que perfizer dezoito anos de idade adquire plena capacidade de exercício de direitos, ficando habilitado a reger a sua pessoa e a dispor dos seus bens.

Artigo 1580.º - Linhas de parentesco
1. A linha diz-se recta, quando um dos parentes descende do outro; diz-se colateral, quando nenhum dos parentes descende do outro, mas ambos procedem de um progenitor comum.
2. A linha recta é descendente ou ascendente: descendente, quando se considera como partindo do ascendente para o que dele procede; ascendente, quando se considera como partindo deste para o progenitor.

Exemplo 2: normas sobre o cumprimento das obrigações

Artigo 762.º - Princípio geral
1. O devedor cumpre a obrigação quando realiza a prestação a que está vinculado.
2. No cumprimento da obrigação, assim como no exercício do direito correspondente, devem as partes proceder de boa fé.

Artigo 763.º - Realização integral da prestação
1. A prestação deve ser realizada integralmente e não por partes, excepto se outro for o regime convencionado ou imposto por lei ou pelos usos. (...)

Artigo 790.º - Impossibilidade objectiva
1. A obrigação extingue-se quando a prestação se torna impossível por causa não imputável ao devedor. (...)

Artigo 798.º - Responsabilidade do devedor
O devedor que falta culposamente ao cumprimento da obrigação torna-se responsável pelo prejuízo que causa ao credor.

Exemplo 3: direitos e deveres nas relações contratuais

Artigo 1031.º - Enumeração
São obrigações do locador:
a) Entregar ao locatário a coisa locada;
b) Assegurar-lhe o gozo desta para os fins a que a coisa se destina.

Artigo 1038.º - Enumeração
São obrigações do locatário:
a) Pagar a renda ou aluguer;
b) Facultar ao locador o exame da coisa locada;
c) Não aplicar a coisa a fim diverso daqueles a que ela se destina;

d) Não fazer dela uma utilização imprudente;
e) Tolerar as reparações urgentes, bem como quaisquer obras ordenadas pela autoridade pública;
f) Não proporcionar a outrem o gozo total ou parcial da coisa por meio de cessão onerosa ou gratuita da sua posição jurídica, sublocação ou comodato, excepto se a lei o permitir ou o locador o autorizar;
g) Comunicar ao locador, dentro de quinze dias, a cedência do gozo da coisa por algum dos referidos títulos, quando permitida ou autorizada;
h) Avisar imediatamente o locador, sempre que tenha conhecimento de vícios na coisa, ou saiba que a ameaça algum perigo ou que terceiros se arrogam direitos em relação a ela, desde que o facto seja ignorado pelo locador;
i) Restituir a coisa locada findo o contrato.

Exemplo 4: prazos

Artigo 114.º - Requisitos
1. Decorridos dez anos sobre a data das últimas notícias, ou passados cinco anos, se entretanto o ausente houver completado oitenta anos de idade, podem os interessados a que se refere o artigo 100.º requerer a declaração de morte presumida. (...)

Artigo 309.º - Prazo ordinário: O prazo ordinário da prescrição é de vinte anos.

Artigo 498.º - Prescrição
1. O direito de indemnização prescreve no prazo de três anos, a contar da data em que o lesado teve conhecimento do direito que lhe compete, embora com desconhecimento da pessoa do responsável e da extensão integral dos danos, sem prejuízo da prescrição ordinária se tiver decorrido o respectivo prazo a contar do facto danoso. (...)

Artigo 929.º - Prazo para a resolução (venda a retro)

1. A resolução pode ser exercida dentro de dois ou cinco anos a contar da venda, conforme esta for de bens móveis ou imóveis, salvo estipulação de prazo mais curto. (...)

Artigo 1025.º - Duração máxima
A locação não pode celebrar-se por mais de trinta anos; quando estipulada por tempo superior, ou como contrato perpétuo, considera-se reduzida àquele limite.

QUESTÃO 14
Haverá situações em que a aplicação do direito, para garantir a segurança jurídica, cria resultados injustos?

B) Situações de (aparente) conflito entre justiça e segurança

A aplicação do direito poderá dar origem a situações em que há a aparência de um predomínio da **segurança** sobre a **justiça**. Todavia, não há uma verdadeira contradição entre as finalidades do direito, que operam em sintonia e integradas.

Assim como *ius strictum X ius aequum*, a segurança jurídica e a justiça ambas buscam uma solução correta e justa para o problema no caso.

Exemplo 1:
O princípio abaixo garante a segurança jurídica da aplicação da lei, mesmo que o seu infrator **não conheceu** ou **não entendeu** possa sentir-se injustiçado (*ignorantia iuris non excusat*):

Artigo 6.º - Ignorância ou má interpretação da lei
A ignorância ou má interpretação da lei não justifica a falta do seu cumprimento nem isenta as pessoas das sanções nela estabelecidas.

Artigo 16.º, CP - Erro sobre as circunstâncias do facto
1 - O erro sobre elementos de facto ou de direito de um tipo de crime, ou sobre proibições cujo conhecimento for razoavelmente indispensável para que o agente possa tomar consciência da ilicitude do facto, exclui o dolo.
2 - O preceituado no número anterior abrange o erro sobre um estado de coisas que, a existir, excluiria a ilicitude do facto ou a culpa do agente.
3 - Fica ressalvada a punibilidade da negligência nos termos gerais.

Artigo 17.º, CP - Erro sobre a ilicitude
1 - Age sem culpa quem actuar sem consciência da ilicitude do facto, se o erro lhe não for censurável.
2 - Se o erro lhe for censurável, o agente é punido com a pena aplicável ao crime doloso respectivo, a qual pode ser especialmente atenuada.

Exemplo 2:
Quando uma lide processual, o julgamento produz uma decisão (sentença ou acórdão) e, quando não passível mais de recurso (por decurso de prazo ou por não ser mais recorrível no direito ou no mérito), resulta no "caso julgado".
O judiciário decide com base no que está no processo: verdade processual. *Quod non est in actas non est in mundo*: aquilo que não está nos autos, não está no mundo.
Cfr.:
Artigo 628.º, CPC - Noção de trânsito em julgado
A decisão considera-se transitada em julgado logo que não seja suscetível de recurso ordinário ou de reclamação.
Artigo 542.º, CPC - Responsabilidade no caso de má-fé - Noção de má-fé

1 - Tendo litigado de má-fé, a parte é condenada em multa e numa indemnização à parte contrária, se esta a pedir.
2 - Diz-se litigante de má-fé quem, com dolo ou negligência grave:
a) Tiver deduzido pretensão ou oposição cuja falta de fundamento não devia ignorar;
b) Tiver alterado a verdade dos factos ou omitido factos relevantes para a decisão da causa;
c) Tiver praticado omissão grave do dever de cooperação;
d) Tiver feito do processo ou dos meios processuais um uso manifestamente reprovável, com o fim de conseguir um objetivo ilegal, impedir a descoberta da verdade, entorpecer a ação da justiça ou protelar, sem fundamento sério, o trânsito em julgado da decisão.
3 - Independentemente do valor da causa e da sucumbência, é sempre admitido recurso, em um grau, da decisão que condene por litigância de má-fé.

A todos é obrigado num processo a contribuírem para a descoberta da verdade "processual":

Artigo 417.º, CPC - Dever de cooperação para a descoberta da verdade
1 - Todas as pessoas, sejam ou não partes na causa, têm o dever de prestar a sua colaboração para a descoberta da verdade, respondendo ao que lhes for perguntado, submetendo-se às inspeções necessárias, facultando o que for requisitado e praticando os atos que forem determinados. (...)

Pode a verdade "processual" ser diferente da verdade "material", por exemplo, pela não produção de determinadas provas (por impossibilidade ou perda de prazo), pela ilicitude de uma prova (princípio dos frutos da árvore envenenada), pelo afastamento de uma testemunha (por relação de parentesco), factos desconhecidos, etc.

Com o trânsito em julgado, a lei opta pela segurança jurídica e põe termo ao litígio e à possibilidade de recorrer da decisão; a decisão se torna título executivo.

O caso julgado (segurança) não obsta a revisão quando há confronto evidente com a justiça, pois a decisão é produto da criação humana e *errare humanum est*.

Cfr.:
> Artigo 696.º, CPC - Fundamentos do recurso
> A decisão transitada em julgado só pode ser objeto de revisão quando:
> a) **Outra sentença transitada em julgado tenha dado como provado que a decisão resulta de crime praticado pelo juiz no exercício das suas funções**;
> b) Se verifique a falsidade de documento ou ato judicial, de depoimento ou das declarações de peritos ou árbitros, que possam, em qualquer dos casos, ter determinado a decisão a rever, não tendo a matéria sido objeto de discussão no processo em que foi proferida;
> c) Se apresente documento de que a parte não tivesse conhecimento, ou de que não tivesse podido fazer uso, no processo em que foi proferida a decisão a rever e que, por si só, seja suficiente para modificar a decisão em sentido mais favorável à parte vencida;
> d) Se verifique nulidade ou anulabilidade de confissão, desistência ou transação em que a decisão se fundou;
> e) Tendo corrido o processo à revelia, por falta absoluta de intervenção do réu, se mostre que: (...)
> f) Seja inconciliável com decisão definitiva de uma instância internacional de recurso vinculativa para o Estado Português;
> g) O litígio assente sobre ato simulado das partes e o

tribunal não tenha feito uso do poder que lhe confere o artigo 612.º, por se não ter apercebido da fraude.

h) **Seja suscetível de originar a responsabilidade civil do Estado por danos emergentes do exercício da função jurisdicional, verificando-se o disposto no artigo seguinte.**

Artigo 13.º, Lei de Responsabilidade Civil do Estado - Responsabilidade por erro judiciário
1 - Sem prejuízo do regime especial aplicável aos casos de sentença penal condenatória injusta e de privação injustificada da liberdade, o Estado é civilmente responsável pelos danos decorrentes de decisões jurisdicionais manifestamente inconstitucionais ou ilegais ou injustificadas por erro grosseiro na apreciação dos respectivos pressupostos de facto.
2 - O pedido de indemnização deve ser fundado na prévia revogação da decisão danosa pela jurisdição competente.

Artigo 225.º, CPP - Modalidades
1 - Quem tiver sofrido detenção, prisão preventiva ou obrigação de permanência na habitação pode requerer, perante o tribunal competente, indemnização dos danos sofridos quando:
a) A privação da liberdade for ilegal, nos termos do n.º 1 do artigo 220.º, ou do n.º 2 do artigo 222.º;
b) A privação da liberdade se tiver devido a erro grosseiro na apreciação dos pressupostos de facto de que dependia;
c) Se comprovar que o arguido não foi agente do crime ou actuou justificadamente; ou
d) A privação da liberdade tiver violado os n.os 1 a 4 do artigo 5.º da Convenção Europeia dos Direitos Humanos.
2 - Nos casos das alíneas b) e c) do número anterior o dever de indemnizar cessa se o arguido tiver concorrido, por dolo ou negligência, para a privação da sua liberdade.

Exemplo 3:

Não retroatividade da lei dá a previsibilidade e segurança sobre os efeitos das condutas, com base em normas que não estão mais em vigor ou de novas normas.

Retroatividade é uma anomalia, mas poderá atingir se beneficiar a quem é destinada ou se alterar o conteúdo de relações jurídicas já constituídas.

> Artigo 12.º, CC - Aplicação das leis no tempo. Princípio geral
> 1. A lei só dispõe para o futuro; ainda que lhe seja atribuída **eficácia retroactiva**, presume-se que ficam ressalvados os efeitos já produzidos pelos factos que a lei se destina a regular.
> 2. Quando a lei dispõe sobre as condições de **validade substancial ou formal** de quaisquer factos ou sobre os seus efeitos, entende-se, em caso de dúvida, que só visa os **factos novos**; mas, quando dispuser directamente sobre o **conteúdo de certas relações jurídicas**, abstraindo dos factos que lhes deram origem, entender-se-á que **a lei abrange as próprias relações já constituídas**, que subsistam à data da sua entrada em vigor.

> Artigo 1.779.º, CC - Violação culposa dos deveres conjugais
> 1. Qualquer dos cônjuges pode requerer o divórcio se o outro violar culposamente os deveres conjugais, quando a violação, pela sua gravidade ou reiteração, comprometa a possibilidade da vida em comum. (...)

> Alteração pela Lei n.º 61/2008, de 31/10
> Artigo 1.781.º, CC - Ruptura do casamento
> São fundamento do divórcio sem consentimento de um dos cônjuges: (...)
> d) Quaisquer outros factos que, independentemente da culpa dos cônjuges, mostrem a ruptura definitiva do casamento.

Artigo 2.º, CP - Aplicação no tempo
1 - As penas e as medidas de segurança são determinadas pela lei vigente no momento da prática do facto ou do preenchimento dos pressupostos de que dependem.
2 - O facto punível segundo a lei vigente no momento da sua prática deixa de o ser se uma lei nova o eliminar do número das infracções; neste caso, e se tiver havido condenação, ainda que transitada em julgado, cessam a execução e os seus efeitos penais.
3 - Quando a lei valer para um determinado período de tempo, continua a ser punível o facto praticado durante esse período.
4 - Quando as disposições penais vigentes no momento da prática do facto punível forem diferentes das estabelecidas em leis posteriores, é sempre aplicado o regime que concretamente se mostrar mais favorável ao agente; se tiver havido condenação, ainda que transitada em julgado, cessam a execução e os seus efeitos penais logo que a parte da pena que se encontrar cumprida atinja o limite máximo da pena prevista na lei posterior.

Exemplo 4:

O decurso de prazos garante a segurança (p.ex., uma pessoa não ficará atrelado à uma prestação eternamente), mas pode criar situações de aparente injustiça.

A caducidade pode ser apreciada de ofício pelo tribunal; a prescrição requer a sua invocação.

A caducidade extingue o direito; a prescrição extingue a sua exigibilidade.

O usucapião opera em sentido contrário: permite a aquisição de um direito sobre uma coisa alheia, mas da qual o titular não fez o uso por um longo tempo ("prescrição aquisitiva"). Usucapião opera em favor

do possuidor de boa fé e o de má fé.
Cfr.:

Artigo 1287.º, CC - Noção
A posse do direito de propriedade ou de outros direitos reais de gozo, mantida por certo lapso de tempo, faculta ao possuidor, salvo disposição em contrário, a aquisição do direito a cujo exercício corresponde a sua actuação: é o que se chama usucapião.

Artigo 1295.º, CC - Registo da mera posse
1. Não havendo registo do título de aquisição, mas registo da mera posse, a usucapião tem lugar:
a) Se a posse tiver continuado por cinco anos, contados desde a data do registo, e for de boa fé;
b) Se a posse tiver continuado por dez anos, a contar da mesma data, ainda que não seja de boa fé. (...)

Artigo 1296.º, CC - Falta de registo
Não havendo registo do título nem da mera posse, a usucapião só pode dar-se no termo de quinze anos, se a posse for de boa fé, e de vinte anos, se for de má fé.

Artigo 1298.º, CC - Coisas sujeitas a registo
Os direitos reais sobre coisas móveis sujeitas a registo adquirem-se por usucapião, nos termos seguintes:
a) Havendo título de aquisição e registo deste, quando a posse tiver durado dois anos, estando o possuidor de boa fé, ou quatro anos, se estiver de má fé;
b) Não havendo registo, quando a posse tiver durado dez anos, independentemente da boa fé do possuidor e da existência de título.

Artigo 1299.º, CC - Coisas não sujeitas a registo
A usucapião de coisas não sujeitas a registo dá-se quando a posse, de boa fé e fundada em justo título, tiver durado três anos, ou quando, independentemente da boa fé e de título, tiver durado seis anos.

Exemplo 5:
Na venda de bens alheios, a proteção do comprador de boa fé perante o vendedor; e do vendedor de boa fé perante o comprador que age de má fé
O vendedor que o faz não pode opô-la contra o comprador de boa fé, que pode vir a manter o bem se o proprietário originário for inerte.
Cfr.:
> Artigo 892.º - Nulidade da venda
> É nula a venda de bens alheios sempre que o vendedor careça de legitimidade para a realizar; mas o vendedor não pode opor a nulidade ao comprador de boa fé, como não pode opô-la ao vendedor de boa fé o comprador doloso.

Capítulo 6 – A técnica legislativa e a segurança jurídica

QUESTÃO 1
a) Como a elaboração do texto legal se relaciona com a segurança jurídica?
b) Exemplifique como o legislador pode dispor sobre normas jurídicas nesse contexto.

1. Da técnica legislativa e a segurança jurídica

Entre o *ius aequum* e o *ius strictum*, há uma intercomunicação visando as duas principais finalidades. do direito: a justiça e a segurança jurídica. As leis devem ser claras e precisas em sua formulação, deixando apenas esporadicamente ao poder decisório o preenchimento de seu conteúdo.

As leis devem ter as suas finalidades e conceitos bem delimitados. Teremos aqui alguns exemplos em que o Código Civil optou por conceitos determinados.

Exemplo 1: estatutos

Artigo 122.º - Menores
É menor quem não tiver ainda completado dezoito anos de idade.

Artigo 130.º - Efeitos da maioridade
Aquele que perfizer dezoito anos de idade adquire plena capacidade de exercício de direitos, ficando habilitado a reger a sua pessoa e a dispor dos seus bens.

Artigo 138.º - Acompanhamento
O maior impossibilitado, por razões de saúde, deficiência, ou pelo seu comportamento, de exercer, plena, pessoal e conscientemente, os seus direitos ou de, nos mesmos termos, cumprir os seus deveres, beneficia das medidas

de acompanhamento previstas neste Código.

Artigo 140.º - Objetivo e supletividade
1 - O acompanhamento do maior visa assegurar o seu bem-estar, a sua recuperação, o pleno exercício de todos os seus direitos e o cumprimento dos seus deveres, salvo as exceções legais ou determinadas por sentença. (...)

Exemplo 2: definições legais

Artigo 204.º - Coisas imóveis
1. São coisas imóveis:
a) Os prédios rústicos e urbanos;
b) As águas;
c) As árvores, os arbustos e os frutos naturais, enquanto estiverem ligados ao solo;
d) Os direitos inerentes aos imóveis mencionados nas alíneas anteriores;
e) As partes integrantes dos prédios rústicos e urbanos.
(...)
3. É parte integrante toda a coisa móvel ligada materialmente ao prédio com carácter de permanência.

Artigo 205.º - Coisas móveis
1. São móveis todas as coisas não compreendidas no artigo anterior.

Exemplo 3: noções

Artigo 262.º - Procuração
1. Diz-se procuração o acto pelo qual alguém atribui a outrem, voluntariamente, poderes representativos. (...)

Artigo 397.º - Noção
Obrigação é o vínculo jurídico por virtude do qual uma pessoa fica adstrita para com outra à realização de uma prestação.

Artigo 1305.º - Propriedade das coisas
O proprietário goza de modo pleno e exclusivo dos

direitos de uso, fruição e disposição das coisas que lhe pertencem, dentro dos limites da lei e com observância das restrições por ela impostas.

2. Conceitos jurídicos indeterminados e cláusulas contratuais gerais

QUESTÃO 2
a) Poderá o legislador optar por normas de conteúdo aberto?
b) Quais os fundamentos para o recurso a essas previsões?
c) Quais as modalidades de normas jurídicas que se adequam a essas modalidades?

Muitas vezes o direito recorre a **conceitos indeterminados** ou a **cláusulas gerais**: será isso um indicativo que a lei pode vir a se esquivar da segurança jurídica e da necessidade de clareza quanto ao conteúdo e finalidade da norma?
A falta da precisão em certas normas parece algo que não corresponde à previsibilidade jurídica
Para se adaptar aos diferentes factos jurídicos que a vida social pode apresentar, eventualmente a lei pode trazer, além dos critérios da abstração e generalidade, normas de conteúdo aberto, que é preenchido conforme o caso concreto.
É pressuposto a norma jurídica ser aplicável aos casos e às mudanças sociais, sem criar imediatamente fundamento para alterações legislativas. Seria impraticável e indesejável a criação de *facti-species* para todos os possíveis factos.

QUESTÃO 3

a) Conceitue um conceito jurídico indeterminado.
b) Apresente exemplos de conceitos jurídicos indeterminados no ordenamento jurídico português.

A) Os conceitos jurídicos indeterminados

Apresentam conteúdo **objetivo**, mas que de início é indeterminado, podendo ser concretizado.

É no momento da aplicação aos casos concretos que os conceitos se definem, sendo construídos com o passar dos anos – pela doutrina ou jurisprudência –, mas que, entretanto, não deixam de ser maleáveis.

Exemplo 1:

Artigo 127.º - Excepções à incapacidade dos menores
1. São excepcionalmente válidos, além de outros previstos na lei: (...)
b) Os negócios jurídicos próprios da **vida corrente do menor** que, estando ao alcance da sua **capacidade natural**, só impliquem despesas, ou disposições de bens, de **pequena importância**; (...)

Artigo 253.º - Dolo
1. Entende-se por dolo qualquer sugestão ou artifício que alguém empregue com a intenção ou consciência de induzir ou manter em erro o autor da declaração, bem como a dissimulação, pelo declaratário ou terceiro, do erro do declarante.
2. Não constituem dolo ilícito as **sugestões ou artifícios usuais**, considerados legítimos segundo as **concepções dominantes no comércio jurídico**, nem a dissimulação do erro, quando nenhum dever de elucidar o declarante resulte da lei, de estipulação negocial ou daquelas concepções.

Exemplo 2:

Artigo 280.º - Requisitos do objecto negocial
1. É nulo o negócio jurídico cujo objecto seja física ou legalmente impossível, contrário à lei ou indeterminável.
2. É nulo o negócio contrário à **ordem pública**, ou ofensivo dos bons costumes.

Artigo 334.º - Abuso do direito
É ilegítimo o exercício de um direito, quando o titular exceda manifestamente os limites impostos pela boa fé, pelos bons costumes ou pelo **fim social ou económico desse direito**.

Artigo 493.º-A - Indemnização em caso de lesão ou morte de animal (...)
3 - No caso de lesão de **animal de companhia** de que tenha provindo a morte, a privação de importante órgão ou membro ou a afetação grave e permanente da sua capacidade de locomoção, o seu proprietário tem direito, nos termos do n.º 1 do artigo 496.º, a indemnização adequada pelo desgosto ou sofrimento moral em que tenha incorrido, em montante a ser fixado equitativamente pelo tribunal.

Exemplo 3:

Artigo 146.º - Cuidado e diligência
1 - No exercício da sua função, o acompanhante privilegia o bem-estar e a recuperação do acompanhado, com a diligência requerida a um **bom pai de família**, na concreta situação considerada. (...)

Artigo 487.º - Culpa (...)
2. A culpa é apreciada, na falta de outro critério legal, pela diligência de um **bom pai de família**, em face das circunstâncias de cada caso.

Artigo 1446.º - Uso, fruição e administração da coisa ou do direito
O usufrutuário pode usar, fruir e administrar a coisa ou o

direito como faria um **bom pai de família**, respeitando o seu destino económico.

Exemplo 4:

Artigo 621.º - Responsabilidade do credor
Se o arresto for julgado injustificado ou caducar, o requerente é responsável pelos danos causados ao arrestado, quando não tenha agido com a **prudência normal**.

Artigo 1.671.º - Igualdade dos cônjuges (...)
2. A direcção da família pertence a ambos os cônjuges, que devem acordar sobre a orientação da vida em comum tendo em conta o **bem da família** e os interesses de um e outro.

Artigo 1.974.º - Requisitos gerais
1 - A adopção visa realizar o **superior interesse da criança** e será decretada quando apresente reais vantagens para o adoptando, se funde em motivos legítimos, não envolva sacrifício injusto para os outros filhos do adoptante e seja razoável supor que entre o adoptante e o adoptando se estabelecerá um vínculo semelhante ao da filiação. (...)

Exemplo 5:

Artigo 445.º - Prestações em benefício de pessoa indeterminada
Se a prestação for estipulada em benefício de um conjunto indeterminado de pessoas ou no **interesse público**, o direito de a reclamar pertence não só ao promissário ou seus herdeiros, como às entidades competentes para defender os interesses em causa.

Artigo 1.366.º - Termos em que pode ser feita
2. O disposto no número antecedente não prejudica as restrições constantes de leis especiais relativas à plantação ou sementeira de eucaliptos, acácias ou outras árvores igualmente nocivas nas proximidades de

terrenos cultivados, terras de regadio, nascentes de água ou prédios urbanos, nem quaisquer outras restrições impostas por motivos de **interesse público**.

Exemplo 6:

Artigo 1323.º - Animais e coisas móveis perdidas (...)
6 - O achador goza do direito de retenção e não responde, no caso de perda ou deterioração do animal ou da coisa, senão havendo da sua parte **dolo ou culpa grave**. (...)

Artigo 483.º - Princípio geral
1. Aquele que, **com dolo ou mera culpa**, violar ilicitamente o direito de outrem ou qualquer disposição legal destinada a proteger interesses alheios fica obrigado a indemnizar o lesado pelos danos resultantes da violação.
2. Só existe obrigação de indemnizar independentemente de culpa nos casos especificados na lei.

Artigo 494.º - Limitação da indemnização no caso de mera culpa
Quando a responsabilidade se fundar na **mera culpa**, poderá a indemnização ser fixada, equitativamente, em montante inferior ao que corresponderia aos danos causados, desde que o grau de culpabilidade do agente, a situação económica deste e do lesado e as demais circunstâncias do caso o justifiquem.

QUESTÃO 4
a) Conceitue cláusulas gerais.
b) Apresente exemplos de cláusulas gerais no ordenamento jurídico português.

B) As cláusulas gerais
As cláusulas contratuais gerais apenas se preenchem no caso concreto, assim como os conceitos jurídicos indeterminados: a diferença

é que pressupõem uma conotação valorativa **subjetiva**.

Exemplo 1:

Artigo 280.º - Requisitos do objecto negocial (...)
2. É nulo o negócio contrário à ordem pública, ou ofensivo dos **bons costumes**.

Artigo 281.º - Fim contrário à lei ou à ordem pública, ou ofensivo dos bons costumes
Se apenas o fim do negócio jurídico for contrário à lei ou à ordem pública, ou ofensivo dos **bons costumes**, o negócio só é nulo quando o fim for comum a ambas as partes.

Exemplo 2:

Artigo 265.º - Extinção da procuração (...)
3. Mas, se a procuração tiver sido conferida também no interesse do procurador ou de terceiro, não pode ser revogada sem acordo do interessado, salvo ocorrendo **justa** causa.

Artigo 461.º - Revogação
1. Não tendo prazo de validade, a promessa pública é revogável a todo o tempo pelo promitente; se houver prazo, só é revogável ocorrendo **justa** causa. (...)

Artigo 986.º - Alteração da administração
1. A cláusula do contrato que atribuir a administração ao sócio pode ser judicialmente revogada, a requerimento de qualquer outro, ocorrendo **justa** causa. (...)

Artigo 1170.º - Revogabilidade do mandato (...)
2. Se, porém, o mandato tiver sido conferido também no interesse do mandatário ou de terceiro, não pode ser revogado pelo mandante sem acordo do interessado, salvo ocorrendo **justa** causa.

Exemplo 3: justa causa (cont.), em especial no direito do trabalho

Artigo 351.º, Código do Trabalho - Noção de justa causa de despedimento

1 - Constitui justa causa de despedimento o comportamento culposo do trabalhador que, pela sua gravidade e consequências, torne imediata e praticamente impossível a subsistência da relação de trabalho.

2 - Constituem, nomeadamente, justa causa de despedimento os seguintes comportamentos do trabalhador:

a) Desobediência ilegítima às ordens dadas por responsáveis hierarquicamente superiores;
b) Violação de direitos e garantias de trabalhadores da empresa;
c) Provocação repetida de conflitos com trabalhadores da empresa;
d) Desinteresse repetido pelo cumprimento, com a diligência devida, de obrigações inerentes ao exercício do cargo ou posto de trabalho a que está afecto;
e) Lesão de interesses patrimoniais sérios da empresa;
f) Falsas declarações relativas à justificação de faltas;
g) Faltas não justificadas ao trabalho que determinem directamente prejuízos ou riscos graves para a empresa, ou cujo número atinja, em cada ano civil, cinco seguidas ou 10 interpoladas, independentemente de prejuízo ou risco;
h) Falta culposa de observância de regras de segurança e saúde no trabalho;
i) Prática, no âmbito da empresa, de violências físicas, injúrias ou outras ofensas punidas por lei sobre trabalhador da empresa, elemento dos corpos sociais ou empregador individual não pertencente a estes, seus delegados ou representantes;

j) Sequestro ou em geral crime contra a liberdade das pessoas referidas na alínea anterior;

l) Incumprimento ou oposição ao cumprimento de decisão judicial ou administrativa;

m) Reduções anormais de produtividade.

3 - Na apreciação da justa causa, deve atender-se, no quadro de gestão da empresa, ao grau de lesão dos interesses do empregador, ao carácter das relações entre as partes ou entre o trabalhador e os seus companheiros e às demais circunstâncias que no caso sejam relevantes.

Artigo 394.º, Código do Trabalho - Justa causa de resolução

1 - Ocorrendo justa causa, o trabalhador pode fazer cessar imediatamente o contrato.

2 - Constituem justa causa de resolução do contrato pelo trabalhador, nomeadamente, os seguintes comportamentos do empregador:

a) Falta culposa de pagamento pontual da retribuição;

b) Violação culposa de garantias legais ou convencionais do trabalhador, designadamente a prática de assédio praticada pela entidade empregadora ou por outros trabalhadores;

c) Aplicação de sanção abusiva;

d) Falta culposa de condições de segurança e saúde no trabalho;

e) Lesão culposa de interesses patrimoniais sérios do trabalhador;

f) Ofensa à integridade física ou moral, liberdade, honra ou dignidade do trabalhador, punível por lei, incluindo a prática de assédio denunciada ao serviço com competência inspetiva na área laboral, praticada pelo empregador ou seu representante.

3 - Constituem ainda justa causa de resolução do contrato pelo trabalhador:

a) Necessidade de cumprimento de obrigação legal

incompatível com a continuação do contrato;
b) Alteração substancial e duradoura das condições de trabalho no exercício lícito de poderes do empregador;
c) Falta não culposa de pagamento pontual da retribuição.
d) Transmissão para o adquirente da posição do empregador no respetivo contrato de trabalho, em consequência da transmissão da empresa, nos termos dos n.os 1 ou 2 do artigo 285.º, com o fundamento previsto no n.º 1 do artigo 286.º-A.

Exemplo 4: boa fé objetiva como regra de conduta padrão

Artigo 227.º - Culpa na formação dos contratos
1. Quem negoceia com outrem para conclusão de um contrato deve, tanto nos preliminares como na formação dele, proceder segundo as regras da boa fé, sob pena de responder pelos danos que culposamente causar à outra parte. (...)

Artigo 334.º - Abuso do direito
É ilegítimo o exercício de um direito, quando o titular exceda manifestamente os limites impostos pela boa fé, pelos bons costumes ou pelo fim social ou económico desse direito.

Artigo 762.º - Princípio geral
1. O devedor cumpre a obrigação quando realiza a prestação a que está vinculado.
2. No cumprimento da obrigação, assim como no exercício do direito correspondente, devem as partes proceder de boa fé.

Exemplo 5: boa fé subjetiva como regra de conduta padrão

A boa fé pode ter o seu sentido subjetivo, relacionado a um estado de espírito: como saber ou ignorar; ter ou não ter conhecimento; confiar ou acreditar.

As perceções subjetivas podem ser diferentes na aplicação da lei a factos semelhantes, por isso a lei não deixa o conteúdo da clausula geral totalmente em aberto para ser preenchido *ex post* na resolução do caso concreto.

A lei então determina os contextos e a atitude subjetiva que são relevantes para o direito.
Cfr.:

> Artigo 892.º - Nulidade da venda
> É nula a venda de bens alheios sempre que o vendedor careça de legitimidade para a realizar; mas o vendedor não pode opor a nulidade ao comprador de boa fé, como não pode opô-la ao vendedor de boa fé o comprador doloso.

> Artigo 291.º - Inoponibilidade da nulidade e da anulação
> (...) 3. É considerado de boa fé o terceiro adquirente que no momento da aquisição desconhecia, sem culpa, o vício do negócio nulo ou anulável.

> Artigo 243.º - Inoponibilidade da simulação a terceiros de boa fé (...)
> 2. A boa fé consiste na ignorância da simulação ao tempo em que foram constituídos os respectivos direitos.
> 3. Considera-se sempre de má fé o terceiro que adquiriu o direito posteriormente ao registo da acção de simulação, quando a este haja lugar.

> Artigo 119.º - Regresso do ausente (...)
> 2. Havendo má fé dos sucessores, o ausente tem direito a ser indemnizado do prejuízo, sofrido.
> 3. A má fé, neste caso, consiste no conhecimento de que o ausente sobreviveu à data da morte presumida.

Exemplo 6: má fé – definição de direito processual

Artigo 542.º - Responsabilidade no caso de má-fé - Noção de má-fé

1 - Tendo litigado de má-fé, a parte é condenada em multa e numa indemnização à parte contrária, se esta a pedir.

2 - Diz-se litigante de má-fé quem, com dolo ou negligência grave:

a) Tiver deduzido pretensão ou oposição cuja falta de fundamento não devia ignorar;

b) Tiver alterado a verdade dos factos ou omitido factos relevantes para a decisão da causa;

c) Tiver praticado omissão grave do dever de cooperação;

d) Tiver feito do processo ou dos meios processuais um uso manifestamente reprovável, com o fim de conseguir um objetivo ilegal, impedir a descoberta da verdade, entorpecer a ação da justiça ou protelar, sem fundamento sério, o trânsito em julgado da decisão.

3 - Independentemente do valor da causa e da sucumbência, é sempre admitido recurso, em um grau, da decisão que condene por litigância de má-fé.

Capítulo 7 – Os ramos do direito

QUESTÃO 1
Como o Direito aplicável (criação e controlo de leis) é subdivido em um Estado?

1. OS RAMOS DO DIREITO: DIREITO PÚBLICO E DIREITO PRIVADO

O sistema jurídico está estruturado conforme as diferentes relações jurídicas que o delimitam e que incorrem para a aplicação: se de natureza pública ou privada.

O direito objetivo é o todo ou o conjunto de normas jurídicas: a *summa divisio* é das normas jurídicas de Direito Privado e as de Direito Público.

Nas relações entre particulares, normalmente, teremos uma situação de igualdade de poder, aplicando-se normas de Direito Privado: há uma relação horizontal.

Nas relações entre o Estado (e outras entidades de direito público) e o cidadão, há uma relação vertical; há desigualdade entre o indivíduo e o Estado, munido de poder de autoridade (*publica potestas*) que pode ser imposto ao cidadão.

Nem sempre essa divisão é tão simples: há relações privadas em que há intervenção do Estado, assim como as organizações públicas podem praticar atos tradicionalmente vinculados às pessoas de direito privado, etc.

QUESTÃO 2
Como a dicotomia entre direito privado e direito público é configurada?

a) Teoria dos interesses: a relação é de direito público ou de direito privado confirme o **interesse** ser público ou privado.

b) Teoria da supra-ordenação x infra-ordenação e da equivalência: é a posição de desigualdade entre Estado e cidadão ou desigualdade entre particulares.

c) Teoria quanto à posição dos sujeitos na relação: se as normas são igualmente invocáveis por todos, com aplicação geral aos particulares ou entidades públicas, trata-se de **direito privado**; se as normas conferem prerrogativas ou competências próprias apenas de entidades públicas, envolvendo o exercício de um poder público, com autoridade, estaremos diante de **direito público**.

QUESTÃO 3
Qual o ramo que trata dos direitos fundamentais, da organização do Estado e da divisão dos poderes?

1.1. OS RAMOS DO DIREITO PÚBLICO
a) Direito Constitucional

Relacionado com o poder político: a Constituição é o estatuto que organiza o Estado e seus órgãos de soberania (entes públicos). Cada órgão tem sua competência específica (exclusiva, subsidiária ou supletiva). A carta também define as relações de poder entre Estado e cidadãos.

Após a Segunda Grande Guerra, as Constituições passaram a trazer um rol de direitos fundamentais; não é um requisito.

Fixa as traves mestras do ordenamento jurídico de uma comunidade.

Alteração do texto constitucional é via de regra submetido a trâmites e regras particulares de revisão.

QUESTÃO 4
Qual o ramo do direito que cuida das autarquias, fundações públicas e empresas públicas?
b) Direito Administrativo

Disciplina a organização e as competências da atividade administrativa, da Administração Pública Em geral, é a atividade do Poder Executivo, com exclusão das competências legislativas, e da atividade dos órgãos e agentes das autarquias regionais e locais.

As relações sociais são cada vez mais juridificadas, o que resulta no alargamento das competências administrativas num Estado intervencionista como o Estado Social de Direito.

QUESTÃO 5
Qual o ramo do direito que trata da contribuição progressiva, de acordo com as condições económicas das pessoas?

c) Direito Fiscal

Destina-se à obtenção de receitas públicas e para intervir na atividade económica e no comportamento das pessoas.

P.ex., há incentivos fiscais para atividades económicas e condutas desejadas, assim como maior tributação sobre comportamentos que o Direito pretende evitar ou desincentivar (extrafiscalidade).

Redistribui riquezas, como no imposto sucessório e no imposto sobre o rendimento.

A justiça distributiva depende da capacidade financeira do Estado, como resultado da justiça contributivas por meio dos encargos tributários.

QUESTÃO 6
Uma pessoa destruiu em parte uma coisa alheia. Além da obrigação de indemnizar o lesado, qual o outro ramo do direito que pode vir a operar nesse caso?

d) Direito Penal
Complexo de normas que regulam os crimes e as penas, bem como as medidas de segurança aplicáveis aos infratores cuja perigosidade vai além do cumprimento da pena; ou para aqueles que, sendo inimputáveis, são socialmente perigosos.

O direito penal regula os crimes, como são factos que são pressupostos da aplicação das sanções criminais (penas e medidas de segurança).

Crime e pena estão numa relação de reciprocidade: as condutas que o legislador tipifica como crimes são punidas com as sanções penais; as penas são aquelas que sujeitam os violadores da lei penal pela prática de um crime.

A pena tem o sentido de garantir a autoridade e vigência da ordem social e do substrato de valores que a fundam. Tem como uma das suas finalidades a defesa de bens e valores fundamentais na sociedade. Baseado na mais estrita versão do princípio da legalidade (*nullum crimen sine lege*): não há crime nem pena sem previsão legal anterior aos factos, por meio dos tipos penais (*nulla poena sine lege*).

A tipificação das condutas reprováveis que violam bens jurídicos constitucionalmente protegidos é feita com precisão.

O direito penal tem uma função de ressocializar o ofensor, evitando sua estigmatização social perpétua.

É de aplicação subsidiária e mínima, protege os bens jurídicos quando outros meios não foram capazes: também busca prevenir as pessoas de cometerem crimes.

QUESTÃO 7

Uma pessoa destruiu em parte uma coisa alheia. O lesado pretende exigir o seu direito à indemnização (art. 483.º, CC). A prescrição é de 3 anos (art. 498.º, CC).

Também prestou queixa contra o lesado pelo crime de dano (art. 212.º, CP). A prescrição é de 5 anos (art. 118.º, n.º 1, *c*), CP).

Qual a área do direito que dará as regras e princípios a serem observados pelas partes perante as ações judiciais com objeto relativo às violações jurídicas acima, com vista a resolver o conflito concreto?

e) Direito Processual (ou adjetivo)

Enquanto o direito substantivo confere direitos e impõe obrigações, a realização coerciva desses exige recursos à via judicial, mediante a propositura de uma ação.

Essa propositura visa uma decisão sobre um conflito, por meio da aplicação da norma jurídica aos factos, garantindo uma efetiva tutela jurisdicional.

Os trâmites a serem observados e a marcha processual serão regidos por regras e princípios do direito processual.

É um complexo de normas que regulam o processo, que é um conjunto de atos realizados pelos tribunais e pelas partes processuais, que recorrem àqueles para o exercício da atividade jurisdicional.

Cada área do direito tende a desenvolver o seu próprio direito processual, com normas processuais aplicáveis à uma determinada área de direito material.

Assim temos: Direito Processual Civil, Penal, do Trabalho, Administrativo, Fiscal, Constitucional, etc.

O direito processual está a serviço do direito material, e desse retira o seu sentido útil: tem uma função subordinada, mas não menos relevante.

A obediência aos ritos assegura um resultado justo: o direito processual traz os limites, prazos e condições para, *e.g.*, ações, petição inicial, contestação, sentenças, acórdãos, recursos, produção de provas, etc.

QUESTÃO 8
Que ramo do direito oferece soluções quanto à aplicabilidade do instrumento abaixo:
    Convenção para a Protecção dos Bens Culturais em Caso de Conflito Armado

Início de vigência na ordem internacional:
07/08/1956
Data de assinatura por Portugal:
14/05/1954
Data de depósito de instrumento de ratificação:
04/08/2000
Início de vigência relativamente a Portugal:
04/11/2000
Diplomas de aprovação:
Aprovada para ratificação pela Resolução da Assembleia da República n.º 26/2000, de 30/03; ratificada pelo Decreto do Presidente da República n.º 13/2000, de 30/03

f) Direito Internacional Público (Direito das Gentes)

É o complexo de normas que regula as relações entre Estados (ou entre Estados e outras entidades soberanas, como a Soberana Ordem de Malta e a Santa Sé) e as organizações internacionais.

Ao contrário do que sucede com o direito em geral que tem como fonte um legislador estadual, o Direito Internacional Público tem **fontes supraestaduais de fontes consuetudinárias ou convencionais** (Convenções, Tratados, Carta das Nações Unidas, Princípios Gerais de Direito, etc.).

As normas de direito internacional público são coercíveis, pela aplicação de sanções, embargos, guerra contra o infrator (por autorização das Nações Unidas), etc.

Sua aplicação acaba por ganhar mais força contra infratores em posição de maior fraqueza/ menor poder.

Desprende-se e autonomiza-se um **Direito**

Comunitário (ou Europeu), sobre as normas jurídicas que advêm da União Europeia: derroga-se o exclusivismo estatal no regimento de sua ordem interna, por meio de regulamentos, diretivas, decisões, recomendações, etc.

QUESTÃO 9
Qual o ramo do direito que trata das matérias abaixo:
   Retroatividade do usucapião
   Restituição de posse
   Competência dos tribunais eclesiásticos no casamento católico
   Valor jurídico dos usos
   Doação de bens alheios
   Revogação do mandato

1.1. OS RAMOS DO DIREITO PRIVADO
a) Direito Civil

Inicialmente, direito privado e direito civil eram idênticos e as suas designações eram sinónimas
O direito civil tem origem no direito romano, no *Corpus Iuris Civilis* de Justiniano.
É um ramo do direito privado, mas ainda hoje consagra regras comuns e fundamentais para outros ramos do direito privado que, ao longo do tempo, se especializaram e se destacaram do direito civil.
Além do conteúdo do Código Civil, o direito civil é composto por legislação especial, como o regime das cláusulas contratuais gerais (DL n.º 446/85, de 25 de Outubro), a proteção das uniões de facto (Lei n.º 7/2001, de 11 de Maio), diversas disposições do

regime do novo arrendamento urbano, procriação medicamente assistida (Lei n.º 32/2006, de 26 de Julho), regime jurídico do apadrinhamento civil (Lei n.º 103/2009, de 11 de Setembro) e direito real de habitação periódica (DL n.º 37/2011, de 10 de Março).

A estrutura do Código Civil segue critérios jurídico-sistemáticos que pretendem torná-lo praticável pelas pessoas ao qual se dirige.

Afora do direito da família, não segue as realidades sociais.

Nas linhas essenciais, segue a sistematização adotada no *Bürgerliches Gesetzbuch* (BGB) de 1896, por sua vez influenciado pelo *Corpus Iuris Civilis*.

Muitos conceitos, institutos e soluções passaram do direito romano, ao BGB e então para o CC português, que, assim como o alemão, é dividido em 5 livros.

QUESTÃO 10
Qual a área do direito que regula o cheque e a nota promissória?

b) Direito Comercial

É um direito privado especial, um dos primeiros a se autonomizar do direito civil/privado, na sequência das relações comerciais surgidas na idade média.

Historicamente elaborado para desembaraçar o tráfico mercantil entre as pessoas do formalismo do Direito Civil, inspirava-se pela celeridade do tráfico económico e do reforço do crédito (maior e mais pronta proteção do credor mercantil).

Não é apenas o direito dos comerciantes

(e industriais), pois também afeta os não comerciantes, quando praticam atos objetivamente regulados na lei comercial.

Era o que dizia o Código Comercial de 1888, art. 1.º:
> "A lei comercial rege os actos de comércio sejam ou não comerciantes as pessoas que neles intervém."

Em relação aos comerciantes, o direito comercial regulará como atos de comércio todos aqueles (contratos e obrigações) que não forem de natureza exclusivamente civil (art. 2.º, Código Comercial).

O direito comercial é um conjunto de normas que regulam os atos de comércio: atos objetivamente comerciais (regulados em lei como tais) ou subjetivamente comerciais (praticados por comerciantes nos termos do ponto anterior).

Aqui temos, *e.g.*, o Código das Sociedades Comerciais (DL n.º 262/86, de 02 de Setembro); Código dos Valores Mobiliários (DL n.º 486/99, de 13 de Novembro); e tratamos das sociedades comerciais, dos títulos de crédito (letras, livranças, cheques, etc.), compra e venda mercantil, seguro, contrato de agência, contrato de concessão comercial, aplicações na bolsa, etc.

QUESTÃO 11
Em regra geral, uma pessoa que exerce uma atividade remunerada sob o poder de direção de outrem, vinculados por um contrato, terá direito ao descanso de, pelo menos, 11 horas entre um dia de laboro e outro.

Qual o ramo do direito que trata desta relação entre partes privadas?

c) Direito do Trabalho

Surgiu com a industrialização na segunda metade do século XIX, como necessária proteção dos contratos entre particulares em que uma pessoa trabalha por conta de outrem, em uma relação de dependência entre as partes.

É de origem no direito privado (por autonomia das partes, empregado e empregador contratam entre si, criando obrigações *inter partes*), é caracterizado por um forte intervencionismo estatal e tutela do trabalhador.

O direito público insere elementos de proteção do trabalhador, para garantia de condições de trabalho dignas, na medida em que aquele é a parte mais fraca nessa relação contratual.

Não apenas essa política de proteção é de natureza pública, mas também as regulamentações coletivas de trabalho se revestem de uma interposição de regras de fora para dentro.

QUESTÃO 12

Qual o ramo do direito que trata o acórdão abaixo:

"I - Pratica actos de concorrência desleal a empresa que no desenvolvimento de um plano previamente delineado recruta de forma massiva e num curto espaço de tempo trabalhadores dos sectores fundamentais de uma empresa concorrente, causando uma forte perturbação no funcionamento desta e obtendo para si, quase instantaneamente, um conhecimento e uma capacidade de actuação que antes não tinha e que era da outra empresa.

II - Existe relação de causalidade adequada entre o aumento das vendas que a empresa faz aos clientes que antes eram da outra empresa e a redução da facturação desta, pelo que a concorrência desleal foi causa da perda do lucro que esta empresa obteria se tivesse sido ela a facturar a esses clientes o que a concorrente desleal veio a facturar."

Acórdão do Tribunal da Relação do Porto de 13.06.2018 (Aristides Rodrigues de Almeida)

d) Direito económico

É um ramo de difícil autonomização, pois é transversal: envolve diversos dispositivos legislativos de direito privado quem visam regular o mercado interno, especialmente nos interesses públicos e interesses privados.

Integrado por normas de direito comercial, direito do trabalho, direito industrial, direito societário e direito da concorrência.

Há a dissecção de regras de transformação, incorporação e fusão de sociedades comerciais; de concorrência desleal, especialmente de normas anti-truste, contra o monopólio e o oligopólio; contra a manipulação de preços; proteção de segredos industriais e dos negócios, patentes, registo de marcas e propriedade industrial em geral, etc.

QUESTÃO 13
Qual o ramo do direito em que se insere a norma jurídica abaixo:

Lei n.º 81/2021, de 30 de Novembro)
Artigo 7.º Deveres do praticante desportivo
1 - Cada praticante desportivo tem o dever de assegurar que não introduz ou é introduzida no seu organismo qualquer substância proibida ou que não existe recurso a qualquer método proibido.
2 - O praticante desportivo deve informar-se junto do representante da entidade organizadora do evento ou competição desportiva em que participe, ou junto do responsável pela equipa de controlo de dopagem, se foi ou pode ser indicado ou sorteado para se submeter ao controlo.

e) Direito do desporto
Recente autonomização e ainda em processo, compreende regras estabelecidas por associações nacionais e internacionais, cujo desrespeito pelos praticantes é sancionado autonomamente pelas próprias instâncias desportivas.

A importância económica dessas atividades não é nova, mas vai ganhando cada vez maior contraste e necessidade de normatização.

Aqui temos tribunais desportivos de nível nacional e de nível internacional, associações/federações/confederações de desportos (muitas vezes por área, mas também gerais, como para desportos olímpicos), proteção de crianças e jovens praticantes, normas de boa conduta dentro e fora das práticas, vedação de condutas antidesportivas e de melhoramento de desempenho ilícito, normas e contratos de organização de grandes eventos, etc.

QUESTÃO 14
Qual a estrutura lógico-jurídica do Código Civil português e qual a sua origem no direito comparado?

2. A estrutura do Código Civil
A estrutura e sistematização segue a do BGB, influenciado pelas *pandectas*:
    LIVRO I – Parte Geral
    LIVRO II – Direito das obrigações
    LIVRO III – Direito das Coisas
    LIVRO IV – Direito da Família
    LIVRO V – Direito das Sucessões

Capítulo 8 – A norma jurídica

QUESTÃO 1
a) Qual o conteúdo principal de uma norma jurídica?
b) As normas jurídicas prescrevem factos concretos?

1. A NORMA JURÍDICA

A norma jurídica tem como objetivo primordial orientar e regular as condutas humanas.

Há normas jurídicas que visam consagrar definições legais (ou noções) de conceitos jurídicos; definir regras de interpretação; revogar outras normas; consagrar sanções jurídicas, etc.

SÃO PREVISÕES HIPOTÉTICAS:
- São regras **gerais**: não se dirigem a ninguém em particular, mas a todas as pessoas ou categorias de pessoas
- São regras **abstratas**: não visam casos específicos, mas antes um tipo ou categoria de situações

QUESTÃO 2
As normas jurídicas sempre trazem um mandamento sobre um comportamento (dever ser)?

Exemplo 1: definições legais (ou noções) de conceitos jurídicos

> Artigo 397.º - Noção
> Obrigação é o vínculo jurídico por virtude do qual uma pessoa fica adstrita para com outra à realização de uma prestação.

Artigo 402.º - Noção
A obrigação diz-se natural, quando se funda num mero dever de ordem moral ou social, cujo cumprimento não é judicialmente exigível, mas corresponde a um dever de justiça.

Artigo 464.º - Noção
Dá-se a gestão de negócios, quando uma pessoa assume a direcção de negócio alheio no interesse e por conta do respectivo dono, sem para tal estar autorizada.

Artigo 666.º - Noção
1. O penhor confere ao credor o direito à satisfação do seu crédito, bem como dos juros, se os houver, com preferência sobre os demais credores, pelo valor de certa coisa móvel, ou pelo valor de créditos ou outros direitos não susceptíveis de hipoteca, pertencentes ao devedor ou a terceiro.

Artigo 712.º - Noção
Hipoteca voluntária é a que nasce de contrato ou declaração unilateral.

Exemplo 2: regras de interpretação

Artigo 8.º - Obrigação de julgar e dever de obediência à lei
1. O tribunal não pode abster-se de julgar, invocando a falta ou obscuridade da lei ou alegando dúvida insanável acerca dos factos em litígio.
2. O dever de obediência à lei não pode ser afastado sob pretexto de ser injusto ou imoral o conteúdo do preceito legislativo.
3. Nas decisões que proferir, o julgador terá em consideração todos os casos que mereçam tratamento análogo, a fim de obter uma interpretação e aplicação uniformes do direito.

Artigo 9.º - Interpretação da lei

1. A interpretação não deve cingir-se à letra da lei, mas reconstituir a partir dos textos o pensamento legislativo, tendo sobretudo em conta a unidade do sistema jurídico, as circunstâncias em que a lei foi elaborada e as condições específicas do tempo em que é aplicada.
2. Não pode, porém, ser considerado pelo intérprete o pensamento legislativo que não tenha na letra da lei um mínimo de correspondência verbal, ainda que imperfeitamente expresso.
3. Na fixação do sentido e alcance da lei, o intérprete presumirá que o legislador consagrou as soluções mais acertadas e soube exprimir o seu pensamento em termos adequados.

Exemplo 3: regras de interpretação

Artigo 10.º - Integração das lacunas da lei
1. Os casos que a lei não preveja são regulados segundo a norma aplicável aos casos análogos.
2. Há analogia sempre que no caso omisso procedam as razões justificativas da regulamentação do caso previsto na lei.
3. Na falta de caso análogo, a situação é resolvida segundo a norma que o próprio intérprete criaria, se houvesse de legislar dentro do espírito do sistema.

Artigo 11.º - Normas excepcionais
As normas excepcionais não comportam aplicação analógica, mas admitem interpretação extensiva.

Exemplo 4: revogação de legislação

Artigo 3.º, CC - Revogação do direito anterior
Desde que principie a vigorar o novo Código Civil, fica revogada toda a legislação civil relativa às matérias que esse diploma abrange, com ressalva da legislação especial a que se faça expressa referência.

Artigo 5.º, DL n.º 496/77, de 25 de Novembro

São revogados os artigos 58.º e 59.º do Código Civil.

Artigo 3.º, CSC - Revogação do direito anterior
1 - É revogada toda a legislação relativa às matérias reguladas no Código das Sociedades Comerciais, designadamente: (...)

Exemplo 5: regras de sanções jurídicas

Artigo 42.º, CP - Execução da pena de prisão
1 - A execução da pena de prisão, servindo a defesa da sociedade e prevenindo a prática de crimes, deve orientar-se no sentido da reintegração social do recluso, preparando-o para conduzir a sua vida de modo socialmente responsável, sem cometer crimes. (...)

Artigo 46.º - Proibição do exercício de profissão, função ou atividade
1 - A pena de prisão aplicada em medida não superior a 3 anos é substituída por pena de proibição, por um período de 2 a 8 anos, do exercício de profissão, função ou atividade, públicas ou privadas, quando o crime tenha sido cometido pelo arguido no respetivo exercício, sempre que o tribunal concluir que por este meio se realizam de forma adequada e suficiente as finalidades da punição. (...)

QUESTÃO 3
a) As normas jurídicas sempre são previstas para todas as pessoas?
b) Pode existir normas jurídicas aplicáveis a apenas uma pessoa?

Exemplo 6: previsões para uma coletividade indeterminada de pessoas

Artigo 483.º - Princípio geral
1. Aquele que, com dolo ou mera culpa, violar ilicitamente o direito de outrem ou qualquer disposição

legal destinada a proteger interesses alheios fica obrigado a indemnizar o lesado pelos danos resultantes da violação.

2. Só existe obrigação de indemnizar independentemente de culpa nos casos especificados na lei.

Artigo 12.º, CRP - Princípio da universalidade
1. Todos os cidadãos gozam dos direitos e estão sujeitos aos deveres consignados na Constituição. (...)

Artigo 13.º, CRP - Princípio da igualdade
1. Todos os cidadãos têm a mesma dignidade social e são iguais perante a lei. (...)

Exemplo 7: previsões para uma pessoa indeterminada

Artigo 120.º, CRP - Definição
O Presidente da República representa a República Portuguesa, garante a independência nacional, a unidade do Estado e o regular funcionamento das instituições democráticas e é, por inerência, Comandante Supremo das Forças Armadas.

Artigo 133.º, CRP - Competência quanto a outros órgãos
Compete ao Presidente da República, relativamente a outros órgãos:
a) Presidir ao Conselho de Estado;
b) Marcar, de harmonia com a lei eleitoral, o dia das eleições do Presidente da República, dos Deputados à Assembleia da República, dos Deputados ao Parlamento Europeu e dos deputados às Assembleias Legislativas das regiões autónomas;
c) Convocar extraordinariamente a Assembleia da República;
(...)
e) Dissolver a Assembleia da República, observado o disposto no artigo 172.º, ouvidos os partidos nela

representados e o Conselho de Estado;
f) Nomear o Primeiro-Ministro, nos termos do n.º 1 do artigo 187.º;
g) Demitir o Governo, nos termos do n.º 2 do artigo 195.º, e exonerar o Primeiro-Ministro, nos termos do n.º 4 do artigo 186.º; (...)

Exemplo 8: previsões para uma pessoa indeterminada

Artigo 187.º - Formação (**do Governo**)
1. O Primeiro-Ministro é nomeado pelo Presidente da República, ouvidos os partidos representados na Assembleia da República e tendo em conta os resultados eleitorais. (...)

QUESTÃO 4
Como se apresenta a estrutura da norma jurídica?

2. ESTRUTURA DA NORMA JURÍDICA
Na estrutura-tipo de uma norma jurídica completa, temos:
   a) Previsão legal, hipótese legal ou o tipo legal
   b) Estatuição ou injunção legal

QUESTÃO 5
Defina "previsão legal" ou "tipo legal" na estrutura da norma jurídica.

a) PREVISÃO LEGAL, HIPÓTESE LEGAL OU TIPO LEGAL (*Tatbestand* ou *facti species*)

Consagra, de forma geral e abstrata, uma situação de facto ao definir as condições ou requisitos que devem verificar-se para que a norma seja aplicável. As normas versam sobre realidades verificáveis e empíricas transpostas em lei.

QUESTÃO 6
Defina "estatuição legal" ou "injunção legal" na estrutura da norma jurídica.

b) ESTATUIÇÃO OU INJUNÇÃO LEGAL (*Rechtsfolge*)
Determina as consequências jurídicas que resultam da verificação em concreto da situação de facto que se encontra descrito em abstrato na previsão da norma.
Opera num "caso real", diante da *facti specie* descrita na norma, aplica-se a consequência jurídica.

QUESTÃO 7
Como a "estatuição legal" ou "injunção legal" pode se apresentar na estrutura da norma jurídica?

A consequência jurídica que é resultado do caso concreto pode se apresentar de diversos modos:
- Sanções jurídicas
- Na atribuição de direitos ou imposição de obrigações
- Na consagração de estatutos jurídicos
- Orientações ou instruções de condutas a adotar

Exemplo 1: Sanções jurídicas – Responsabilidade civil extracontratual

Responsabilidade por factos ilícitos
Artigo 483.º - Princípio geral
1. (1)Aquele que, com dolo ou mera culpa, violar ilicitamente o direito de outrem ou qualquer disposição legal destinada a proteger interesses alheios (2) fica obrigado a indemnizar o lesado pelos danos resultantes da violação. (...)

1 – Previsão legal
2 – Consequência ou estatuição

Exemplo 2: Sanções jurídicas – Nulidade resultante do objeto negocial
A consequência pode vir disposta antes da previsão legal:
   Artigo 280.º - Requisitos do objecto negocial
   1. (2) É nulo (1) o negócio jurídico cujo objecto seja física ou legalmente impossível, contrário à lei ou indeterminável.
   2. (2) É nulo (1) o negócio contrário à ordem pública, ou ofensivo dos bons costumes.

1 – Previsão legal
2 – Consequência ou estatuição

Exemplo 3: Sanções jurídicas – Nulidade resultante do objeto negocial
A consequência pode vir disposta antes da previsão legal:
   Artigo 892.º - Nulidade da venda
   (2) É nula a venda de bens alheios (1) sempre que o vendedor careça de legitimidade para a realizar; (...)

1 – Previsão legal
2 – Consequência ou estatuição

Exemplo 4: Sanções jurídicas – Nulidade por inobservância da forma prevista em lei
   Artigo 220.º - Inobservância da forma legal
   A declaração negocial que careça da forma legalmente prescrita é nula, quando outra não seja a sanção especialmente prevista na lei.

   ARTIGO 875.º - Forma
   Sem prejuízo do disposto em lei especial, o contrato

de compra e venda de bens imóveis só é válido se for celebrado por escritura pública ou por documento particular autenticado.

Artigo 289.º - Efeitos da declaração de nulidade e da anulação
1. Tanto a declaração de nulidade como a anulação do negócio têm efeito retroactivo, devendo ser restituído tudo o que tiver sido prestado ou, se a restituição em espécie não for possível, o valor correspondente. (...)

QUESTÃO 8
Como a "estatuição legal" ou "injunção legal" pode se apresentar como uma "imposição de obrigações" ou "atribuição de direitos" na estrutura da norma jurídica?

Exemplo 5: Atribuição de direitos ou imposições de obrigações

Artigo 874.º - Noção
Compra e venda é o contrato pelo qual se transmite a propriedade de uma coisa, ou outro direito, mediante um preço.

Artigo 879.º - Efeitos essenciais
A compra e venda tem como efeitos essenciais:
a) A transmissão da propriedade da coisa ou da titularidade do direito;
b) A obrigação de entregar a coisa;
c) A obrigação de pagar o preço.

QUESTÃO 9
Como a "estatuição legal" ou "injunção legal" pode se apresentar como uma "consagração de estatutos jurídicos" na estrutura da norma jurídica?

Exemplo 6: Consagração dos estatutos jurídicos

Previsão e consequência podem estar previstos em normas diferentes:

1 – Previsão legal
Artigo 122.º - Menores
É menor quem não tiver ainda completado dezoito anos de idade.

2 – Consequência ou estatuição
Artigo 123.º - Incapacidade dos menores
Salvo disposição em contrário, os menores carecem de capacidade para o exercício de direitos.

Exemplo 7: Consagração dos estatutos jurídicos
Artigo 1.º - Definição de jornalista (Lei n.º 1/99, de 01/01 – Estatuto do Jornalista)
1 - São considerados jornalistas aqueles que, como ocupação principal, permanente e remunerada, exercem com capacidade editorial funções de pesquisa, recolha, selecção e tratamento de factos, notícias ou opiniões, através de texto, imagem ou som, destinados a divulgação, com fins informativos, pela imprensa, por agência noticiosa, pela rádio, pela televisão ou por qualquer outro meio electrónico de difusão. (...)

Artigo 2.º - Definição e âmbito (Lei n.º 24/96, de 31/07 – Lei de Defesa do Consumidor)
1 - Considera-se consumidor todo aquele a quem sejam fornecidos bens, prestados serviços ou transmitidos quaisquer direitos, destinados a uso não profissional, por pessoa que exerça com carácter profissional uma atividade económica que vise a obtenção de benefícios. (...)

QUESTÃO 10
Como a "estatuição legal" ou "injunção legal" pode se apresentar como uma "orientação de

comportamento" na estrutura da norma jurídica?

Exemplo 8: Orientações ou instruções a adotar

Artigo 1323.º - Animais e coisas móveis perdidas
1 - Aquele que encontrar animal ou coisa móvel perdida e souber a quem pertence deve restituir o animal ou a coisa a seu dono ou avisá-lo do achado.
2 - Se não souber a quem pertence o animal ou coisa móvel, aquele que os encontrar deve anunciar o achado pelo modo mais conveniente, atendendo ao seu valor e às possibilidades locais, e avisar as autoridades, observando os usos da terra, sempre que os haja.
3 - Para efeitos do disposto no número anterior, deve o achador de animal, quando possível, recorrer aos meios de identificação acessíveis através de médico veterinário.
4 - Anunciado o achado, o achador faz seu o animal ou a coisa perdida, se não for reclamada pelo dono dentro do prazo de um ano, a contar do anúncio ou aviso.
5 - Restituído o animal ou a coisa, o achador tem direito à indemnização do prejuízo havido e das despesas realizadas.
6 - O achador goza do direito de retenção e não responde, no caso de perda ou deterioração do animal ou da coisa, senão havendo da sua parte dolo ou culpa grave.
7 - O achador de animal pode retê-lo em caso de fundado receio de que o animal achado seja vítima de maus-tratos por parte do seu proprietário.

Exemplo 9: Orientações ou instruções a adotar

Artigo 1679.º - Providências administrativas
O cônjuge que não tem a administração dos bens não está inibido de tomar providências a ela respeitantes, se o outro se encontrar, por qualquer causa, impossibilitado de o fazer, e do retardamento das providências puderem resultar prejuízos.

Artigo 155.º - Solenidade

1 - A celebração do casamento é pública e feita pela forma seguinte:

a) O conservador, depois de anunciar que naquele local vai ter lugar a celebração do casamento, lê, da declaração inicial, os elementos relativos à identificação dos nubentes e os referentes ao seu propósito de o contrair, bem como o despacho final previsto no artigo 144.º;

b) Se os nubentes forem menores e ainda não tiver sido dado o consentimento dos pais ou tutor, nem suprida essa autorização, o conservador pergunta às pessoas que o devem prestar se o concedem, suspendendo a realização do acto se não for concedido;

c) Em seguida, o conservador interpela as pessoas presentes para que declarem se conhecem algum impedimento que obste à realização do casamento;

d) Não sendo declarado qualquer impedimento e depois de referir os direitos e deveres dos cônjuges, previstos na lei civil, o conservador pergunta a cada um dos nubentes se aceita o outro por consorte;

e) Cada um dos nubentes responde, sucessiva e claramente: «É de minha livre vontade casar com F. [indicando o nome completo do outro nubente].»

2 - Prestado o consentimento dos contraentes, o conservador diz, em voz alta, de modo a ser ouvido por todos os presentes: «Em nome da lei e da República Portuguesa, declaro F. e F. [indicando os nomes completos de marido e mulher] unidos pelo casamento.».

QUESTÃO 11
Quais os processos hermenêuticos de aplicação da norma jurídica aos factos?

3. SUBSUNÇÃO JURÍDICA E SILOGISMO JURÍDICO
As normas jurídicas são concretizadas no texto legal por meio de "artigos" (em outros ordenamentos, também "cláusulas", "secções", "parágrafos", etc.)

que contêm "números", "alíneas", "parágrafos", etc.
São previsões em abstrato de factos ou condutas, com efeitos e consequências jurídicas. Os factos na vida real existem em concreto: perante a existência destes tal como abstratamente e genericamente previsto na norma jurídica, são subsumidos.
Nem sempre é fácil verificar se um facto concreto corresponde à previsão abstrata da norma, quer dizer, se a situação se inclui no que está previsto na norma.
É necessário empregar as técnicas de interpretação jurídica para extrair o sentido e alcance da norma, antes da decisão de aplicação. Se o caso concreto não corresponder à previsão legal, a norma não é aplicável.
Pode haver uma omissão ou lacuna da lei:

> Artigo 10.º - Integração das lacunas da lei
> 1. Os casos que a lei não preveja são regulados segundo a norma aplicável aos casos análogos.
> 2. Há analogia sempre que no caso omisso procedam as razões justificativas da regulamentação do caso previsto na lei.
> 3. Na falta de caso análogo, a situação é resolvida segundo a norma que o próprio intérprete criaria, se houvesse de legislar dentro do espírito do sistema.

QUESTÃO 12
O que é "subsunção jurídica"?

a) SUBSUNÇÃO JURÍDICA
Confronta-se com a previsão ou hipótese legal abstrata da norma (*Tatbestand*) o caso concreto que ocorreu no mundo real (*Sachverhalt*).

A subsunção é a verificação se a situação ou caso concreto preenche os pressupostos legais e enunciado da previsão legal abstrata.

Há uma dialética entre a norma e o facto, que primeiro é analisado para ponderar se a é possível aplicar a norma.

Se é possível a subsunção numa situação concreta, aplicam-se as consequências.

QUESTÃO 13
O que é "silogismo judiciário"?

b) SILOGISMO JUDICIÁRIO
É a (3) conclusão com base nas premissas resultantes da (1) previsão e consequências da norma jurídica e (2) a realização da *facti specie* no mundo real:

> **(1) PREMISSA MAIOR:** previsão da norma ou hipótese legal
> **(2) PREMISSA MENOR:** situação concreta a ser subsumida à norma jurídica
> **(3) CONCLUSÃO:** resultado da subsunção da norma, que serão as consequências jurídicas previstas na norma aplicadas aos factos concretos

O silogismo judiciário é uma atuação técnico-jurídica que exige uma análise rigorosa de todos os elementos relevantes da situação concreta ocorrida. É imprescindível que todos os elementos de aplicação da norma jurídica estejam presentes no caso concreto para que se possa cogitar as suas conclusões.

A subsunção e o silogismo não devem, entretanto, ser considerados numa aplicação mecânica: devem ser norteados por critérios de justiça, de razoabilidade e de adequação entre o fim da norma e o seu resultado. Não é um processo desligado da realidade social.

QUESTÃO 14
O que é um "facto jurídico"?

4. OS FACTOS JURÍDICOS E SEUS EFEITOS JURÍDICOS

A previsão legal na norma vincula-se em abstrato às situações típicas da vida e demais realidades empíricas, de factos ou conjuntos de factos.

Perante os factos que preencham os requisitos legais, temos as consequências jurídicas previstas na estatuição da norma.

Esses factos que formam as *facti species* importam ao direito no sentido que a norma jurídica prevê, do que os elementos da vida real ganham um sentido jurídico quando dispostos pelo direito. Ocorre uma juridificação dos elementos da vida real e da natureza.

QUESTÃO 15
As palavras do texto legal correspondem estritamente ao seu significado fora do direito?

O sentido jurídico pode se afastar do significado naturalístico ou originário dos termos.

Termos como "arma", "coisa", "pessoa",

"causalidade" ou "documento" podem ser diversos do que como percebidos por outras áreas da ciência ou no discurso popular.

Tendencialmente o sentido jurídico não contraria o sentido geral de uma palavra, mas pode ser adaptado à linguagem do direito.

A verificação de compatibilidade entre os factos do mundo real com a previsão da norma exige essa compreensão: a verificação da questão de facto pelos dados presentes tal como a perspetiva jurídica da norma.

Capítulo 9 – O facto jurídico e a relação jurídica

QUESTÃO 1
As ocorrências no mundo real que não são reguladas pela norma jurídica importam ao direito?

Os factos que interessam ao direito são os que têm relevância jurídica.

Para a constituição, modificação e extinção de efeitos jurídicos e/ou de relações jurídicas, é pressuposto a existência de um facto jurídico.

Não importará o facto **ajurídico**, que não deixa de ser analisado no momento de aplicação da lei, para a definição dos elementos relevantes.

Facto jurídico é o que afeta a situação jurídica de uma pessoa e seus direitos: é todo acontecimento natural (involuntário – não depende da vontade humana) ou humano (voluntário – não depende da vontade humana) que produz efeitos jurídicos.

QUESTÃO 2
Os efeitos jurídicos se dão imediatamente com a verificação dos factos jurídicos?

Os efeitos jurídicos de um facto podem se dar de imediato:

> Artigo 879.º - Efeitos essenciais
> A compra e venda tem como efeitos essenciais:
> a) A transmissão da propriedade da coisa ou da titularidade do direito; (...)

> Artigo 408.º - Contratos com eficácia real

1. A constituição ou transferência de direitos reais sobre coisa determinada dá-se por mero efeito do contrato, salvas as excepções previstas na lei. (...)

Os efeitos jurídicos de um facto podem ocorrer posteriormente ao facto:

Artigo 408.º - Contratos com eficácia real (...)
2. Se a transferência respeitar a coisa futura ou indeterminada, o direito transfere-se quando a coisa for adquirida pelo alienante ou determinada com conhecimento de ambas as partes, sem prejuízo do disposto em matéria de obrigações genéricas e do contrato de empreitada; se, porém, respeitar a frutos naturais ou a partes componentes ou integrantes, a transferência só se verifica no momento da colheita ou separação.

Artigo 409.º - Reserva da propriedade
1. Nos contratos de alienação é lícito ao alienante reservar para si a propriedade da coisa até ao cumprimento total ou parcial das obrigações da outra parte ou até à verificação de qualquer outro evento.
2. Tratando-se de coisa imóvel, ou de coisa móvel sujeita a registo, só a cláusula constante do registo é oponível a terceiros.

Também no testamento:

Artigo 2179.º - Noção de testamento (ver também art. 1.685.º, CC)
1. Diz-se testamento o acto unilateral e revogável pelo qual uma pessoa dispõe, para depois da morte, de todos os seus bens ou de parte deles.
2. As disposições de carácter não patrimonial que a lei permite inserir no testamento são válidas se fizerem parte de um acto revestido de forma testamentária, ainda que nele não figurem disposições de carácter patrimonial.

> Artigo 2196.º - Cúmplice do testador adúltero
> 1. É nula a disposição a favor da pessoa com quem o testador casado cometeu adultério.
> 2. Não se aplica o preceito do número anterior:
> a) Se o casamento já estava dissolvido, ou os cônjuges estavam separados judicialmente de pessoas e bens ou separados de facto há mais de seis anos, à data da abertura da sucessão;
> b) Se a disposição se limitar a assegurar alimentos ao beneficiário.

QUESTÃO 3
Os <u>efeitos</u> jurídicos correspondem aos <u>factos</u> jurídicos?

Facto jurídico é diferente dos efeitos jurídicos que produz, e isso fica evidente no art. 12.º do CC:

> Artigo 12.º - Aplicação das leis no tempo. Princípio geral
> 1. A lei só dispõe para o futuro; ainda que lhe seja atribuída eficácia retroactiva, presume-se que ficam ressalvados os efeitos já produzidos pelos factos que a lei se destina a regular.
> 2. Quando a lei dispõe sobre as condições de validade substancial ou formal de quaisquer factos ou sobre os seus efeitos, entende-se, em caso de dúvida, que só visa os factos novos; mas, quando dispuser directamente sobre o conteúdo de certas relações jurídicas, abstraindo dos factos que lhes deram origem, entender-se-á que a lei abrange as próprias relações já constituídas, que subsistam à data da sua entrada em vigor.

QUESTÃO 4
O facto jurídico pode se dar por eventos naturais?

Um facto jurídico involuntário ou natural acontece no mundo real e a lei prevê efeitos jurídicos quando cumpridos os requisitos, apenas residualmente a vontade pode assim determinar (p.ex., condição e termo).

P. ex., o nascimento é um facto involuntário que produz efeitos jurídicos:

> Artigo 66.º - Começo da personalidade
> 1. A personalidade adquire-se no momento do nascimento completo e com vida. (...)
>
> Artigo 67.º - Capacidade jurídica
> As pessoas podem ser sujeitos de quaisquer relações jurídicas, salvo disposição legal em contrário: nisto consiste a sua capacidade jurídica.
>
> Artigo 70.º Tutela geral da personalidade
> 1. A lei protege os indivíduos contra qualquer ofensa ilícita ou ameaça de ofensa à sua personalidade física ou moral. (...)

A morte é um facto involuntário que produz efeitos jurídicos:

> Artigo 68.º - Termo da personalidade
> 1. A personalidade cessa com a morte. (...)
>
> Artigo 943.º - Prestações periódicas
> A doação que tiver por objecto prestações periódicas extingue-se por morte do doador.
>
> Artigo 1051.º - Casos de caducidade
> O contrato de locação caduca: (...)
> d) Por morte do locatário ou, tratando-se de pessoa colectiva, pela extinção desta, salvo convenção escrita em contrário; (...)
>
> Artigo 1174.º - Casos de caducidade
> O mandato caduca:

a) Por morte do mandante ou do mandatário; (...)

Artigo 1316.º - Modos de aquisição
O direito de propriedade adquire-se por contrato, sucessão por morte, usucapião, ocupação, acessão e demais modos previstos na lei.

O decurso do tempo é um facto involuntário com efeitos jurídicos:

Artigo 298.º, CC - Prescrição, caducidade e não uso do direito
1. Estão sujeitos a prescrição, pelo seu não exercício durante o lapso de tempo estabelecido na lei, os direitos que não sejam indisponíveis ou que a lei não declare isentos de prescrição.
2. Quando, por força da lei ou por vontade das partes, um direito deva ser exercido dentro de certo prazo, são aplicáveis as regras da caducidade, a menos que a lei se refira expressamente à prescrição.
3. Os direitos de propriedade, usufruto, uso e habitação, enfiteuse, superfície e servidão não prescrevem, mas podem extinguir-se pelo não uso nos casos especialmente previstos na lei, sendo aplicáveis nesses casos, na falta de disposição em contrário, as regras da caducidade.

Artigo 130.º - Efeitos da maioridade
Aquele que perfizer dezoito anos de idade adquire plena capacidade de exercício de direitos, ficando habilitado a reger a sua pessoa e a dispor dos seus bens.

Ocorrências do ambiente natural e força maior:

Artigo 1327.º - Princípio geral **(Acessão natural)**
Pertence ao dono da coisa tudo o que a esta acrescer por efeito da natureza.

Artigo 505.º - Exclusão da responsabilidade
Sem prejuízo do disposto no artigo 570.º, a

responsabilidade fixada pelo n.º 1 do artigo 503.º só é excluída quando o acidente for imputável ao próprio lesado ou a terceiro, ou quando resulte de causa de força maior estranha ao funcionamento do veículo.

Artigo 509.º - Danos causados por instalações de energia eléctrica ou gás
1. Aquele que tiver a direcção efectiva de instalação destinada à condução ou entrega da energia eléctrica ou do gás, e utilizar essa instalação no seu interesse, responde tanto pelo prejuízo que derive da condução ou entrega da electricidade ou do gás, como pelos danos resultantes da própria instalação, excepto se ao tempo do acidente esta estiver de acordo com as regras técnicas em vigor e em perfeito estado de conservação.
2. Não obrigam a reparação os danos devidos a causa de força maior; considera-se de força maior toda a causa exterior independente do funcionamento e utilização da coisa.

Caso fortuito:

Artigo 1462.º - Usufruto sobre universalidades de animais
1. Se o usufruto for constituído numa universalidade de animais, é o usufrutuário obrigado a substituir com as crias novas as cabeças que, por qualquer motivo, vierem a faltar.
2. Se os animais se perderem, na totalidade ou em parte, por caso fortuito, sem produzirem outros que os substituam, o usufrutuário é tão-somente obrigado a entregar as cabeças restantes.

Cfr. o Acórdão abaixo:

"De acordo com critério mais difundido: o caso de força maior tem subjacente a ideia de inevitabilidade: será todo o conhecimento natural ou acção humana que, embora previsível ou até presumido, não se pode evitar, nem

em si mesmo nem nas suas consequências. Ao passo que o conceito de caso fortuito assenta na ideia de imprevisibilidade: o facto não se pode prever, mas seria evitável se tivesse sido previsto".
Acórdão do Supremo Tribunal de Justiça de 27.09.1994 (Torres Paulo)

QUESTÃO 5
O facto jurídico pode se dar pela vontade das pessoas?

Os facto jurídico voluntário são produzidos pela vontade humana, também distinguidos pelo próprio facto e seus efeitos (constitutivos, modificativos e extintivos).

Via de regra, os efeitos jurídicos do facto jurídico voluntário são também regulados pela lei, salvo uma exceção: no negócio jurídico, é a vontade das partes que os determina.

O próprio facto é voluntário, mas a regra geral é de que os efeitos jurídicos são determinados pela lei. Apenas ao facto jurídico que consiste no negócio jurídico não se aplicará a regra.

QUESTÃO 6
É possível um facto jurídico voluntário sem contrário ao direito?

Os <u>factos jurídicos voluntários lícitos</u> são os <u>atos jurídicos em sentido amplo</u>: todo acontecimento humano voluntário que não contraria a lei e produz efeitos jurídicos.

Os atos jurídicos em sentido amplo se dividem entre:
- <u>Negócios jurídicos</u> (efeitos jurídicos dependem

da vontade): o facto e os efeitos apenas ocorrem pela vontade das partes.

- Atos jurídicos em sentido estrito (efeitos jurídicos definidos na lei): o facto ocorre pela vontade do(s) sujeito(s), mas os efeitos são apenas os previstos em lei.

QUESTÃO 7
a) Quais as modalidades de factos jurídicos voluntários lícitos?
b) Será sempre pressuposto uma atuação por vontade da parte dirigida a outro sujeito?

Factos jurídicos ilícitos e atos jurídicos em sentido estrito terão os efeitos sempre previstos em lei. Negócios jurídicos têm os efeitos jurídicos guiados pela vontade.

Negócios jurídicos são regulados nos arts. 217.º a 294.º, CC: Declaração negocial, objeto negocial e nulidade e anulabilidade do negócio jurídico.

Ato jurídicos em sentido estrito são regulados no art. 295.º, CC:

> Artigo 295.º - Disposições reguladoras
> Aos actos jurídicos que não sejam negócios jurídicos são aplicáveis, na medida em que a analogia das situações o justifique, as disposições do capítulo precedente.

O regime aplicável por analogia não inclui os **efeitos** dos atos jurídicos em sentido estrito: apenas aplicam-se as disposições sobre os atos volitivos de **praticar o ato**.

QUESTÃO 8

a) **Conceitue ato jurídico em sentido estrito e suas modalidades.**

b) **Os efeitos jurídicos do ato jurídico em sentido estrito podem ser determinados pela vontade das partes?**

ATOS JURÍDICOS EM SENTIDO ESTRITO

a) Atos reais/de facto: simples atuações de facto, achado, ocupação, etc.

> Artigo 1316.º - Modos de aquisição
> O direito de propriedade adquire-se por contrato, sucessão por morte, usucapião, ocupação, acessão e demais modos previstos na lei.

> Artigo 1318.º - Suscetibilidade de ocupação
> Podem ser adquiridos por ocupação os animais e as coisas móveis que nunca tiveram dono, ou foram abandonados, perdidos ou escondidos pelos seus proprietários, salvas as restrições dos artigos seguintes.

> Artigo 1324.º - Tesouros
> 1. Se aquele que descobrir coisa móvel de algum valor, escondida ou enterrada, não puder determinar quem é o dono dela, torna-se proprietário de metade do achado; a outra metade pertence ao proprietário da coisa móvel ou imóvel onde o tesouro estava escondido ou enterrado. (...)

b) Dar informações, declarar um nascimento, etc.

> Artigo 1.º, CRC - Objecto e obrigatoriedade do registo
> 1 - O registo civil é obrigatório e tem por objecto os seguintes factos:
> a) O nascimento; (...)

> Artigo 1803.º - Menção da maternidade
> 1. Aquele que declarar o nascimento deve, sempre que possa, identificar a mãe do registando.
> 2. A maternidade indicada é mencionada no registo.

Artigo 1826.º - Presunção de paternidade
1. Presume-se que o filho nascido ou concebido na constância do matrimónio tem como pai o marido da mãe. (...)

Artigo 1832.º - Não indicação da paternidade do marido
1. A mulher casada pode fazer a declaração do nascimento com a indicação de que o filho não é do marido. (...)

c) Atos quase negociais: escolha do domicílio, interpelação do devedor

Artigo 82.º - Domicílio voluntário geral
1. A pessoa tem domicílio no lugar da sua residência habitual; se residir alternadamente, em diversos lugares, tem-se por domiciliada em qualquer deles.
2. Na falta de residência habitual, considera-se domiciliada no lugar da sua residência ocasional ou, se esta não puder ser determinada, no lugar onde se encontrar.

Artigo 83.º - Domicílio profissional
1. A pessoa que exerce uma profissão tem, quanto às relações que a esta se referem, domicílio profissional no lugar onde a profissão é exercida.
2. Se exercer a profissão em lugares diversos, cada um deles constitui domicílio para as relações que lhe correspondem.

Artigo 805.º - Momento da constituição em mora
1. O devedor só fica constituído em mora depois de ter sido judicial ou extrajudicialmente interpelado para cumprir.
2. Há, porém, mora do devedor, independentemente de interpelação:
a) Se a obrigação tiver prazo certo;
b) Se a obrigação provier de facto ilícito;
c) Se o próprio devedor impedir a interpelação,

considerando-se interpelado, neste caso, na data em que normalmente o teria sido.

3 - Se o crédito for ilíquido, não há mora enquanto se não tornar líquido, salvo se a falta de liquidez for imputável ao devedor; tratando-se, porém, de responsabilidade por facto ilícito ou pelo risco, o devedor constitui-se em mora desde a citação, a menos que já haja então mora, nos termos da primeira parte deste número.

Capítulo 10 – A relação jurídica e os sujeitos da relação

QUESTÃO 1
No âmbito dos efeitos jurídicos constitutivos, modificativos e extintivos, quais as decorrências hipotéticas dos factos jurídicos na esfera de uma pessoa?

O facto jurídico produz efeitos jurídicos e destes poderá:
- Surgir um vínculo entre duas ou mais pessoas (em sentido jurídico), a <u>relação jurídica</u>;
- Um <u>estado da pessoa</u> (*status* ou estado civil), que define a situação ou a qualidade de uma pessoa.

QUESTÃO 2
Conceitue "relação jurídica".

Na relação jurídica, duas ou mais pessoas são sujeitos entre si de direitos e deveres recíprocos.
A vinculação jurídica é mútua e o conteúdo será determinado pela vontade das pessoas (num negócio jurídico) ou pela lei. Os efeitos jurídicos são constitutivos, modificativos ou extintivos de direitos subjetivos (absolutos, relativos ou potestativos), que correspondem à criação de um dever jurídico ao outro. Esse dever é uma obrigação ou uma sujeição – a outra parte pode exigir ou pretender esse comportamento.
A vontade pode estabelecer o conteúdo dos efeitos jurídicos numa relação jurídica, mas no

especial caso do direito conter uma atribuição patrimonial (e.g., aquisição da propriedade) ou o estabelecimento de um estado civil (solteiro, casado, viúvo e divorciado) ou pessoal, será a lei que definirá os efeitos:

> Artigo 1305.º - Propriedade das coisas
> O proprietário goza de modo pleno e exclusivo dos direitos de uso, fruição e disposição das coisas que lhe pertencem, dentro dos limites da lei e com observância das restrições por ela impostas.
>
> Artigo 1577.º - Noção de casamento – **É um negócio jurídico, um contrato, mas os efeitos pessoais e patrimoniais são previstos nos arts. 1.671.º e ss., CC**
> Casamento é o contrato celebrado entre duas pessoas que pretendem constituir família mediante uma plena comunhão de vida, nos termos das disposições deste Código.

QUESTÃO 3
Qual a diferença entre uma "obrigação" e um "ónus"?

OBRIGAÇÃO X ÓNUS (*Obliegenheit*)

O cumprimento de um ónus não pode ser exigido ou pretendido da pessoa onerada.

A consequência do ónus é a obtenção de vantagens ou de evitar desvantagens para a pessoa incumbida do ónus.

> Ex.: proteger a casa antes de ir de férias; fechar e sinalizar o veículo depois de um acidente ou tomar medidas de segurança na condução do automóvel; promover o registo após a compra de um bem móvel sujeito a registo
>
> O onerado que não age desse modo, sofre

desvantagens ou resultados negativos do seu comportamento negligente: o segurador não indemnizará os prejuízos causados por um furto quando sua casa não estava devidamente fechada; o condutor cuidadoso tem o prémio do seu seguro bonificado pelo seu comportamento zeloso, e onerado se descuidado; o comprador que não regista o bem móvel pode perder sua coisa essa for vendida por terceiro a outro comprador de boa fé.

QUESTÃO 4
Qual o fenómeno jurídico que atribui às pessoas qualidades e permitem a aplicação de um regime jurídico próprio?

Além da criação da relação jurídica, o facto jurídico pode dar origem a aquisição de um estatuto jurídico da pessoa.

Ex.: nacional português ou estrangeiro; maior ou menor; casado, solteiro, divorciado ou viúvo, maior acompanhado, solvente ou insolvente

O conteúdo do estado da pessoa advém da lei, ainda que ela o adquira pela vontade (naturalização voluntária, casamento, divórcio, etc.) ou por factos jurídicos involuntário (decurso do tempo, cessação dos impedimentos, etc.).
Cfr.:

> Artigo 1682.º-A - Alienação ou oneração de imóveis e de estabelecimento comercial
> 1. Carece do consentimento de ambos os cônjuges, salvo

se entre eles vigorar o regime de separação de bens:
a) A alienação, oneração, arrendamento ou constituição de outros direitos pessoais de gozo sobre imóveis próprios ou comuns;
b) A alienação, oneração ou locação de estabelecimento comercial, próprio ou comum.
2. A alienação, oneração, arrendamento ou constituição de outros direitos pessoais de gozo sobre a casa de morada da família carece sempre do consentimento de ambos os cônjuges.

Artigo 123.º - Incapacidade dos menores
Salvo disposição em contrário, os menores carecem de capacidade para o exercício de direitos.

QUESTÃO 5
O que é "personalidade jurídica"?

As relações jurídicas são determinadas entre pessoas (em sentido jurídico), e é apenas pessoa quem possui personalidade jurídica: é a capacidade genérica de serem sujeitos de direitos e de obrigações.

1- Pessoas singulares ou naturais: os indivíduos humanos e físicos
Adquirem personalidade com o nascimento completo e com vida (art. 66.º, n.º 1, CC), não está pendente da disposição do legislador, assim como o seu termo (art. 68.º, n.º 1, CC).

2- Pessoas coletivas: conjunto de pessoas e bens organizados e com o objetivo de realizar um fim comum que ultrapassa a capacidade individual.

P.ex.: cooperativas, associações, fundações, sociedades, etc.
Adquirem a personalidade por meio de um reconhecimento (art. 158.º, CC), o que demonstra a sua artificialidade.

Cfr.:

Artigo 66.º, CC - Começo da personalidade
1. A personalidade adquire-se no momento do nascimento completo e com vida.
2. Os direitos que a lei reconhece aos nascituros dependem do seu nascimento.

Artigo 158.º, CC - Aquisição da personalidade
1. As associações constituídas por escritura pública ou por outro meio legalmente admitido, que contenham as especificações referidas no n.º 1 do artigo 167.º, gozam de personalidade jurídica.
2 - As fundações referidas no artigo anterior adquirem personalidade jurídica pelo reconhecimento, o qual é individual e da competência da autoridade administrativa.

Artigo 5.º, CSC - Personalidade
As sociedades gozam de personalidade jurídica e existem como tais a partir da data do registo definitivo do contrato pelo qual se constituem, sem prejuízo do disposto quanto à constituição de sociedades por fusão, cisão ou transformação de outras.

Artigo 17.º, Código Cooperativo - Aquisição de personalidade jurídica
A cooperativa adquire personalidade jurídica com o registo da sua constituição.

Artigo 157.º, CC - Campo de aplicação
As disposições do presente capítulo são aplicáveis às

associações que não tenham por fim o lucro económico dos associados, às fundações de interesse social, e ainda às sociedades, quando a analogia das situações o justifique.

Artigo 1.º, Código das Sociedades Comerciais - Âmbito geral de aplicação
1 - A presente lei aplica-se às sociedades comerciais.
2 - São sociedades comerciais aquelas que tenham por objecto a prática de actos de comércio e adoptem o tipo de sociedade em nome colectivo, de sociedade por quotas, de sociedade anónima, de sociedade em comandita simples ou de sociedade em comandita por acções.
3 - As sociedades que tenham por objecto a prática de actos de comércio devem adoptar um dos tipos referidos no número anterior.
4 - As sociedades que tenham exclusivamente por objecto a prática de actos não comerciais podem adoptar um dos tipos referidos no n.º 2, sendo-lhes, nesse caso, aplicável a presente lei.

Artigo 2.º, Código Cooperativo Noção
1 - As cooperativas são pessoas coletivas autónomas, de livre constituição, de capital e composição variáveis, que, através da cooperação e entreajuda dos seus membros, com obediência aos princípios cooperativos, visam, sem fins lucrativos, a satisfação das necessidades e aspirações económicas, sociais ou culturais daqueles.
2 - As cooperativas, na prossecução dos seus objetivos, podem realizar operações com terceiros, sem prejuízo de eventuais limites fixados pelas leis próprias de cada ramo.

QUESTÃO 6
O que é "capacidade jurídica"?

Da personalidade jurídica advém a capacidade jurídica da pessoa: a idoneidade da pessoa poder

ser sujeito de relações jurídicas e, assim, titular de direitos subjetivos e obrigações; é **irrenunciável** e tem um viés quantitativo, da medida em que podem ser esses sujeitos jurídicos.
Cfr.:

> Artigo 67.º - Capacidade jurídica
> As pessoas podem ser sujeitos de quaisquer relações jurídicas, salvo disposição legal em contrário: nisto consiste a sua capacidade jurídica.

> Artigo 69.º - Renúncia à capacidade jurídica
> Ninguém pode renunciar, no todo ou em parte, à sua capacidade jurídica.

Em princípio, a capacidade jurídica é ilimitada e apenas pode ser restringida por disposições legais.
Ver:

> Artigo 1601.º - Impedimentos dirimentes absolutos
> São impedimentos dirimentes, obstando ao casamento da pessoa a quem respeitam com qualquer outra:
> a) A idade inferior a dezasseis anos;
> b) A demência notória, mesmo durante os intervalos lúcidos, e a decisão de acompanhamento, quando a sentença respetiva assim o determine (...)

> Artigo 1850.º - Capacidade
> 1 - Têm capacidade para perfilhar os indivíduos com mais de 16 anos, se não forem maiores acompanhados com restrições ao exercício de direitos pessoais nem forem afetados por perturbação mental notória no momento da perfilhação.
> 2 - Os menores não necessitam, para perfilhar, de autorização dos pais ou tutores.

> Artigo 2188.º - Princípio geral
> Podem testar todos os indivíduos que a lei não declare

incapazes de o fazer.

> Artigo 2189.º - Incapacidades
> São incapazes de testar:
> a) Os menores não emancipados;
> b) Os maiores acompanhados, apenas nos casos em que a sentença de acompanhamento assim o determine.

QUESTÃO 7
As pessoas coletivas apresentam "capacidade jurídica" ou esta corresponde à das pessoas singulares que compõem o seu substrato?

A personalidade jurídica das pessoas coletivas advém de um reconhecimento: há um ato atributivo de personalidade por meio de lei ou ato administrativo, estando essa capacidade à disposição do legislador (confere e pode retirar).

As pessoas coletivas são criações jurídicas e podem ser designadas de pessoas jurídicas: são um conjunto de pessoas e/ou bens organizados para realizar um fim comum (princípio da especialidade do fim).

As pessoas coletivas adquirem capacidade jurídica na medida da necessidade para executarem os atos adequados para alcançarem os seus fins:

> Artigo 160.º, CC - Capacidade
> 1. A capacidade das pessoas colectivas abrange todos os direitos e obrigações necessários ou convenientes à prossecução dos seus fins.
> 2. Exceptuam-se os direitos e obrigações vedados por lei ou que sejam inseparáveis da personalidade singular.

> Artigo 6.º, CSC - Capacidade
> 1 - A capacidade da sociedade compreende os direitos e as

obrigações necessários ou convenientes à prossecução do seu fim, exceptuados aqueles que lhe sejam vedados por lei ou sejam inseparáveis da personalidade singular.
2 - As liberalidades que possam ser consideradas usuais, segundo as circunstâncias da época e as condições da própria sociedade, não são havidas como contrárias ao fim desta.
3 - Considera-se contrária ao fim da sociedade a prestação de garantias reais ou pessoais a dívidas de outras entidades, salvo se existir justificado interesse próprio da sociedade garante ou se se tratar de sociedade em relação de domínio ou de grupo.
4 - As cláusulas contratuais e as deliberações sociais que fixem à sociedade determinado objecto ou proíbam a prática de certos actos não limitam a capacidade da sociedade, mas constituem os órgãos da sociedade no dever de não excederem esse objecto ou de não praticarem esses actos.
5 - A sociedade responde civilmente pelos actos ou omissões de quem legalmente a represente, nos termos em que os comitentes respondem pelos actos ou omissões dos comissários.

As pessoas coletivas têm direitos de personalidade, principalmente os relacionados ao nome, marca, etc.

A esfera jurídica das pessoas coletivas é própria e não se confunde com as esferas jurídicas das pessoas que formam o seu substrato (e.g., cooperados, sócios).

Há uma separação rigorosa entre as esferas patrimoniais: na responsabilidade por dívidas, ficam as dívidas próprias da pessoa coletiva a princípio vinculadas ao património desta,

em relação ao património individual dos seus integrantes; apenas em situações muito específicas essas massas podem vir a se confundir.
Ver os Acórdãos abaixo:

> "1- Na desconsideração da personalidade jurídica há um desrespeito pelo princípio da separação entre a pessoa colectiva e os seus membros ou, dito de outro modo, desconsiderar significa derrogar o princípio da separação entre a pessoa colectiva e aqueles que por detrás dela actuam.
> 2- Existe assim, na desconsideração, um atingimento da pessoa jurídica diferente da visada. Será directa, se se ultrapassar a sociedade para atingir os sócios e indirecta (ou invertida) se partindo-se dos sócios, se atingir a sociedade."
> Acórdão do Tribunal da Relação de Guimarães de 09.04.2014 (Manuel Bargado)

> "Se os bens arrestados pertencem à sociedade embargante, mas esta é uma sociedade por quotas unipessoal, sendo sua sócia única a sociedade arrestada, devedora do arrestante, que decidiu vender os bens daquela (sociedade totalmente dominada) para pagar as suas (da sociedade totalmente dominante) dívidas, justifica-se que se desconsidere a personalidade jurídica da embargante e se tratem os bens arrestados como se fossem da sociedade arrestada, não se levantando o arresto dos bens."
> Acórdão do Tribunal da Relação de Lisboa de 08.11.2012 (Pedro Martins)

> "(...) II - As pessoas colectivas são centros autónomos de relações jurídicas, autónomos mesmo em relação aos seus membros ou às pessoas que actuam como seus órgãos. Por isso, o CSC (art. 5.º) dispõe que as sociedades gozam de personalidade jurídica.
> III - Nos casos de desconsideração, a própria sociedade

(pessoa colectiva) desvia-se da rota traçada pelo ordenamento jurídico, optando por um comportamento abusivo e fraudulento que não pode ser tolerado na utilização funcional da sociedade ou de que aquela conduta não é substancialmente da sociedade mas do ou dos seus sócios (ou ao invés).

IV - A desconsideração da personalidade jurídica engloba o abuso da personalidade e o abuso da responsabilidade limitada. Tradicionalmente a desconsideração da pessoa colectiva é construída como técnica que permite subtrair o património (pessoal ou social) dos sócios ao benefício da responsabilidade limitada. É neste domínio do abuso da responsabilidade limitada que o instituto da desconsideração da personalidade adquire toda a sua dimensão.

V - De entre as condutas societárias reprováveis que podem conduzir à aplicação do referido instituto avultam: a confusão ou promiscuidade entre as esferas jurídicas da sociedade e dos sócios; a subcapitalização, originária ou superveniente, da sociedade, por insuficiência de recursos patrimoniais necessários para concretizar o objecto social e prosseguir a sua actividade; as relações de domínio grupal.

VI - Na vertente do abuso da personalidade podem perfilar-se algumas situações em que a sociedade comercial é utilizada pelo(s) sócio(s) para contornar uma obrigação legal ou contratual que ele, individualmente assumiu, ou para encobrir um negócio contrário à lei, funcionando como interposta pessoa.

VII - A desconsideração da personalidade jurídica só deverá, porém, ser invocada quando inexistir outro fundamento legal que invalide a conduta do sócio ou da sociedade que se pretende atacar. (...)"

Acórdão do Supremo Tribunal de Justiça de 21.02.2006 (Paulo Sá)

QUESTÃO 8

A "capacidade jurídica" é suficiente para as pessoas exercer os direitos e tornarem-se titulares de estatutos e relações jurídicas, assim como sujeitos de deveres e obrigações?

As pessoas singulares e coletivas que apresentarem capacidade jurídica (arts. 67.º e 160.º, CC) são suscetíveis de titularidade de direitos e obrigações.
A **capacidade negocial de exercício** confere a estas a capacidade de praticar atos que permitem adquirir esses direitos e assumir as obrigações relativas às suas atividades no tráfico jurídico negocial: é uma capacidade de agir – pode ser suprida.
A **capacidade negocial de gozo** é a de se tornar titular de direitos e obrigações de natureza pessoal (e.g., casamento, testamento) e não pode ser suprida na sua falta.
Às pessoas singulares, quanto à capacidade negocial, aplica-se o art. 130.º:

> Artigo 130.º - Efeitos da maioridade
> Aquele que perfizer dezoito anos de idade adquire plena capacidade de exercício de direitos, ficando habilitado a reger a sua pessoa e a dispor dos seus bens.

QUESTÃO 9
a) Qual o início da capacidade de gozo e de exercício para as pessoas singulares?
b) Antes do início da capacidade acima, é possível essa capacidade ser desenvolvida?

A capacidade negocial de exercício é indispensável para uma pessoa poder participar validamente no tráfico jurídico negocial, por atos próprios e com efeitos jurídicos.

A menoridade e a capacidade de exercício:

Artigo 122.º - Menores
É menor quem não tiver ainda completado dezoito anos de idade.

Artigo 123.º - Incapacidade dos menores
Salvo disposição em contrário, os menores carecem de capacidade para o exercício de direitos.

Artigo 124.º - Suprimento da incapacidade dos menores
A incapacidade dos menores é suprida pelo poder paternal e, subsidiariamente, pela tutela, conforme se dispõe nos lugares respectivos.

Artigo 37.º - Representação legal
A representação legal está sujeita à lei reguladora da relação jurídica de que nasce o poder representativo.

Artigo 1877.º - Duração das responsabilidades parentais
Os filhos estão sujeitos às responsabilidades parentais até à maioridade ou emancipação.

Artigo 1878.º - Conteúdo das responsabilidades parentais
1. Compete aos pais, no interesse dos filhos, velar pela segurança e saúde destes, prover ao seu sustento, dirigir a sua educação, representá-los, ainda que nascituros, e administrar os seus bens.
2. Os filhos devem obediência aos pais; estes, porém, de acordo com a maturidade dos filhos, devem ter em conta a sua opinião nos assuntos familiares importantes e reconhecer-lhes autonomia na organização da própria vida.

Artigo 127.º - Excepções à incapacidade dos menores
1. São excepcionalmente válidos, além de outros previstos na lei:
a) Os actos de administração ou disposição de bens que o

maior de dezasseis anos haja adquirido por seu trabalho;
b) Os negócios jurídicos próprios da vida corrente do menor que, estando ao alcance da sua capacidade natural, só impliquem despesas, ou disposições de bens, de pequena importância;
c) Os negócios jurídicos relativos à profissão, arte ou ofício que o menor tenha sido autorizado a exercer, ou os praticados no exercício dessa profissão, arte ou ofício.
2. Pelos actos relativos à profissão, arte ou ofício do menor e pelos actos praticados no exercício dessa profissão, arte ou ofício só respondem os bens de que o menor tiver a livre disposição.

Artigo 1881.º - Poder de representação
1. O poder de representação compreende o exercício de todos os direitos e o cumprimento de todas as obrigações do filho, exceptuados os actos puramente pessoais, aqueles que o menor tem o direito de praticar pessoal e livremente e os actos respeitantes a bens cuja administração não pertença aos pais.
2. Se houver conflito de interesses cuja resolução dependa de autoridade pública, entre qualquer dos pais e o filho sujeito às responsabilidades parentais, ou entre os filhos, ainda que, neste caso, algum deles seja maior, são os menores representados por um ou mais curadores especiais nomeados pelo tribunal.

O maior acompanhado:

Artigo 138.º - Acompanhamento
O maior impossibilitado, por razões de saúde, deficiência, ou pelo seu comportamento, de exercer, plena, pessoal e conscientemente, os seus direitos ou de, nos mesmos termos, cumprir os seus deveres, beneficia das medidas de acompanhamento previstas neste Código.

Artigo 147.º - Direitos pessoais e negócios da vida

corrente

1 - O exercício pelo acompanhado de direitos pessoais e a celebração de negócios da vida corrente são livres, salvo disposição da lei ou decisão judicial em contrário.

2 - São pessoais, entre outros, os direitos de casar ou de constituir situações de união, de procriar, de perfilhar ou de adotar, de cuidar e de educar os filhos ou os adotados, de escolher profissão, de se deslocar no país ou no estrangeiro, de fixar domicílio e residência, de estabelecer relações com quem entender e de testar.

QUESTÃO 10
a) Qual a vertente da capacidade jurídica que permite às pessoas sofrerem em sua esfera as consequências de atos ilícitos que praticam?
b) Corresponde essa à uma autorização legal para a prática desses atos?

A capacidade delitual se relaciona à imputabilidade, isto é, a capacidade de sofrer os efeitos jurídicos de atos ilícitos praticados.

As pessoas inimputáveis podem praticar o ato no mundo fático, mas não podem ser responsabilizadas.

P.ex.:

Artigo 488.º - Imputabilidade

1. Não responde pelas consequências do facto danoso quem, no momento em que o facto ocorreu, estava, por qualquer causa, incapacitado de entender ou querer, salvo se o agente se colocou culposamente nesse estado, sendo este transitório.

2 - Presume-se falta de imputabilidade nos menores de sete anos.

Artigo 19.º, CP - Inimputabilidade em razão da idade

Os menores de 16 anos são inimputáveis.

Artigo 20.º, CP - Inimputabilidade em razão de anomalia psíquica
1 - É inimputável quem, por força de uma anomalia psíquica, for incapaz, no momento da prática do facto, de avaliar a ilicitude deste ou de se determinar de acordo com essa avaliação.
2 - Pode ser declarado inimputável quem, por força de uma anomalia psíquica grave, não acidental e cujos efeitos não domina, sem que por isso possa ser censurado, tiver, no momento da prática do facto, a capacidade para avaliar a ilicitude deste ou para se determinar de acordo com essa avaliação sensivelmente diminuída.
3 - A comprovada incapacidade do agente para ser influenciado pelas penas pode constituir índice da situação prevista no número anterior.
4 - A imputabilidade não é excluída quando a anomalia psíquica tiver sido provocada pelo agente com intenção de praticar o facto.

Lei do ilícito de mera ordenação social - DL n.º 433/82, de 27 de Outubro

Artigo 10.º - Inimputabilidade em razão da idade
Para os efeitos desta lei, consideram-se inimputáveis os menores de 16 anos.

Artigo 11.º - Inimputabilidade em razão de anomalia psíquica
1 - É inimputável quem, por força de uma anomalia psíquica, é incapaz, no momento da prática do facto, de avaliar a ilicitude deste ou de se determinar de acordo com essa avaliação.
2 - Pode ser declarado inimputável quem, por força de uma anomalia psíquica grave não acidental e cujos efeitos não domina, sem que por isso possa ser censurado, tem no momento da prática do facto a capacidade para avaliar

a ilicitude deste ou para se determinar de acordo com essa avaliação sensivelmente diminuída.

3 - A imputabilidade não é excluída quando a anomalia psíquica tiver sido provocada pelo próprio agente com intenção de cometer o facto.

Cfr. o Acórdão abaixo:

"De qualquer modo, nota-se que, quanto à imputabilidade diminuída, radicada em alcoolismo ou em toxicodependência, a jurisprudência deste Supremo Tribunal vai no sentido de poder funcionar como circunstância agravante.

Assim, no Ac. de 3/07/2014 sustentou-se: 'II- se o tribunal considerar o agente imputável, estamos perante um caso de imputabilidade diminuída, mas o legislador não determina nem sequer prevê a atenuação da pena, como se imporia caso a imputabilidade diminuída se fundasse numa presumida diminuição da culpa. III - Na determinação do grau de culpa na imputabilidade diminuída há que levar em conta as qualidades pessoais do agente, reflectidas no facto; quando estas se revelarem especialmente desvaliosas do ponto de vista do direito, estaremos perante uma culpa agravada, a que corresponde uma pena necessariamente mais grave. IV - Aquando da prática do crime de homicídio qualificado tentado, o arguido encontrava-se alcoolizado, sendo que o alcoolismo que sofria, persistente na ocasião do crime, terá afectado de alguma forma a sua capacidade de autodeterminação. Estamos perante um caso de imputabilidade diminuída, porém, daí não decorre uma situação de diminuição de culpa, a determinar uma atenuação da pena'.

(...) Na mesmo linha, no Ac. de 19/06/2019 sustentou-se: 'II – a questão da alegada «imputabilidade diminuída» jamais poderia assumir o relevo atenuativo pretendido pelo recorrente; VIII - A imputabilidade diminuída deve, na determinação da medida da pena, entrar, conjuntamente com todas as demais circunstâncias, na ponderação global a que se refere o n.º 2 do artigo 71.º do Código Penal, interessando é apurar se, em determinada actuação criminosa se verifica uma situação que, afectando o agente, possa interferir na sua capacidade para avaliar a ilicitude do facto ou de se determinar de acordo com essa avaliação sensivelmente diminuída; IX - No caso *sub judice* não existem quaisquer dados ou elementos que indiciem um estado de imputabilidade diminuída, daí que, justamente, as instâncias o tenham afastado, nem se observa uma situação de diminuição de culpa, a determinar uma atenuação da pena. Pelo contrário, a conduta do arguido reclama uma pena agravada'"

Acórdão do Supremo Tribunal de Justiça 16.06.2021 (Nuno Gonçalves)

QUESTÃO 11
a) Existe capacidade jurídica de exercício e de gozo das pessoas coletivas?
b) Teria génese como a das pessoas singulares?

A capacidade de agir (de exercício e de gozo) das pessoas coletivas não se dá como a das pessoas singulares.

A sua atuação no tráfico jurídico se dá por meio de representação orgânica, quer dizer, por meio de seus órgãos.

Cfr.:

> Artigo 38.º - Representação orgânica
> A representação da pessoa colectiva por intermédio dos seus órgãos é regulada pela respectiva lei pessoal.
>
> Artigo 163.º - Representação

1. A representação da pessoa colectiva, em juízo e fora dele, cabe a quem os estatutos determinarem ou, na falta de disposição estatutária, à administração ou a quem por ela for designado.
2. A designação de representantes por parte da administração só é oponível a terceiros quando se prove que estes a conheciam.

A personalidade e capacidade jurídicas das pessoas coletivas já dão origem à capacidade de gozo e de exercício, que é limitada pelo princípio da especialidade do fim.

Podem ser responsabilizadas contratualmente e extracontratualmente:

Artigo 165.º - Responsabilidade civil das pessoas colectivas

As pessoas colectivas respondem civilmente pelos actos ou omissões dos seus representantes, agentes ou mandatários nos mesmos termos em que os comitentes respondem pelos actos ou omissões dos seus comissários.

QUESTÃO 12
As pessoas coletivas apresentam capacidade delitual?

Código Penal

Artigo 11.º - Responsabilidade das pessoas singulares e colectivas

1 - Salvo o disposto no número seguinte e nos casos especialmente previstos na lei, só as pessoas singulares são susceptíveis de responsabilidade criminal.

2 - As pessoas coletivas e entidades equiparadas, com exceção do Estado, de pessoas coletivas no exercício de prerrogativas de poder público e de organizações de direito internacional público, são responsáveis pelos

crimes previstos nos artigos 144.º-B, 150.º, 152.º-A, 152.º-B, 156.º, 159.º e 160.º, nos artigos 163.º a 166.º sendo a vítima menor, e nos artigos 168.º, 169.º, 171.º a 177.º, 203.º a 206.º, 209.º a 223.º, 225.º, 226.º, 231.º, 232.º, 240.º, 256.º, 258.º, 262.º a 283.º, 285.º, 299.º, 335.º, 348.º, 353.º, 359.º, 363.º, 367.º, 368.º-A e 372.º a 377.º, quando cometidos:
a) Em seu nome ou por sua conta e no seu interesse direto ou indireto por pessoas que nelas ocupem uma posição de liderança; ou
b) Por quem aja em seu nome ou por sua conta e no seu interesse direto ou indireto, sob a autoridade das pessoas referidas na alínea anterior, em virtude de uma violação dos deveres de vigilância ou controlo que lhes incumbem.

Artigo 90.º-A, Código Penal
Penas aplicáveis e determinação da pena
1 - Pelos crimes previstos no n.º 2 do artigo 11.º, são aplicáveis às pessoas colectivas e entidades equiparadas as penas principais de multa ou de dissolução.
2 - Pelos mesmos crimes e pelos previstos em legislação especial podem ser aplicadas às pessoas coletivas e entidades equiparadas as seguintes penas acessórias:
a) Injunção judiciária;
b) Interdição do exercício de actividade;
c) Proibição de celebrar certos contratos ou contratos com determinadas entidades;
d) Privação do direito a subsídios, subvenções ou incentivos;
e) Encerramento de estabelecimento;
f) Publicidade da decisão condenatória.
3 - Pelos mesmos crimes e pelos previstos em legislação especial podem ser aplicadas às pessoas coletivas e entidades equiparadas, em alternativa à pena de multa,

as seguintes penas de substituição:
a) Admoestação;
b) Caução de boa conduta;
c) Vigilância judiciária. (...)

Capítulo 11 – A tipologia das normas jurídicas

QUESTÃO 1
a) Quais as características da norma jurídica?
b) No âmbito do direito interno, qual a principal fonte a ser estudada para o reconhecimento dos regimes gerais da ordem jurídica?

1. INTRODUÇÃO

A norma jurídica é uma regra geral, abstrata e coercível. Advém de uma entidade estatal:

> Artigo 1.º, CC - Fontes imediatas
> 1. São fontes imediatas do direito as leis e as normas corporativas.
> 2. Consideram-se leis todas as disposições genéricas provindas dos órgãos estaduais competentes; são normas corporativas as regras ditadas pelos organismos representativos das diferentes categorias morais, culturais, económicas ou profissionais, no domínio das suas atribuições, bem como os respectivos estatutos e regulamentos internos.
> 3. As normas corporativas não podem contrariar as disposições legais de carácter imperativo.

QUESTÃO 2
Corresponde o ato abaixo a uma norma jurídica?

> Decisão recorrida:
> "Por tudo quanto foi dito julgo a presente acção que AA instauraram contra BB. CC. DD, EE, FF, improcedente por não provada e, em consequência, absolvo os réus dos pedidos.
> Custas pelos autores – cfr. art. 527º, n.º1, do Cód. Proc. Civil.

Registe e notifique."
Acórdão Tribunal da Relação de Guimarães de 16.04.2017 (José Amaral)

QUESTÃO 3
Corresponde o ato abaixo a uma norma jurídica?
Os semáforos do cruzamento entre a Rua Antero de Quental e Rua da Constituição está defeituoso. Um agente de trânsito é destacado para o local, onde aplica a seguinte norma:

Decreto Regulamentar n.º 22-A/98, de 1 de outubro (Regulamento da sinalização de Trânsito)
Artigo 103.º - Sinais dos agentes reguladores de trânsito
Os sinais dos agentes reguladores do trânsito são os seguintes:
a) Paragem do trânsito que venha de frente - braço levantado verticalmente, com a palma da mão para a frente;
b) Paragem do trânsito que venha da retaguarda - braço estendido horizontalmente do lado do trânsito a que o sinal se destina, com a palma da mão para a frente;
(...)
e) Sinal para fazer avançar o trânsito da direita - braço direito levantado, com movimento de antebraço da direita para a esquerda e a palma da mão voltada para a esquerda;
f) Sinal para fazer avançar o trânsito da esquerda - braço esquerdo levantado, com movimento do antebraço da esquerda para a direita e a palma da mão voltada para a direita.

QUESTÃO 4
Corresponde o ato abaixo a uma norma jurídica?

Aviso de Nomeação, de 13 de novembro de 2006
Câmara Municipal de Gondomar

Aviso de nomeação
Para os efeitos previstos no artigo 34.º do Decreto-Lei n.º 427/89, de 7 de Dezembro, aplicado à administração local pelo Decreto-Lei n.º 409/91, de 17 de Outubro, torna-se público que, por meu despacho de 17 de Outubro de 2006, <u>foi nomeada, em regime de comissão de serviço, por um período de três anos</u>, que poderá ser renovada por iguais períodos, e em conformidade com o disposto no n.º 8 do artigo 21.º da Lei n.º 2/2004, de 15 de Janeiro, alterada e republicada pela Lei n.º 51/2005, de 30 de Agosto, aplicável à administração local através do Decreto-Lei n.º 93/2004, de 20 de Abril, alterado e republicado pelo Decreto-Lei n.º 104/2006, de 7 de Junho, e no artigo 7.º do Decreto-Lei n.º 427/89, de 7 de Dezembro, aplicável à administração local por força do artigo 1.º do Decreto-Lei n.º 409/91, de 17 de Outubro, a funcionária <u>Júlia Ferreira de Souza</u> no cargo de chefe de divisão de Educação, Acção Social e Saúde.
Esta nomeação foi precedida de <u>concurso e feita por urgente conveniência de serviço</u> com efeitos a partir do referido despacho.

Não são normas jurídicas as ordens e decisões individuais e concretas, baseadas na lei para regular situações singulares, como:

A sentença judicial;

A ordem de um agente da polícia;

Atos administrativos direcionados a uma situação individual: nomeação para um cargo público para despacho; licenças para construção, deferimento ou indeferimento de um requerimento, etc.

Cfr.:
Código do Procedimento Administrativo (CPA) - Decreto-

Lei n.º 4/2015
Artigo 148.º - Conceito de ato administrativo
Para efeitos do disposto no presente Código, consideram-se atos administrativos as decisões que, no exercício de poderes jurídico-administrativos, visem produzir efeitos jurídicos externos numa **situação individual e concreta**.

QUESTÃO 5
São os contratos normas jurídicas entre as partes?

O contrato não é norma jurídica, ainda que vincules às partes para o cumprimento de obrigações entre si, como uma *lex contractus*: faz, entretanto, "**lei**" entre as partes, que devem cumpri-la (*pacta sunt servanda* = os pactos devem ser respeitados, cumpridos).

Cfr.:
Artigo 406.º, CC - Eficácia dos contratos
1. O contrato deve ser pontualmente cumprido, e só pode modificar-se ou extinguir-se por mútuo consentimento dos contraentes ou nos casos admitidos na lei.
2. Em relação a terceiros, o contrato só produz efeitos nos casos e termos especialmente previstos na lei.

QUESTÃO 6
As normas jurídicas são imperativas e, portanto, apenas determinam comportamentos a seguir *ou* condutas a não realizar. *Quid iuris?*

A norma jurídica é imperativa no sentido de que é **<u>obrigatória</u>**, não apenas que ordena, impõe ou proíbe condutas.
É imperativa também quando atribui um **poder ou uma faculdade** que deve ser observada.
Em todas as relações sociais que são reguladas

pelo direito e, por isso, são relações jurídicas, é obrigatório recorrer às normas jurídicas aplicáveis.

QUESTÃO 7
A liberdade contratual permite que as pessoas estipulem quaisquer contratos com outrem, com as condições que entenderem convenientes. *Quid iuris?*

P.ex.: liberdade contratual não se finda numa liberdade ilimitada de contratar, mas que, se as partes quiserem mutuamente se obrigar, devem optar ao instituto do "contrato"; deve respeitar o seu regime jurídico e apenas nesse quadro normativo poderá optar livremente sobre o conteúdo da sua relação contratual ("dentro dos limites da lei")

Cfr.:
> Artigo 405.º - Liberdade contratual
> 1. **Dentro dos limites da lei**, as partes têm a faculdade de fixar livremente o conteúdo dos contratos, celebrar contratos diferentes dos previstos neste código ou incluir nestes as cláusulas que lhes aprouver.
> 2. As partes podem ainda reunir no mesmo contrato regras de dois ou mais negócios, total ou parcialmente regulados na lei.

2. VINCULAÇÃO DAS NORMAS JURÍDICAS COM A REALIDADE SOCIAL

As normas jurídicas são destinadas a regular a convivência social. São concebidas para resolver problemas concretos e questões sociais. Não podem ser arbitrárias ou desligadas da realidade social e devem ir de encontro aos interesses dos homens.

Normas que ignoram a realidade social tendem a ser revogadas, modificadas, alteradas, reformadas, etc.

QUESTÃO 8
Pode um contrato de agência, em face dos direitos constitucionais da liberdade de escolha de profissão e do direito ao trabalho, <u>prever um pacto de não concorrência</u> por cinco anos e por todo o território português?
E num contrato de trabalho?

> Artigo 1.º - Noção (Decreto-Lei n.º 178/86, de 3 de julho)
> Agência é o contrato pelo qual uma das partes se obriga a promover por conta da outra a celebração de contratos em certa zona ou determinado círculo de clientes, de modo autónomo e estável e mediante retribuição.
>
> Decreto-Lei n.º 178/86, de 3 de julho - Regulamenta o contrato de agência ou representação comercial
> Artigo 9.º - Obrigação de não concorrência
> 1 - Deve constar de documento escrito o acordo pelo qual se estabelece a obrigação de o agente não exercer, após a cessação do contrato, actividades que estejam em concorrência com as da outra parte.
> 2 - A obrigação de não concorrência só pode ser convencionada por um <u>período máximo de dois anos</u> e circunscreve-se à zona ou ao círculo de clientes confiado ao agente.

Cfr.:
> "Não julgar inconstitucional a norma constante dos n.ºs 1 e 2 do artigo 9.º do Decreto-Lei n.º 178/86, de 3 de julho, na medida em que admitem o estabelecimento de um pacto de não concorrência, após a cessação de contrato, por um período máximo de dois anos;"
> Acórdão do Tribunal Constitucional n.º 129/2020 (Joana Fernandes Costa)

"O pacto de não concorrência que seja estabelecido num contrato de agência não é inconstitucional, pois, a restrição que pode implicar na liberdade de escolha e de acesso a uma profissão, encontra-se justificada, limitada, sujeita a forma legalmente prescrita – o que assegura a assunção consciente da restrição e delimita o seu âmbito de aplicação - e temporal e geograficamente limitada, prevendo a lei a atribuição de uma contrapartida adequada para compensar a perda de rendimentos derivada de tal restrição, a qual é, para além de tudo, sempre revogável (art. 81.º, n.º 2, do CC)."
Acórdão do Tribunal da Relação de Lisboa de 05.11.2020 (Carlos Castelo Branco)

QUESTÃO 9
Como as normas jurídicas podem ser classificadas quanto ao âmbito da sua validade pessoal? Caracterize as suas modalidades e exemplifique.

3. NORMAS QUANTO AO ÂMBITO PESSOAL DE VALIDADE

As normas podem ser qualificadas quanto à abrangência do que pretendem regular.

Pode ser de direito comum (ou geral); normas especiais; e normas excepcionais.

As **normas de direito especial** são aplicadas somente a determinadas atividades, áreas ou pessoas, dada uma *ratione personae*; apenas podem ser revogadas em certos termos (art. 7.º, n.º 3, CC).

O **direito comum (ou geral)** é aplicado a todas as áreas ou pessoas abrangidos pelo território, nas condições previstas na lei.

P. ex.: direito civil (comum) e direito comercial

(especial)

Exemplo 1: a venda de bens alheios entre particulares (DIREITO COMUM) e a venda de bens alheios como ato de comércio (DIREITO ESPECIAL)

Artigo 892.º, CC - Nulidade da venda

É nula a venda de bens alheios sempre que o vendedor careça de legitimidade para a realizar; mas o vendedor não pode opor a nulidade ao comprador de boa fé, como não pode opô-la ao vendedor de boa fé o comprador doloso.

Artigo 467.º, Código Comercial

Compra e venda de coisas incertas e de coisa alheia

Em comércio são permitidas: (...) 2.º A venda de coisa que for propriedade de outrem.

§ único. No caso do n.º 2.º deste artigo o vendedor ficará obrigado a adquirir por título legítimo a propriedade da coisa vendida e a fazer a entrega ao comprador, sob pena de responder por perdas e danos.

Ver o Acórdão abaixo:

"(...) 3. As normas relativas à venda de bens alheios – arts. 892º e segs. do CC – apenas se aplicam à venda de coisa alheia como própria, como expressamente determina o art. 904º do CC, o que significa que a venda de coisa alheia, só abrange a hipótese de o vendedor alienar em nome próprio um direito de que outro é titular, sempre que aquele careça de legitimidade para realizar a venda;

4. Tendo-se provado que o vendedor procedeu à venda em nome alheio, no âmbito de uma gestão de negócios representativa, por não ter poderes para o efeito, afastada fica a aplicação do regime previsto no art. 892º, e assim ser declarada a nulidade do negócio ajuizado e ordenada a restituição do prestado, nos termos do art. 289º, nº 1, do CC; (...)"

Acórdão do Tribunal da Relação de Coimbra de 14.12.2020 (Moreira do Carmo)

Exemplo 2: o contrato de trabalho é regido pela legislação especial
Contrato de trabalho no **direito comum**

> Artigo 1152.º, CC - Noção
> Contrato de trabalho é aquele pelo qual uma pessoa se obriga, mediante retribuição, a prestar a sua actividade intelectual ou manual a outra pessoa, sob a autoridade e direcção desta.

> Artigo 1153.º, CC - Regime
> O contrato de trabalho está sujeito a **legislação especial**.

> Artigo 11.º, Código do Trabalho - Noção de contrato de trabalho
> Contrato de trabalho é aquele pelo qual uma pessoa singular se obriga, mediante retribuição, a prestar a sua actividade a outra ou outras pessoas, no âmbito de organização e sob a autoridade destas.

O contrato de trabalho é especial, é atingido por normas de coletivas de trabalho:

> Artigo 1.º, CT - Fontes específicas
> O contrato de trabalho está sujeito, em especial, aos instrumentos de regulamentação colectiva de trabalho, assim como aos usos laborais que não contrariem o princípio da boa fé.

> Artigo 3.º, CT - Relações entre fontes de regulação
> 1 - As normas legais reguladoras de contrato de trabalho podem ser afastadas por instrumento de regulamentação colectiva de trabalho, salvo quando delas resultar o contrário.
> 2 - As normas legais reguladoras de contrato de trabalho não podem ser afastadas por portaria de condições de

trabalho.

3 - As normas legais reguladoras de contrato de trabalho só podem ser afastadas por instrumento de regulamentação colectiva de trabalho que, sem oposição daquelas normas, disponha em sentido mais favorável aos trabalhadores quando respeitem às seguintes matérias: (...)

Artigo 9.º, CT Contrato de trabalho com regime especial
Ao contrato de trabalho com regime especial aplicam-se as regras gerais deste Código que sejam compatíveis com a sua especificidade.

QUESTÃO 10
Qual a diferença entre uma norma jurídica geral e uma norma jurídica excecional?

3.1. NORMAS GERAIS (OU COMUNS) E NORMAS EXCECIONAIS

Normas **gerais** estabelecem um regime-regra que visa a aplicação igual da norma para todas as pessoas e situações.

Normas **excecionais** afastam o regime-regra e visam um certo efeito ou uma finalidade que difere da lógica subjacente do regime-regra: consagram um *ius singulare*.

A exceção se opõe e prevalece sobre o regime-regra (que contempla todos os casos igualmente).

Exceção é uma abertura pontual da regra para atender a especificidades de certos casos; é diferente do direito **especial**, que prevê um regime jurídico para toda uma categoria de pessoas, atividades, situações, etc.

Normas excecionais devem ser justificadas, sob pena de serem arbitrárias. São um desvio do regime geral de hipoteticidade da norma jurídica pela máxima da igualdade de aplicação da lei a todos.

Exemplo 1:
Artigo 67.º, CC - Capacidade jurídica
As pessoas podem ser sujeitos de quaisquer relações jurídicas, salvo disposição legal em contrário: nisto consiste a sua capacidade jurídica.

Artigo 1600.º - Regra geral
Têm capacidade para contrair casamento todos aqueles em quem se não verifique algum dos impedimentos matrimoniais previstos na lei.

Artigo 1601.º - Impedimentos dirimentes absolutos
São impedimentos dirimentes, obstando ao casamento da pessoa a quem respeitam com qualquer outra:
a) A idade inferior a dezasseis anos;
b) A demência notória, mesmo durante os intervalos lúcidos, e a decisão de acompanhamento, quando a sentença respetiva assim o determine; (...)

Exemplo 2: perfilhar e testar
Artigo 1850.º - Capacidade
1 - Têm capacidade para perfilhar os indivíduos com mais de 16 anos, se não forem maiores acompanhados com restrições ao exercício de direitos pessoais nem forem afetados por perturbação mental notória no momento da perfilhação.
2 - Os menores não necessitam, para perfilhar, de autorização dos pais ou tutores.

Artigo 2188.º - Princípio geral
Podem testar todos os indivíduos que a lei não declare incapazes de o fazer.

Artigo 2189.º - Incapacidades
São incapazes de testar:

a) Os menores não emancipados;
b) Os maiores acompanhados, apenas nos casos em que a sentença de acompanhamento assim o determine.

Exemplo 3: INCAPACIDADE NEGOCIAL DE MENORES

Artigo 123.º - Incapacidade dos menores
Salvo disposição em contrário, os menores carecem de capacidade para o exercício de direitos.

Artigo 127.º - Excepções à incapacidade dos menores
1. São excepcionalmente válidos, além de outros previstos na lei:
a) Os actos de administração ou disposição de bens que o maior de dezasseis anos haja adquirido por seu trabalho;
b) Os negócios jurídicos próprios da vida corrente do menor que, estando ao alcance da sua capacidade natural, só impliquem despesas, ou disposições de bens, de pequena importância;
c) Os negócios jurídicos relativos à profissão, arte ou ofício que o menor tenha sido autorizado a exercer, ou os praticados no exercício dessa profissão, arte ou ofício.
2. Pelos actos relativos à profissão, arte ou ofício do menor e pelos actos praticados no exercício dessa profissão, arte ou ofício só respondem os bens de que o menor tiver a livre disposição.

Exemplo 4: CAPACIDADE SUCESSÓRIA

Artigo 2033.º - Princípios gerais
1 - Têm capacidade sucessória, além do Estado, **todas as pessoas nascidas ou concebidas ao tempo da abertura da sucessão**, não excetuadas por lei, bem como as pessoas concebidas, nos termos da lei, no quadro de um procedimento de inseminação post mortem.
2. Na sucessão testamentária ou contratual têm ainda capacidade:
a) Os nascituros não concebidos, que sejam filhos de

pessoa determinada, viva ao tempo da abertura da sucessão;
b) As pessoas colectivas e as sociedades.

Exemplo 5: INCAPACIDADE SUCESSÓRIA

Artigo 2034.º - **Incapacidade por indignidade**
Carecem de capacidade sucessória, por motivo de indignidade:
a) O condenado como autor ou cúmplice de homicídio doloso, ainda que não consumado, contra o autor da sucessão ou contra o seu cônjuge, descendente, ascendente, adoptante ou adoptado;
b) O condenado por denúncia caluniosa ou falso testemunho contra as mesmas pessoas, relativamente a crime a que corresponda pena de prisão superior a dois anos, qualquer que seja a sua natureza;
c) O que por meio de dolo ou coacção induziu o autor da sucessão a fazer, revogar ou modificar o testamento, ou disso o impediu;
d) O que dolosamente subtraiu, ocultou, inutilizou, falsificou ou suprimiu o testamento, antes ou depois da morte do autor da sucessão, ou se aproveitou de algum desses factos.

Exemplo 6: PROIBIÇÕES PACTOS SUCESSÓRIOS

Artigo 2028.º - Sucessão contratual
1. Há sucessão contratual quando, por contrato, alguém renuncia à sucessão de pessoa viva, ou dispõe da sua própria sucessão ou da sucessão de terceiro ainda não aberta.
2. **Os contratos sucessórios <u>apenas são admitidos nos casos previstos na lei</u>**, sendo nulos todos os demais, sem prejuízo do disposto no n.º 2 do artigo 946.º

Artigo 1699.º - Restrições ao princípio da liberdade
1. Não podem ser objecto de convenção antenupcial:
a) A regulamentação da sucessão hereditária dos

cônjuges ou de terceiro, **salvo o disposto nos artigos seguintes**; (...)

Exemplo 7: DOAÇÃO ENTRE VIVOS PARA HERDEIROS LEGITIMÁRIOS COM O CONSENTIMENTO DOS OUTROS HERDEIROS – NÃO É PACTO SUCESSÓRIO

Artigo 2029.º, CC - Partilha em vida

1. **Não é havido por sucessório o contrato pelo qual alguém faz doação entre vivos**, com ou sem reserva de usufruto, de todos os seus bens ou de parte deles a algum ou alguns dos presumidos herdeiros legitimários, com **o consentimento dos outros**, e os **donatários pagam ou se obrigam a pagar** a estes o valor das partes que proporcionalmente lhes tocariam nos bens doados.
(...)

Exemplo 8: PERMISSÃO DE CERTOS PACTOS SUCESSÓRIOS - Artigos 1700.º e ss.

Artigo 1700.º - Disposições por morte consideradas lícitas

1. A convenção antenupcial pode conter:

a) A instituição de herdeiro ou a nomeação de legatário em favor de qualquer dos esposados, feita pelo outro esposado ou por terceiro nos termos prescritos nos lugares respectivos;

b) A instituição de herdeiro ou a nomeação de legatário em favor de terceiro, feita por qualquer dos esposados.

c) A renúncia recíproca à condição de herdeiro legitimário do outro cônjuge.

2. São também admitidas na convenção antenupcial cláusulas de reversão ou fideicomissárias relativas às liberalidades aí efectuadas, sem prejuízo das limitações a que genericamente estão sujeitas essas cláusulas.

3 - A estipulação referida na alínea c) do n.º 1 apenas é admitida caso o regime de bens, convencional ou

imperativo, seja o da separação.

Exemplo 9: REGRA DA LIBERDADE DE FORMA

Artigo 219.º - Liberdade de forma (ver art. 220.º – nulidade por inobservância da forma)
A validade da declaração negocial não depende da observância de forma especial, **salvo quando a lei a exigir**.

Artigo 875.º - Forma
Sem prejuízo do disposto em lei especial, o contrato de **compra e venda de bens imóveis só é válido se for celebrado por escritura pública ou por documento particular autenticado**.

Artigo 947.º - Forma da doação
1 - Sem prejuízo do disposto em lei especial, a **doação de coisas imóveis só é válida se for celebrada por escritura pública ou por documento particular autenticado**.
2 - A doação de coisas móveis não depende de formalidade alguma externa, quando acompanhada de tradição da coisa doada; não sendo acompanhada de tradição da coisa, só pode ser feita por escrito.

Exemplo 10: REGRA DA LIBERDADE DE FORMA

Artigo 1069.º - Forma
1 - O contrato de **arrendamento** urbano deve ser **celebrado por escrito**.
2 - Na falta de redução a escrito do contrato de arrendamento que não seja imputável ao arrendatário, este pode provar a existência de título por qualquer forma admitida em direito, demonstrando a utilização do locado pelo arrendatário sem oposição do senhorio e o pagamento mensal da respetiva renda por um período de seis meses.

Artigo 1143.º - Forma
Sem prejuízo do disposto em lei especial, o **contrato de**

mútuo de valor superior a (euro) 25 000 só é válido se for celebrado por **escritura pública ou por documento particular autenticado** e o de valor superior a (euro) 2 500 se o for por **documento assinado pelo mutuário**.

Exemplo 11: REGRA DE TRANSFERÊNCIA DE DIREITOS REAIS POR MERO EFEITO DO CONTRATO

Artigo 408.º - Contratos com eficácia real

1. A constituição ou transferência de direitos reais sobre coisa determinada dá-se por mero efeito do contrato, salvas as excepções previstas na lei.

2. Se a transferência respeitar a coisa futura ou indeterminada, o direito transfere-se quando a coisa for adquirida pelo alienante ou determinada com conhecimento de ambas as partes, sem prejuízo do disposto em matéria de obrigações genéricas e do contrato de empreitada; se, porém, **respeitar a frutos naturais ou a partes componentes ou integrantes, a transferência só se verifica no momento da colheita ou separação**.

Exemplo 12: REGRA DA RETROATIVIDADE DA ANULAÇÃO DO NEGÓCIO JURÍDICO ANULÁVEL

Artigo 289.º - Efeitos da declaração de nulidade e da anulação

1. Tanto a declaração de nulidade como a anulação do negócio **têm efeito retroactivo**, devendo ser restituído tudo o que tiver sido prestado ou, se a restituição em espécie não for possível, o valor correspondente. (...)

Artigo 291.º - Inoponibilidade da nulidade e da anulação

1. A declaração de nulidade ou a anulação do negócio jurídico que respeite a **bens imóveis, ou a móveis sujeitos a registo**, não prejudica os direitos adquiridos sobre os mesmos bens, a título oneroso, por **terceiro de boa fé**,

se o registo da aquisição for anterior ao registo da acção de nulidade ou anulação ou ao registo do acordo entre as partes acerca da invalidade do negócio.
2. Os direitos de terceiro não são, todavia, reconhecidos, se a acção for proposta e registada dentro dos três anos posteriores à conclusão do negócio.
3. É considerado de boa fé o terceiro adquirente que no momento da aquisição desconhecia, sem culpa, o vício do negócio nulo ou anulável.

Artigo 1.º, Código do Registo de Bens Móveis
Fins e âmbito do registo
1 - O registo de bens móveis tem por fim dar publicidade à situação jurídica desses bens, com vista à segurança do comércio jurídico.
2 - Os bens móveis sujeitos a registo são os **veículos, os navios e as aeronaves**.
3 - Podem ainda ser registados outros bens móveis que lei especial determine.

QUESTÃO 11
Uma norma jurídica <u>excecional</u> precisa de um fundamento para a sua criação?

3.2. A *RATIONALE* DA EXCEÇÃO
É imprescindível conhecer qual o regime-regra que a lei estabeleceu e qual a sua finalidade.
Depois, passa-se à compreensão do regime oposto e excecional, para perceber as suas específicas razões e fundamentos para desviar do princípio da igualdade acima.
Por exemplo, encontraremos justificativas como:
- interesse público
- proteção dos interesses do menor
- considerações de ordem moral e social

-tutela da parte negocial mais fraca
-segurança na atribuição de bens
-desembaraço do tráfico jurídico negocial
-motivações de justiça

QUESTÃO 12
Uma norma jurídica excecional pode prever um rol aberto de exceções?

3.2. TAXATIVIDADE DAS NORMAS EXCECIONAIS

Nas exceções, por boa prática legislativa, a enumeração deve ser taxativa, com um elenco fechado de hipóteses.

Todavia, não precisam todas constar do mesmo artigo:

> Artigo 127.º - Excepções à incapacidade dos menores
> 1. São excepcionalmente válidos, além de outros previstos na lei: (...)

> Artigo 951.º - Aceitação por parte de incapazes
> 1. As pessoas que não têm capacidade para contratar não podem aceitar doações com encargos senão por intermédio dos seus representantes legais.
> 2. Porém, as doações puras feitas a tais pessoas produzem efeitos independentemente de aceitação em tudo o que aproveite aos donatários.

> Artigo 1886.º - Educação religiosa
> Pertence aos pais decidir sobre a educação religiosa dos filhos menores de dezasseis anos.

QUESTÃO 13
Um regime-regra que comporta um número elevado de exceções pode perder o seu valor normativo?

3.3. O REGIME-REGRA NÃO O DEIXA DE SER PELA EXISTÊNCIA DE EXCEÇÕES

Por vezes, pode parecer que um regime-regra comporta tantas exceções que deixa de ser um regime geral.

Porém, as regras excecionais continuam a ser um desvio em relação ao regime-regra.

Enquanto substituir o fundamento que confere o valor normativo do regime-regra, este mantém-se. Mesmo que numerosas, não são as exceções (ainda que excessivamente numerosas) que fazem o regime-regra desaparecer como princípio – e.g., liberdade de forma negocial (art. 219.º, CC), retroatividade da anulação e nulidade de um negócio jurídico (art. 291.º e 289, n.º 1, CC), etc.

Exemplo: SEGREDO OU SIGILO BANCÁRIO

DL n.º 298/92, de 31 de Dezembro - Regime Geral das Instituições de Crédito e Sociedades Financeiras

Artigo 78.º - Dever de segredo

1 - Os membros dos órgãos de administração ou fiscalização das instituições de crédito, os seus colaboradores, mandatários, comissários e outras pessoas que lhes prestem serviços a título permanente ou ocasional não podem revelar ou utilizar informações sobre factos ou elementos respeitantes à vida da instituição ou às relações desta com os seus clientes cujo conhecimento lhes advenha exclusivamente do exercício das suas funções ou da prestação dos seus serviços.

2 - Estão, designadamente, sujeitos a segredo os nomes dos clientes, as contas de depósito e seus movimentos e outras operações bancárias.

Artigo 79.º - Exceções ao dever de segredo

1 - Os factos ou elementos das relações do cliente com a instituição podem ser revelados **mediante autorização do cliente, transmitida à instituição.**
2 - Fora do caso previsto no número anterior, os factos e elementos cobertos pelo dever de segredo só podem ser revelados:
a) Ao Banco de Portugal, no âmbito das suas atribuições;
b) À Comissão do Mercado de Valores Mobiliários, no âmbito das suas atribuições;
c) À Autoridade de Supervisão de Seguros e Fundos de Pensões, no âmbito das suas atribuições;
d) Ao Fundo de Garantia de Depósitos, ao Sistema de Indemnização aos Investidores e ao Fundo de Resolução, no âmbito das respetivas atribuições;
e) **Às autoridades judiciárias, no âmbito de um processo penal**; (...)
h) Quando exista **outra disposição legal** que expressamente limite o dever de segredo.

QUESTÃO 14
As normas excecionais pretendem cobrir factos além do regime-regra.
Poderão aquelas também serem lacunosas?

3.4 LACUNAS PODEM EXISTIR POR OPÇÃO OU OMISSÃO DO LEGISLADOR

Ao estabelecer as normas legais, o legislador sempre corre o risco de surgirem lacunas ou omissões, tanto no regime-regra quanto nas normas excecionais.
Pode uma lei ser lacunosa por não haver uma norma que preveja de forma geral e abstrata as circunstâncias que justificariam a sua consagração na lei como regime-regra ou como exceção.
Ou seja, deveriam ser reguladas na lei e não são:

o caso concreto exige uma decisão apoiada numa norma, mas a norma não existe. O legislador apenas pode legislar com base em **conhecimentos e experiências adquiridas**, não podendo prever todas as evoluções futuras ou casos nunca imaginados: nesse âmbito haverá leis lacunosas. Há também opções de política legislativa que entender não ser o momento ou a correspondência da vontade ou necessidade social.

QUESTÃO 15
Diante de lacunas na lei, comportam as normas excecionais integração analógica?
3.5. PROIBIÇÃO DA APLICAÇÃO ANALÓGICA DAS NORMAS EXCECIONAIS
Por força do art. 11.º do Código Civil, as normas excecionais não se podem aplicar por analogia a casos não previstos na lei. O critério que vale para o caso regulado para um caso excecional não pode ser usado para casos semelhantes para os quais a lei é omissa.

Deve-se ter em consideração os interesses ou finalidades jurídicas entre o caso excecional regulado e o não regulado.

O rigor da lógica do princípio da igualdade de aplicação do regime-regra deve prevalecer: comportando uma exceção; se for permitido a sua expansão para factos não relacionados, estaremos diante da abertura para arbitrariedade.

Por exemplo, no direito penal vigoram os princípios *nullum crimen sine lege* e *nulla poena sine lege*, que apenas permitem a aplicação analógica em favor do

réu:
> Artigo 1.º, CP - Princípio da legalidade
> 1 - Só pode ser punido criminalmente o facto descrito e declarado passível de pena por lei anterior ao momento da sua prática.
> 2 - A medida de segurança só pode ser aplicada a estados de perigosidade cujos pressupostos estejam fixados em lei anterior ao seu preenchimento.
> 3 - Não é permitido o recurso à analogia para qualificar um facto como crime, definir um estado de perigosidade ou determinar a pena ou medida de segurança que lhes corresponde.

Exemplo:
Acórdão do Tribunal da Relação de Évora de 20.01.2015 (Ana Barata de Brito):
> "1. As penas encontram-se submetidas ao princípio da legalidade e da tipicidade (art. 29º, nºs 1 e 2 da CRP e art. 1º do CP) que abrange a sua definição, as condições de aplicação, o controlo das fontes, a proibição da retroactividade e a **proibição da analogia contra réu**.
> 2. A «suspensão da execução da prisão» e a «prestação de trabalho a favor da comunidade» são duas penas de substituição de diferente natureza, com um sentido e pressupostos próprios, que o Código Penal trata separadamente nos arts 50º a 57º e nos arts 58º e 59º, respectivamente.
> 3. Condicionar a suspensão da prisão a uma obrigação de prestação de trabalho comunitário é uma fusão arbitrária de duas diferentes penas de substituição e, como tal, violadora do princípio da legalidade".

QUESTÃO 16
As normas excecionais não comportam aplicação analógica.

a) Podem ser interpretadas <u>extensivamente</u>?
b) Quais os elementos de aplicação?

3.6. INTERPRETAÇÃO EXTENSIVA DAS NORMAS EXCECIONAIS

As normas excecionais admitem uma interpretação extensiva do seu texto.

Admitem desse modo subsumir factos à norma inicialmente não previstas, mas que são cobertas pela finalidade ou o conteúdo da norma, especialmente se estiver em causa conceitos jurídicos indeterminados ou cláusulas gerais.

O âmbito da norma excecional é alargado para alcançar o caso concreto, desde que seja possível compreender que está contido na exceção:

Artigo 11.º, CC - Normas excepcionais
As normas excecionais não comportam aplicação analógica, mas admitem interpretação extensiva.

Exemplo 1: INTERPRETAÇÃO EXTENSIVA DAS NORMAS EXCECIONAIS

Cfr. o Acórdão do Supremo Tribunal Administrativo de 29.09.2017 (Ana Paula Portela):

"(...) II - Atendendo aos elementos interpretativos do art. 9º do CC podemos concluir ocorrer uma vontade legislativa que **apenas por inexacta formulação excluiu da literalidade** do art. 5.º-A nº1 do RCPAS a situação do artigo 13.º do Regulamento da Inscrição de Advogados de 05/01/1943.

III - Pelo que, estamos perante uma situação de **interpretação extensiva e não em presença duma lacuna**, dum caso não previsto, para o qual não existe uma vontade legislativa."

Exemplo 2: INTERPRETAÇÃO EXTENSIVA DAS NORMAS EXCECIONAIS

Cfr. o Acórdão do Tribunal Constitucional n.º 27/2008 (José Borges Soeiro):

> "É de considerar, por conseguinte, que era exigível aos Recorrentes, in casu, a suscitação, em tempo útil (durante o processo), da questão de constitucionalidade normativa tal como vem arguida no requerimento de interposição do presente recurso. Não só a decisão do Supremo Tribunal de Justiça – ao considerar que **o artigo 496.º, n.º 2, do Código Civil não pode ser objecto de uma interpretação extensiva por forma a abranger o direito a indemnização dos danos morais das pessoas aí elencadas quando <u>não se verifique a morte da vítima</u>** – busca alento em variada jurisprudência anterior, como corresponde ao sentido da decisão proferida na 1.ª instância, onde se pode ler o seguinte trecho: "enquanto direito que não do próprio sinistrado, só as decorrências morais para outrem da morte são indemnizáveis: (...) esse dano moral, que é bem real e importantíssimo, não tem tutela no citado art. 496. O desgosto e outros danos morais para o cônjuge e filhos em virtude dos ferimentos e da incapacidade permanente da C. não podem ser considerados na indemnização, uma vez que a tanto se opõem os n.ºs 2 e 3 do art. 496º do CC, normas essas que acabam por restringir ao resultado morte as compensações por danos morais sofridos por pessoa distinta da vítima (...)."

Exemplo 3: INTERPRETAÇÃO EXTENSIVA DAS NORMAS EXCECIONAIS

Ver o Acórdão do Tribunal da Relação de Évora de 14.10.2021 (Isabel Peixoto Imaginário):

> "À luz do disposto nos artigos 9.º e 11.º do Código Civil,

conclui-se pela aplicação do regime inserto na alínea d) do n.º 5 do artigo 6.º-B da Lei n.º 1-A/2020, de 19 de março, na redação dada pela Lei n.º 4-B/2021, de 01 de fevereiro, aos prazos para interposição de **recurso de decisões proferidas <u>antes</u> da entrada em vigor desse regime.**"

QUESTÃO 17
a) Como as normas jurídicas se qualificam quanto à relação com a vontade dos seus destinatários?
b) Como elas se subdividem?

4. NORMAS IMPERATIVAS E NORMAS DISPOSITIVAS

A reger a autonomia privada (ou autonomia da vontade), há a distinção entre normas **imperativas** e normas **dispositivas**.

<u>**Normas imperativas**</u>: estão subtraídas à vontade das partes e devem ser observadas sob pena de nulidade do negócio a ser celebrado.

P.ex.:
> Artigo 294.º - Negócios celebrados contra a lei
> Os negócios jurídicos celebrados **contra disposição legal de carácter imperativo** são nulos, salvo nos casos em que outra solução resulte da lei.

4.1. NORMAS IMPERATIVAS (OU INJUNTIVAS OU COGENTES)

Podem ser imperativas preceptivas ou proibitivas:
a) As <u>**normas imperativas preceptivas**</u> impõem um comportamento (positivo; *facere*)

Exemplo:
> Artigo 875.º - Forma
> Sem prejuízo do disposto em lei especial, o contrato de compra e venda de bens imóveis só é válido se

for celebrado por escritura pública ou por documento particular autenticado.

Artigo 220.º - Inobservância da forma legal
A declaração negocial que careça da forma legalmente prescrita é nula, quando outra não seja a sanção especialmente prevista na lei.

Normas preceptivas: Impõem ou prescrevem um certo comportamento, ou ordenam uma conduta. P. ex.:

-obrigações do vendedor e do comprador (art. 879.º, CC);
-deveres conjugais para aqueles que se casam (arts. 1.672.º e ss., CC);
-obrigação de contratar um seguro de automóvel (art. 4.º, DL n.º 291/2007, de 21 de Agosto, Regime Jurídico do Seguro de Automóvel Obrigatório), etc.

b) As **normas imperativas proibitivas** vedam um comportamento (negativo; *non facere*).

Exemplo 1:

Artigo 2028.º - Sucessão contratual (...)
2. Os **contratos sucessórios** apenas são admitidos nos casos previstos na lei, **sendo nulos todos os demais**, sem prejuízo do disposto no n.º 2 do artigo 946.º

Artigo 877.º - Venda a filhos ou netos
1. **Os pais e avós não podem vender a filhos ou netos, se os outros filhos ou netos não consentirem na venda; o consentimento dos descendentes, quando não possa ser prestado ou seja recusado, é susceptível de suprimento judicial.**
2. A venda feita com quebra do que preceitua o número anterior é **anulável**; a anulação pode ser pedida pelos

filhos ou netos que não deram o seu consentimento, dentro do prazo de um ano a contar do conhecimento da celebração do contrato, ou do termo da incapacidade, se forem incapazes.
3. A proibição não abrange a dação em cumprimento feita pelo ascendente.

Exemplo 2:
Artigo 812.º - Redução equitativa da cláusula penal
1 - A cláusula penal pode ser reduzida pelo tribunal, de acordo com a equidade, quando for manifestamente excessiva, ainda que por causa superveniente; **é nula qualquer estipulação em contrário**. (...)

Assim, as normas proibitivas são normas jurídicas que **proíbem** determinados comportamentos

Exemplo 3:
As normas que tipificam os crimes no direito penal (normas que punem o homicídio, o furto, as ofensas corporais, etc.); normas de direito civil que proíbem determinados comportamentos ou prescrevem consequências para factos ilícitos.
O art. 483.º, CC: "Aquele que (...) violar ilicitamente o direito de outrem (...) **fica obrigado a indemnizar o lesado pelos danos resultantes da violação**". Em destaque está a consequência da conduta (ação ou omissão) que viola o direito de outrem sem justificativa legal.

Exemplo 4:
A proibição do abuso de direito do art. 334.º, CC: "É ilegítimo o exercício de um direito, quando o titular exceda manifestamente os limites impostos pela boa fé, pelos bons costumes ou pelo fim social ou

económico desse direito."
Normas que proíbem a convenção antenupcial que atinja bens indisponíveis (arts. 1.699.º e 1733.º, CC).

Exemplo 5:
Normas que tipificam crimes:

Artigo 131.º, CP - Homicídio
Quem matar outra pessoa é punido com pena de prisão de 8 a 16 anos.

Artigo 143.º, CP.- Ofensa à integridade física simples
1 - Quem ofender o corpo ou a saúde de outra pessoa é punido com pena de prisão até 3 anos ou com pena de multa. (...)

Artigo 203.º, CP - Furto
1 - Quem, com ilegítima intenção de apropriação para si ou para outra pessoa, subtrair coisa móvel ou animal alheios, é punido com pena de prisão até 3 anos ou com pena de multa. (...)

4.2. NORMAS DISPOSITIVAS (OU PERMISSIVAS)

Não se sobrepõem à vontade das partes e podem ser afastadas por elas ao acordar em soluções mais adequadas aos seus interesses. Podem ser supletivas, interpretativas e permissivas.

a) **Normas dispositivas supletivas**: normas que visam suprir ou colmatar a falta de manifestação de vontade das partes relativamente a certos elementos essenciais à boa execução de um contrato.

Cfr.:

Artigo 878.º - Despesas do contrato
Na falta de convenção em contrário, as despesas do contrato e outras acessórias ficam a cargo do comprador.

Exemplo 1:
Artigo 210.º - Coisas acessórias
1. São coisas acessórias, ou pertenças, as coisas móveis que, não constituindo partes integrantes, estão afectadas por forma duradoura ao serviço ou ornamentação de uma outra.
2. Os negócios jurídicos que têm por objecto a coisa principal não abrangem, **salvo declaração em contrário**, as coisas acessórias.

Artigo 230.º - Irrevogabilidade da proposta
1. **Salvo declaração em contrário**, a proposta de contrato é irrevogável depois de ser recebida pelo destinatário ou de ser dele conhecida. (...)

Artigo 448.º - Revogação pelos contraentes
1. **Salvo estipulação em contrário**, a promessa é revogável enquanto o terceiro não manifestar a sua adesão, ou enquanto o promissário for vivo, quando se trate de promessa que haja de ser cumprida depois da morte deste.

Exemplo 2:
Artigo 420.º - Transmissão do direito e da obrigação de preferência
O direito e a obrigação de preferência não são transmissíveis em vida nem por morte, **salvo estipulação em contrário**.

Exemplo 3:
Artigo 237.º - Casos duvidosos
Em caso de **dúvida sobre o sentido da declaração**, prevalece, nos negócios gratuitos, o menos gravoso para o disponente e, nos onerosos, o que conduzir ao maior equilíbrio das prestações.

Artigo 926.º - Dúvidas sobre a modalidade da venda

Em caso de **dúvida sobre a modalidade de venda** que as partes escolheram, de entre as previstas nesta secção, presume-se terem adoptado a primeira.

Artigo 923.º - Primeira modalidade de venda a contento
1. A compra e venda feita sob reserva de a coisa agradar ao comprador vale como proposta de venda. (...)

Exemplo 4:

Artigo 2262.º - Legado da totalidade dos créditos
Se o testador legar a totalidade dos seus créditos, deve **entender-se, em caso de dúvida, que o legado só compreende os créditos em dinheiro**, excluídos os depósitos bancários e os títulos ao portador ou nominativos.

Exemplo 5: lugar da prestação

Artigo 772.º - Princípio geral
1. **Na falta de estipulação ou disposição especial da lei**, a prestação deve ser efectuada no lugar do domicílio do devedor.
2. Se o devedor mudar de domicílio depois de constituída a obrigação, a prestação será efectuada no novo domicílio, excepto se a mudança acarretar prejuízo para o credor, pois, nesse caso, deve ser efectuada no lugar do domicílio primitivo.

Artigo 773.º - Entrega de coisa móvel
1. Se a prestação tiver por objecto coisa móvel determinada, a obrigação deve ser cumprida no **lugar onde a coisa se encontrava ao tempo da conclusão do negócio**.
2. A disposição do número anterior é ainda aplicável, quando se trate de coisa genérica que deva ser escolhida de um conjunto determinado ou de coisa que deva ser produzida em certo lugar.

Artigo 774.º - Obrigações pecuniárias

Se a obrigação tiver por objecto certa quantia em dinheiro, deve a prestação ser efectuada no **lugar do domicílio** que o credor tiver ao tempo do cumprimento.

b) Normas dispositivas interpretativas: normas que visam interpretar ou fixar o sentido a atribuir a certas expressões ambíguas utilizadas pelas partes na celebração de negócios jurídicos.

Exemplo 1:

Artigo 1402.º - Interpretação dos títulos
Sempre que dos títulos não resulte outro sentido, entende-se por **uso contínuo** o de todos os instantes; por **uso diário**, o de **vinte e quatro horas** a contar da meia-noite; por **uso diurno ou nocturno**, o que medeia entre o nascer e o pôr do Sol ou vice-versa; por **uso semanal**, o que principia ao meio-dia de domingo e termina à mesma hora em igual dia da semana seguinte; por **uso estival**, o que começa em 1 de Abril e termina em 1 de Outubro seguinte; por **uso hibernal**, o que corresponde aos outros meses do ano.

Exemplo 2:

Artigo 840.º - Dação «pro solvendo»
1. Se o devedor efectuar uma prestação diferente da devida, para que o credor obtenha mais facilmente, pela realização do valor dela, a satisfação do seu crédito, este só se extingue quando for satisfeito, e na medida respectiva.
2. Se a dação tiver por objecto a cessão de um crédito ou a assunção de uma dívida, **presume-se feita nos termos do número anterior**.

c) Normas permissivas, facultativas, atributivas ou concessivas: permitem ou facultam certos poderes ou direitos que, confirme for opção dos titulares, escolhem exercê-los ou não, daí dizer-se que a sua aplicação ou exercício não é imposta por lei.

Exemplo:
> Artigo 1767.º - Fundamento da separação
> Qualquer dos cônjuges pode requerer a simples separação judicial de bens quando estiver em perigo de perder o que é seu pela má administração do outro cônjuge.

> Artigo 1773.º - Modalidades (...)
> 3 - O divórcio sem consentimento de um dos cônjuges é requerido no tribunal por um dos cônjuges contra o outro, com algum dos fundamentos previstos no artigo 1781.º

Além de ordenar e proibir, a ordem jurídica também permite ou autoriza certos comportamentos.
Não é apenas não ordenar nem proibir; afinal tudo que não é proibido estaria permitido.
Trata-se da conceção positiva de poderes ou faculdade; ou de conferir direitos, sempre **nos limites da** lei, p.ex:

> Art. 405.º, CC: liberdade contratual das partes fixarem o conteúdo dos contratos;
> Art. 802.º, CC: permite ao credor a faculdade de resolver o negócio ou exigir o cumprimento do que for possível em certos termos;
> Art. 1.055.º, CC: permite às partes num contrato de arrendamento de se oporem à renovação do pacto;
> Art. 1.698.º, CC: permite aos nubentes estipular livremente o regime de bens do casamento.

O direito das obrigações é composto essencialmente por **normas dispositivas**, que se recorre no silêncio das partes.

A autonomia privada abrange o princípio da liberdade contratual: o conteúdo do contrato é determinado pela vontade das partes.

Os efeitos jurídicos da aplicação de uma **norma dispositiva supletiva** são atribuídos à vontade das partes do negócio: as partes assumem os efeitos da norma por não terem afastado a disposição por meio da escolha de outra solução/consequência.

QUESTÃO 18
a) Diante da autonomia privada e liberdade contratual, poderão as partes afastarem livremente normas dispositivas supletivas?
b) Exemplifique.

A norma dispositiva supletiva afastada por vontade das partes pode em tese permitir o favorecimento da parte mais forte sobre a mais fraca. A parte economicamente mais forte, devido ao seu maior poder negocial e invocando a liberdade contratual, pode fazer prevalecer os seus interesses à custa da outra parte contraente.

P.e.x, pode recorrer às **cláusulas contratuais gerais** que não são individualmente negociadas de acordo com os interesses dos contraentes, mas já pré-formuladas em favor de quem as formulou – e.g., pela escolha de um tribunal competente para resolver conflitos; pela fixação de modalidades de pagamento; de direito aplicável, etc.

O favorecimento da parte mais forte que impede um resultado equilibrado e contraria as finalidades da justiça comutativa não é admissível.

Exemplo 1: Decreto-Lei n.º 446/85, de 25 de Outubro – Cláusulas Contratuais Gerais

Artigo 1.º - Âmbito de aplicação

1 - As cláusulas contratuais gerais elaboradas sem prévia negociação individual, que proponentes ou destinatários indeterminados se limitem, respectivamente, a subscrever ou aceitar, regem-se pelo presente diploma.

2 - O presente diploma aplica-se igualmente às cláusulas inseridas em contratos individualizados, mas cujo conteúdo previamente elaborado o destinatário não pode influenciar.

3 - O ónus da prova de que uma cláusula contratual resultou de negociação prévia entre as partes recai sobre quem pretenda prevalecer-se do seu conteúdo.

Artigo 6.º - Dever de informação

1 - O contratante que recorra a cláusulas contratuais gerais deve informar, de acordo com as circunstâncias, a outra parte dos aspectos nelas compreendidos cuja aclaração se justifique.

2 - Devem ainda ser prestados todos os esclarecimentos razoáveis solicitados.

Artigo 11.º - Cláusulas ambíguas

1 - As cláusulas contratuais gerais **ambíguas têm o sentido que lhes daria o contratante indeterminado normal que se limitasse a subscrevê-las ou a aceitá-las**, quando colocado na posição de aderente real.

2 - **Na dúvida, prevalece o sentido mais favorável ao aderente**. (...)

Artigo 12.º - Cláusulas proibidas

As cláusulas contratuais gerais proibidas por disposição

deste diploma são **nulas** nos termos nele previstos.

Artigo 15.º - Princípio geral
São proibidas as cláusulas contratuais gerais **contrárias à boa fé**.

Artigo 16.º - Concretização
Na aplicação da norma anterior devem ponderar-se os valores fundamentais do direito, relevantes em face da situação considerada, e, especialmente:
a) A **confiança** suscitada, nas partes, pelo sentido global das cláusulas contratuais em causa, pelo processo de formação do contrato singular celebrado, pelo teor deste e ainda por quaisquer outros elementos atendíveis;
b) O **objectivo** que as partes visam atingir negocialmente, procurando-se a sua efectivação à luz do tipo de contrato utilizado.

Artigo 17.º - Âmbito das proibições
Nas relações entre **empresários ou os que exerçam profissões liberais, singulares ou colectivos, ou entre uns e outros**, quando intervenham apenas nessa qualidade e no âmbito da sua actividade específica, aplicam-se as proibições constantes desta secção e da anterior.

Artigo 20.º - Âmbito das proibições
Nas relações com os **consumidores finais** e, genericamente, em todas as não abrangidas pelo artigo 17.º, aplicam-se as proibições das secções anteriores e as constantes desta secção.

Exemplo 2: Lei de Defesa do Consumidor – Lei n.º 24/96, de 31 de Julho

Artigo 2.º - Definição e âmbito
1 - Considera-se consumidor **todo aquele a quem sejam fornecidos bens, prestados serviços ou transmitidos quaisquer direitos, destinados a uso não profissional,**

por pessoa que exerça com carácter profissional uma atividade económica que vise a obtenção de benefícios.
2 - Consideram-se incluídos no âmbito da presente lei os bens, serviços e direitos fornecidos, prestados e transmitidos pelos organismos da Administração Pública, por pessoas coletivas públicas, por empresas de capitais públicos ou detidos maioritariamente pelo Estado, pelas regiões autónomas ou pelas autarquias locais e por empresas concessionárias de serviços públicos.

Artigo 3.º - Direitos do consumidor
O consumidor tem direito:
a) À qualidade dos bens e serviços;
b) À proteção da saúde e da segurança física;
c) À formação e à educação para o consumo;
d) À informação para o consumo;
e) À proteção dos interesses económicos;
f) À prevenção e à reparação dos danos patrimoniais ou não patrimoniais que resultem da ofensa de interesses ou direitos individuais homogéneos, coletivos ou difusos;
g) À proteção jurídica e a uma justiça acessível e pronta;
h) À participação, por via representativa, na definição legal ou administrativa dos seus direitos e interesses.

Artigo 9.º - Direito à proteção dos interesses económicos
1 - O consumidor tem direito à **proteção dos seus interesses económicos**, impondo-se nas relações jurídicas de consumo a igualdade material dos intervenientes, a lealdade e a boa fé, nos preliminares, na formação e ainda na vigência dos contratos.
2 - Com vista à **prevenção de abusos resultantes de contratos pré-elaborados**, o fornecedor de bens e o prestador de serviços estão obrigados:
a) À redação clara e precisa, em caracteres facilmente legíveis, das cláusulas contratuais gerais, incluindo as

inseridas em contratos singulares;
b) À não inclusão de cláusulas em contratos singulares que originem significativo **desequilíbrio em detrimento do consumidor**.
3 - A inobservância do disposto no número anterior fica sujeita ao regime das cláusulas contratuais gerais.

Artigo 12.º - Direito à reparação de danos
1 - O consumidor tem direito à indemnização dos danos patrimoniais e não patrimoniais resultantes do fornecimento de bens ou prestações de serviços defeituosos.
2 - O produtor é responsável, **independentemente de culpa**, pelos danos causados por defeitos de produtos que coloque no mercado, nos termos da lei.

Artigo 16.º - Nulidade
1 - Sem prejuízo do regime das cláusulas contratuais gerais, qualquer convenção ou disposição contratual que exclua ou restrinja os direitos atribuídos pela presente lei é nula.
2 - A nulidade referida no número anterior apenas pode ser invocada pelo consumidor ou seus representantes. (...)

QUESTÃO 19
Como as normas se qualificam quanto às sanções. Exemplifique.

5. QUALIFICAÇÃO DAS NORMAS QUANTO ÀS SANÇÕES

Para o estabelecimento de relações jurídicas – e adquirir direitos subjetivos e assumir obrigações – a observância das normas jurídicas é obrigatória, quer dizer, sem a utilização das normas jurídicas não é possível criar relações jurídicas.
As normas jurídicas podem ser imperativas e,

quando assim o são, a sua violação pode resultar sanções.

Temos aqui quatro possibilidades:
Leges plus quam perfectae
Leges perfectae
Leges minus quam perfectae
Leges imperfectae

Especificamente:
a) Leges plus quam perfectae
Sanções civis – via de regra, a nulidade – **e** penais ou contravencionais

Exemplo: negócios usurários e crime de usura

Artigo 282.º, CC - Negócios usurários
1 - É anulável, por usura, o negócio jurídico, quando alguém, explorando a situação de necessidade, inexperiência, ligeireza, dependência, estado mental ou fraqueza de carácter de outrem, obtiver deste, para si ou para terceiro, a promessa ou a concessão de benefícios excessivos ou injustificados.
2 - Fica ressalvado o regime especial estabelecido nos artigos 559.º-A e 1146.º

Artigo 283.º, CC - Modificação dos negócios usurários
1. Em lugar da anulação, o lesado pode requerer a modificação do negócio segundo juízos de equidade.
2. Requerida a anulação, a parte contrária tem a faculdade de opor-se ao pedido, declarando aceitar a modificação do negócio nos termos do número anterior.

Artigo 284.º, CC - Usura criminosa
Quando **o negócio usurário constituir crime**, o prazo para o exercício do direito de anulação ou modificação não termina enquanto o crime não prescrever; e, se a responsabilidade criminal se extinguir por causa

diferente da prescrição ou no juízo penal for proferida sentença que transite em julgado, aquele prazo conta-se da data da extinção da responsabilidade criminal ou daquela em que a sentença transitar em julgado, salvo se houver de contar-se a partir de momento posterior, por força do disposto no n.º 1 do artigo 287.º

Artigo 226.º, Código Penal - Usura
1 - Quem, com intenção de **alcançar um benefício patrimonial**, para si ou para outra pessoa, explorando situação de necessidade, anomalia psíquica, incapacidade, inépcia, inexperiência ou fraqueza de carácter do devedor, ou relação de dependência deste, fizer com que ele se **obrigue a conceder ou prometa**, sob qualquer forma, a seu favor ou a favor de outra pessoa, **vantagem pecuniária que for, segundo as circunstâncias do caso, manifestamente desproporcionada** com a **contraprestação** é punido com pena de prisão até dois anos ou com pena de multa até 240 dias.
2 - A tentativa é punível. (...)

b) *Leges perfectae*
Apenas sanções civis – via de regra, a nulidade

Exemplo:
Artigo 220.º - Inobservância da forma legal
A declaração negocial que careça da forma legalmente prescrita é nula, quando outra não seja a sanção especialmente prevista na lei.

Artigo 280.º - Requisitos do objecto negocial
1. É nulo o negócio jurídico cujo objecto seja física ou legalmente impossível, contrário à lei ou indeterminável.
2. É nulo o negócio contrário à ordem pública, ou ofensivo dos bons costumes.

c) *Leges minus quam perfectae*

Apenas sanções penais ou contravencionais

Exemplo 1:
Artigo 294.º - Negócios celebrados contra a lei
Os negócios jurídicos celebrados contra disposição legal de carácter imperativo são nulos, salvo nos casos em que outra solução resulte da lei.

Exemplo 2:
Artigo 5.º (...) **Regime dos horários de funcionamento dos estabelecimentos comerciais**
Decreto-Lei n.º 48/96
2 - Constitui **contraordenação económica leve**, punível nos termos do Regime Jurídico das Contraordenações Económicas, a prática dos seguintes atos:
a) A falta da afixação do mapa de horário de funcionamento, em violação do disposto no n.º 2 do artigo 4.º-A;
b) **O funcionamento do estabelecimento fora do horário estabelecido.** (...)
4 - A fiscalização do cumprimento do disposto no presente diploma compete à Guarda Nacional Republicana, à Polícia de Segurança Pública, à Autoridade de Segurança Alimentar e Económica e ao município territorialmente competente.
5 - A instrução dos processos de contraordenação, bem como a aplicação das coimas e de sanções acessórias competem ao presidente da câmara municipal da área em que se situa o estabelecimento.
6 - **As autoridades de fiscalização mencionadas no n.º 4 podem determinar o encerramento imediato do estabelecimento que se encontre a laborar fora do horário de funcionamento estabelecido.**
(...)

d) Leges imperfectae

Não há sanção nenhuma.

Exemplo:
> Artigo 1604.º - Impedimentos impedientes
> São impedimentos impedientes, além de outros designados em leis especiais: (...)
> f) A pronúncia do nubente pelo crime de homicídio doloso, ainda que não consumado, contra o cônjuge do outro, enquanto não houver despronúncia ou absolvição por decisão passada em julgado.

Casamento é contrário a norma, mas ainda é válido – não está previsto nos arts. 1.628.º e 1.631.º, por remissão ao art. 1.627.º, CC:
> Artigo 1627.º - Regra de validade
> É **válido** o casamento civil relativamente ao qual **não se verifique alguma das causas de inexistência jurídica, ou de anulabilidade**, especificadas na lei.

QUESTÃO 20
Como as normas se classificam quanto à aplicação territorial ou ao âmbito de validade especial?

5. NORMAS UNIVERSAIS (GLOBAIS OU NACIONAIS), NORMAS REGIONAIS E NORMAS LOCAIS

As normas jurídicas podem ser classificadas quanto a sua aplicabilidade territorial:

As **normas nacionais** são aquelas aplicáveis a todo o território nacional: Portugal Continental e suas Regiões Autónomas (Madeira e Açores), incluindo aqui solo, subsolo, espaço aéreo e mar territorial;

As **normas regionais** apenas aplicam-se ao território de uma região autónoma, como nos atos legislativos regionais;

As **normas locais** têm a sua aplicação limitada a uma zona determinada do território, como as normas que afetam apenas autarquias locais; mas não se limitam a essas – desde que não alcance uma aplicação nacional ou até regional.

Cfr.:
>Artigo 112.º, CRP - Atos normativos
>1. São atos legislativos as leis, os decretos-leis e os decretos legislativos regionais.
>2. As **leis e os decretos-leis têm igual valor**, sem prejuízo da subordinação às correspondentes leis dos decretos-leis publicados no uso de autorização legislativa e dos que desenvolvam as bases gerais dos regimes jurídicos.
>3. Têm valor reforçado, além das leis orgânicas, as leis que carecem de aprovação por maioria de dois terços, bem como aquelas que, por força da Constituição, sejam pressuposto normativo necessário de outras leis ou que por outras devam ser respeitadas.
>4. Os **decretos legislativos têm âmbito regional** e versam sobre matérias enunciadas no estatuto político-administrativo da respetiva região autónoma que não estejam reservadas aos órgãos de soberania, sem prejuízo do disposto nas alíneas b) e c) do n.º 1 do artigo 227.º.

a) Normas nacionais
i. Constituição da República Portuguesa
ii. Códigos

>Código Civil Artigo 2.º, Começo de vigência
>1. O Código Civil entra em vigor no continente e ilhas adjacentes no dia 1 de Junho de 1967 (...)
>Código do Trabalho
>Código de Processo Civil
>Código do Procedimento Administrativo

etc.

iii. Demais Leis e Decretos-Leis, salvo disposição em contrário

b) Normas regionais
Exemplo:
> Estatuto Político-Administrativo da Região Autónoma dos Açores (Lei n.º 39/80, de 5 de agosto)
> Artigo 1.º - Autonomia regional
> 1 - O arquipélago dos Açores constitui uma Região Autónoma da República
> Portuguesa, dotada de personalidade jurídica de direito público.
> 2 - A autonomia política, legislativa, administrativa, financeira e patrimonial da
> Região exerce-se no quadro da Constituição e do presente Estatuto
>
> **Decreto Legislativo Regional n.º 15-A/2021/A de 31 de maio de 2021**
> Aprova o orçamento da Região Autónoma dos Açores para o ano de 2021

c) Normas locais
Vale ressaltar:
> Artigo 348.º - Direito consuetudinário, local, ou estrangeiro
> 1. Àquele que invocar **direito consuetudinário, local, ou estrangeiro** compete fazer a prova da sua existência e conteúdo; mas o tribunal deve procurar, oficiosamente, obter o respectivo conhecimento.
> 2. O conhecimento oficioso incumbe também ao tribunal, sempre que este tenha de decidir com base no direito consuetudinário, local, ou estrangeiro e nenhuma das partes o tenha invocado, ou a parte contrária tenha reconhecido a sua existência e conteúdo ou não haja deduzido oposição.

3. Na impossibilidade de determinar o conteúdo do direito aplicável, o tribunal recorrerá às regras do direito comum português.

Deve fazer prova se não houver publicação no Diário da República: apenas os atos emanados dos órgãos locais escapam do conhecimento normal e devem ser provados.

QUESTÃO 21
Como as normas se classificam quanto à plenitude do seu sentido?

6. NORMAS AUTÓNOMAS E NÃO AUTÓNOMAS

a) **Normas autónomas**: o sentido de uma norma estiver todo contido em seu texto, sem necessidade de recorrer a outras normas.

Exemplo 1:

Artigo 130.º - Efeitos da maioridade
Aquele que perfizer dezoito anos de idade adquire plena capacidade de exercício de direitos, ficando habilitado a reger a sua pessoa e a dispor dos seus bens.

Artigo 512.º - Noção
1. A obrigação é solidária, quando cada um dos devedores responde pela prestação integral e esta a todos libera, ou quando cada um dos credores tem a faculdade de exigir, por si só, a prestação integral e esta libera o devedor para com todos eles.
2. A obrigação não deixa de ser solidária pelo facto de os devedores estarem obrigados em termos diversos ou com diversas garantias, ou de ser diferente o conteúdo das prestações de cada um deles; igual diversidade se pode verificar quanto à obrigação do devedor relativamente a cada um dos credores solidários.

Exemplo 2:
Artigo 847.º - Requisitos da compensação
1. Quando duas pessoas sejam reciprocamente credor e devedor, qualquer delas pode livrar-se da sua obrigação por meio de compensação com a obrigação do seu credor, verificados os seguintes requisitos:
a) Ser o seu crédito exigível judicialmente e não proceder contra ele excepção, peremptória ou dilatória, de direito material;
b) Terem as duas obrigações por objecto coisas fungíveis da mesma espécie e qualidade.
2. Se as duas dívidas não forem de igual montante, pode dar-se a compensação na parte correspondente.
3. A iliquidez da dívida não impede a compensação.

Artigo 887.º - Coisas determinadas. Preço fixado por unidade
Na venda de coisas determinadas, com preço fixado à razão de tanto por unidade, é devido o preço proporcional ao número, peso ou medida real das coisas vendidas, sem embargo de no contrato se declarar quantidade diferente.

Exemplo 3:
Artigo 1690.º - Legitimidade para contrair dívidas
1 - Qualquer dos cônjuges tem legitimidade para contrair dívidas sem o consentimento do outro.
2. Para a determinação da responsabilidade dos cônjuges, as dívidas por eles contraídas têm a data do facto que lhes deu origem.

Artigo 807.º - Risco
1. Pelo facto de estar em mora, o devedor torna-se responsável pelo prejuízo que o credor tiver em consequência da perda ou deterioração daquilo que deveria entregar, mesmo que estes factos lhe não sejam imputáveis.

2. Fica, porém, salva ao devedor a possibilidade de provar que o credor teria sofrido igualmente os danos se a obrigação tivesse sido cumprida em tempo.

b) **Normas não autónomas**: o sentido da norma depende do recurso ou conjugação com outras normas.

Exemplo 1:

Artigo 165.º - Responsabilidade civil das pessoas colectivas

As pessoas colectivas respondem civilmente pelos actos ou omissões dos seus representantes, agentes ou mandatários nos mesmos termos em que os comitentes respondem pelos actos ou omissões dos seus comissários.

Artigo 500.º - Responsabilidade do comitente

1. Aquele que encarrega outrem de qualquer comissão responde, independentemente de culpa, pelos danos que o comissário causar, desde que sobre este recaia também a obrigação de indemnizar.

2. A responsabilidade do comitente só existe se o facto danoso for praticado pelo comissário, ainda que intencionalmente ou contra as instruções daquele, no exercício da função que lhe foi confiada.

3. O comitente que satisfizer a indemnização tem o direito de exigir do comissário o reembolso de tudo quanto haja pago, excepto se houver também culpa da sua parte; neste caso será aplicável o disposto no n.º 2 do artigo 497.º

Portanto, certas normas jurídicas devem ser conjugadas ou complementadas com outras para poderem conferir um regime jurídico completo para uma determinada situação jurídica.

O legislador está perante a unidade sistémica do

ordenamento jurídico e deve buscar a coerência e harmonia entre as normas, não se repetindo nem se contradizendo:

> Artigo 9.º, CC - Interpretação da lei
> 1. A interpretação não deve cingir-se à letra da lei, mas reconstituir a partir dos textos o pensamento legislativo, tendo sobretudo em conta a **unidade do sistema jurídico**, as circunstâncias em que a lei foi elaborada e as condições específicas do tempo em que é aplicada. (...)

A técnica legislativa tem como pressuposto que os aplicadores saberão quando devem ou não conjugar as normas jurídicas, para a completude de regimes jurídicos aplicáveis.

Em outras palavras, o legislador entende que o aplicador será capaz de aplicar o direito e alcançar as remissões necessárias.

Exemplo 2:

> Artigo 395.º - Factos extintivos da obrigação
> As disposições dos artigos precedentes são aplicáveis ao cumprimento, remissão, novação, compensação e, de um modo geral, aos contratos extintivos da relação obrigacional, mas não aos factos extintivos da obrigação, quando invocados por terceiro.

> Artigo 665.º - Remissão
> São aplicáveis à consignação, com as necessárias adaptações, os artigos 692.º, 694.º a 696.º, 701.º e 702.º

Exemplo 3:

> Artigo 678.º - Remissão
> São aplicáveis ao penhor, com as necessárias adaptações, os artigos 692.º, 694.º a 699.º, 701.º e 702.º

> Artigo 753.º - Remissão
> São aplicáveis aos privilégios, com as necessárias

adaptações, os artigos 692.º e 694.º a 699.º

Artigo 1794.º - Remissão
Sem prejuízo dos preceitos desta secção, é aplicável à separação judicial de pessoas e bens, com as necessárias adaptações, o disposto quanto ao divórcio na secção anterior.

Exemplo 4:

Artigo 421.º - Eficácia real
1 - O direito de preferência pode, por convenção das partes, gozar de eficácia real se, respeitando a bens imóveis, ou a móveis sujeitos a registo, forem observados os requisitos de forma e de publicidade exigidos no artigo 413.º
2 - É aplicável neste caso, com as necessárias adaptações, o disposto no artigo 1410.º

Artigo 679.º - Disposições aplicáveis
São extensivas ao penhor de direitos, com as necessárias adaptações, as disposições da subsecção anterior, em tudo o que não seja contrariado pela natureza especial desse penhor ou pelo preceituado nos artigos subsequentes.

Exemplo 5:

Artigo 1485.º - Constituição, extinção e regime
Os direitos de uso e de habitação constituem-se e extinguem-se pelos mesmos modos que o usufruto, sem prejuízo do disposto na alínea b) do artigo 1293.º, e são igualmente regulados pelo seu título constitutivo; na falta ou insuficiência deste, observar-se-ão as disposições seguintes.

Artigo 1563.º - Servidão legal de escoamento
(...)
2. Aos proprietários onerados com a servidão de escoamento é aplicável o disposto no artigo 1391.º

Nota: remissão da dívida é diferente de remissão da norma

Cfr.:

> Artigo 863.º - Natureza contratual da remissão
> 1. O credor pode remitir a dívida por contrato com o devedor.
> 2. Quando tiver o carácter de liberalidade, a remissão por negócio entre vivos é havida como doação, na conformidade dos artigos 940.º e seguintes.

Capítulo 12 – A codificação

QUESTÃO 1
a) São os códigos compilações de leis?
b) Como podem ser conceituados?

1. "CÓDIGO"
É um conjunto de normas jurídicas organizadas que disciplina de modo fundamental e ordenada todo um ramo de direito e/ou um setor da vida social.

Revela o resultado de uma evolução científico-jurídica de modo sistemático.

Código não é uma mera compilação de leis, como eram as Ordenações Filipinas e Manuelinas.

QUESTÃO 2
a) O Estatuto da Ordem dos Advogados é um código?
b) A Lei Orgânica do Tribunal Constitucional é um código?
c) A Lei de Defesa do Consumidor é um código?

1.1. "CÓDIGO" e outros atos legislativos
a) **"ESTATUTO"**: estes disciplinam determinadas atividades profissionais.

E.g., Estatuto da Ordem dos Advogados; Estatuto dos Magistrados Judiciais, Estatuto do Ministério Público, Estatuto do Bolseiro de Investigação.

b) **"LEIS ORGÂNICAS"**: leis de "valor reforçado", que devem ser respeitadas por outras leis e que devem ser aprovadas por 2/3 dos Deputados presentes na Assembleia (arts. 112.º, n.º 3, e 136.º, n.º 3, CRP).

E.g., criação de uma região administrativa (art. 255.º, CRP) e matérias previstas nas alíneas *a)* a *f)*, *h)*, *j)*, primeira parte da alínea *l)*, *q)* e *t)* do artigo 164.º, CRP (regulamentação do Tribunal Constitucional, regime da cidadania portuguesa, organização da defesa nacional, etc.).

c) "MICROCÓDIGOS": regulam matérias limitadas, como o Código da Publicidade e o Novo Regime do Arrendamento Urbano (NRAU).

QUESTÃO 3
a) Pode um código ter vigência por curto tempo?
b) Pode ser revogado antes mesmo de entrar em vigor?

1.2. "CÓDIGO" no tempo

É uma legislação de largo alcance e que pretende vigorar por algum tempo. Isso não impede que possa existir uma sucessão de legislações em relativo curto tempo.

P. ex., o Código do Trabalho de 2003 foi revogado pelo Código do Trabalho de 2009

O Código de Registo Predial (CRP) de 29 de junho de 1983 foi revogado pelo Código de Registo Predial de 06 de Julho de 1984, sem que aquele entrasse em vigor:

> CRP/83 - Art. 2.º
> A aplicação do Código do Registo Predial fica dependente das condições a fixar por portaria do Ministro da Justiça.

QUESTÃO 4
a) Pode um código ser modificado?
b) Caso afirmativo, quais os procedimentos?

1.3. "CÓDIGO" e modificações

Não é um ponto final da evolução, mas é um marco de consolidação de um regime em dado momento e contexto. Não é uma cristalização da matéria codificada: tanto pode ser alterado em partes, como totalmente revogado, se assim a necessidade da ordem jurídica o requerer

Um código estabelece um padrão ou uma conceção geral, assente em princípios e valores comuns: para o legislador e para o destinatário da lei.

As orientações legais resultam de experiências passadas, mas são voltadas para o futuro.

As adaptações de um código a uma nova realidade podem se dar por diversos modos:

a) A substituição de um código por um novo

E.g., o Código Civil de 1966 revogou o Código Civil de 1867

b) Alterações pontuais, com maior ou menor extensão

Atualizam o Código, mas mantêm a sua sistematização, lógica e finalidade.

Conforme a necessidade da matéria e da ordem social, as alterações pontuais podem afetar o código de maneiras muito diversas.

Por exemplo:

Lei n.º 85/2019, de 3 de setembro - Altera o Código Civil, revogando o instituto do prazo internupcial: revoga 3 artigos do CC

Lei n.º 49/2018, de 14 de Agosto - Cria o regime jurídico do maior acompanhado: provocou extensas

modificações por todo o texto legislativo do CC
Lei n.º 8/2017, de 03 de Março - Estabelece um estatuto jurídico dos animais: assim como o ponto anterior, alterou profundamente disposições do CC

QUESTÃO 5
Analise os arts. 124.º, 1.612.º e 1.920.º-B do Código Civil diante da disposição abaixo:
Lei n.º 61/2008, de 31/10 – Altera o regime jurídico do divórcio
Art. 3.º, 2 - A expressão «poder paternal» deve ser substituída por «responsabilidades parentais» em todas as disposições da secção II do Capítulo II do Título III do Livro IV do Código Civil.

Nem sempre as reformas são feitas com o devido cuidado:
> Artigo 124.º, CC - Suprimento da incapacidade dos menores
> A incapacidade dos menores é suprida pelo **poder paternal** e, subsidiariamente, pela tutela, conforme se dispõe nos lugares respectivos.

c) Leis avulsas ou complementares relativas a matérias que o legislador não quis inserir na codificação; essas sempre podem vir a ser inseridas posteriormente no CC
E.g., o regime da Cláusulas Contratuais Gerais.

d) O recurso a cláusulas gerais e a conceitos jurídicos indeterminados
O "conteúdo aberto" permite atualizações valorativas e conceituais, que a própria codificação antecipou: permitem que as disposições do código não sejam fechadas às mudanças sociais e de valor.

Vimos que podem por em causa a segurança jurídica: agora entendemos que são essenciais à adaptação do texto normativo.

QUESTÃO 6
Diante das finalidades da segurança jurídica, deverá um código ser sempre "fechado" em suas disposições?

1.4. "Código" e segurança jurídica

Uma codificação – dentro da sua lógica e perspetiva de vigorar por muito tempo – precisa criar certeza e segurança jurídica: para isso, deve assentar em conceitos jurídicos claros e estáveis, com conceitos definidos na medida do possível.

E.g.:
    Na definição dos estados civis das pessoas singulares;
    No reconhecimento da personalidade jurídica das pessoas coletivas;
    No conteúdo dos direitos patrimoniais
    Na definição dos direitos e obrigações

As pessoas às quais um código se dirige precisam compreender a norma e os seus imperativos, de modo a empregarem a sua liberdade de ação na medida dos efeitos de suas decisões.

Quando a sistematização de um código e a redação de suas normas atingem um nível alto de abstração que inibe os princípios e pressupostos valorativos da realidade social em que se baseia, a legislação pode porventura ser utilizada para fins políticos e sociais não consideradas pelo legislador originário.

Embora isso possa ter eventualmente um resultado indesejado, também permite a adaptação para diferentes situações sociais e políticas sem a sua alteração.

Nomeadamente, se dá pelo emprego de regimes jurídicos gerais, cláusulas gerais e conceitos jurídicos indeterminados: o texto conceitual acaba por ser adaptado pelo aplicador da lei às modificações no mundo fáctico.

QUESTÃO 7
Seguindo a estrutura do código, qual o primeiro elemento e as suas características?

2. A PARTE GERAL DE UM CÓDIGO
Dentro da técnica legislativa de elaboração de um código, deve este ser conciso na sua redação, ordenação e concentração. A "parte geral" ou "disposições gerais" em um sistema codificado traz regras relevantes para todo o ordenamento jurídico. No CC, vai muito além do direito civil ou privado, especialmente no Título I do Livro I (Parte Geral/ Das leis, sua interpretação e aplicação). Poderia ser uma lei autónoma (uma lei de introdução); e.g., no direito brasileiro (Lei de Introdução às Normas do Direito Brasileiro de 1942).

QUESTÃO 8
O que está no <u>centro</u> da Parte Geral do Código Civil português?

O Título II do Livro I do CC trata "Das relações jurídicas": inicia com a prescrição sobre quando se inicia a "personalidade jurídica' (art. 66.º, CC) e o que é "capacidade jurídica (art. 67.º, CC).

Insere o ser humano no *caput* da codificação e no centro das relações jurídicas: é a **primazia da pessoa humana** na orientação do CC.

A opção por uma parte geral não condiz apenas com o Livro I; é uma técnica repetida ainda dentro de outros Títulos e Capítulos, com aplicação limitada.

QUESTÃO 9
Analise a afirmativa abaixo.
"O Livro I do Código Civil português é o único conjunto de normas relevantes que podem ser aplicadas a outros regimes jurídicos, para além dos seus limites."

Livro I - PARTE GERAL	**Secção I - Disposições gerais**	Título VI - Das servidões prediais
Livro II - DIREITO DAS OBRIGAÇÕES	Capítulo III - Propriedade de imóveis	**Capítulo I - Disposições gerais**
Título I - Das obrigações em geral	**Secção I - Disposições gerais**	Livro IV - DIREITO DA FAMÍLIA
Título II - Dos contratos em especial	Capítulo IV - Propriedade das águas	**Título I - Disposições gerais**
Livro III - DIREITO DAS COISAS	**Secção I - Disposições gerais**	Livro V - DIREITO DAS SUCESSÕES
Título I - Da posse	Capítulo V - Compropriedade	**Título I - Das sucessões em geral**
Capítulo I - Disposições gerais	**Secção I - Disposições**	**Capítulo I - Disposições gerais**
		Título II - Da

Capítulo VI - Usucapião
Secção I - **Disposições gerais**
Título II - Do direito de propriedade
Capítulo I - Propriedade em geral
Secção I - Disposições gerais
Capítulo II - Aquisição da propriedade

gerais
Capítulo VI - Propriedade horizontal
Secção I.- **Disposições gerais**
Título III - Do usufruto, uso e habitação
Capítulo I. - **Disposições gerais**
Título V - Do direito de superfície
Capítulo I - Disposições gerais

sucessão legítima
Capítulo I - Disposições gerais
Título III - Do acompanhamento de maiores
Capítulo I - Disposições gerais
Título IV - Da sucessão testamentária
Capítulo I - Disposições gerais

QUESTÃO 10

a) São os diversos regimes jurídicos dispostos no Código Civil estanques e desconexos entre si?

b) Quais os fundamentos relevantes desses complexos normativos dispostos no código civil?

2.1. Os regimes jurídicos e as disposições gerais

A técnica das disposições gerais mantém a coesão e unidade do sistema normativo que o Código traz. Esses complexos normativos são sistematizados, estruturados e articulados entre si, tendencialmente harmónicos.

Temos assim, por exemplo:

a) As regras a respeito dos direitos de

personalidade (artigos 70.º - 81.º);
b) O regime (os complexos normativos) dos menores e maiores acompanhados (artigos 122.º - 156.º) e, dentro deste, o regime da condição dos menores (artigo 122.º - 129.º)
c) O regime do negócio jurídico (artigos 217.º - 294.º) e, dentro dele, as normas a respeito de faltas e vícios da vontade e a ordem pela qual são enumeradas (artigos 240.º - 257.º) ou o regime da invalidade e seus efeitos (artigos 285.º - 294.º);
d) O complexo do regime do contrato de compra e venda (artigos 874.º - 939.º).

Esses complexos normativos não são opções sem fundamento e voluntaristas do legislador: sua estrutura respeita a lógica da realidade social e advém de uma evolução histórico-normativa das relações sociais; também é influenciada pelo direito comparado.

Obedecem a uma realidade: por exemplo, o contrato de compra e venda e a necessidade de transmitir bens no mundo real.

O direito aceita estruturas ordenadoras que o antecedem, que não são criadas por ele: por exemplo, as conceções de direito da família resultam de uma realidade social, dando valor jurídico às composições nesse ambiente.

A lei que não atende à realidade social dos seus destinatários perde a sua legitimidade e, eventualmente, sua imperatividade.

Capítulo 13 – As remissões e os elencos exemplificativos e taxativos

QUESTÃO 1
a) Na técnica legislativa, o que é uma remissão?
b) Como as remissões se relacionam às classificações das normas jurídicas?

1. REMISSÕES

As remissões entre normas jurídicas constituem uma técnica legislativa. No direito civil, via de regra fará por meio da sistemática do Código Civil. Pode haver remissões entre outros decretos-lei e leis; e remissões destes para o regime geral de um código.

1.1. Remissões: regras autónomas e não autónomas

Quanto a conter o seu sentido pleno, as normas jurídicas podem ser classificadas como **autónomas** e **não autónomas**.

As normas **autónomas** têm o seu sentido completo em seu texto.

As normas **não autónomas** precisam ser conjugadas com outras normas para ser possível compreender o seu sentido.

Há uma unidade sistémica do ordenamento jurídico que requer a coerência e harmonia entre as normas: evita-se repetições e incongruências.

QUESTÃO 2
Quais as modalidades de remissões?

1.2. MODALIDADES DE REMISSÕES

As remissões visam uma aplicação uniforme das leis e a evitar repetições, racionalizando a aplicação das leis.

Podem apresentar-se em diversos modelos no CC português:

a) Remissão feita para uma previsão, tipo ou hipótese legal onde a situação já se encontra regulada;

b) Remissão feita para uma estatuição ou injunção legal já definida nas normas para as quais se remete;

c) Dupla remissão (ou remissão à segunda potência);

d) Remissão para um instituto subsidiário;

e) Remissão que estende um regime-padrão bem definido a outras situações;

f) Remissão geral subsidiária;

g) Remissão para assinalar que existem exceções ou prioridades;

h) Remissão para fora do sistema jurídico interno (extra-sistémicas).

QUESTÃO 3
Qual a relação entre o art. 974.º e o art. 2.034.º do Código Civil? Quais são os "casos de ingratidão"?

a) Uma remissão feita para uma previsão ou hipótese legal onde a situação já se encontra regulada

Exemplo 1:
> Artigo 974.º - Casos de ingratidão
> A doação pode ser revogada por ingratidão, quando o donatário se torne incapaz, por indignidade, de suceder

ao doador, ou quando se verifique alguma das ocorrências que justificam a deserdação.

Artigo 2034.º - Incapacidade por indignidade
Carecem de capacidade sucessória, por motivo de indignidade:
a) O condenado como autor ou cúmplice de homicídio doloso, ainda que não consumado, contra o autor da sucessão ou contra o seu cônjuge, descendente, ascendente, adoptante ou adoptado;
b) O condenado por denúncia caluniosa ou falso testemunho contra as mesmas pessoas, relativamente a crime a que corresponda pena de prisão superior a dois anos, qualquer que seja a sua natureza;
c) O que por meio de dolo ou coacção induziu o autor da sucessão a fazer, revogar ou modificar o testamento, ou disso o impediu;
d) O que dolosamente subtraiu, ocultou, inutilizou, falsificou ou suprimiu o testamento, antes ou depois da morte do autor da sucessão, ou se aproveitou de algum desses factos.

QUESTÃO 4
Conforme o art. 251.º, CC, qual a consequência do facto abaixo?

"Tendo-se provado que o autor declarou comprar o prédio por se tratar de um terreno para construção urbana, fazendo-o exclusivamente com a finalidade de nele edificar uma habitação, que antes da data da escritura os réus tiveram conhecimento desse facto, que posteriormente o autor constatou a inviabilidade de construção por condicionalismos urbanísticos, e que os réus nunca comunicaram ao autor a impossibilidade de edificar uma habitação no prédio (...)."

Acórdão do Tribunal da Relação de Coimbra de 21.06.2011 (Carlos Querido)

Exemplo 2:

Artigo 251.º - Erro sobre a pessoa ou sobre o objecto do negócio

O erro que atinja os motivos determinantes da vontade, quando se refira à pessoa do declaratário ou ao objecto do negócio, torna este anulável nos termos do artigo 247.º

Artigo 247.º - Erro na declaração

Quando, em virtude de erro, a vontade declarada não corresponda à vontade real do autor, a declaração negocial é anulável, desde que o declaratário conhecesse ou não devesse ignorar a essencialidade, para o declarante, do elemento sobre que incidiu o erro.

QUESTÃO 5
Nos termos dos arts. 253.º e 254.º, CC, qual a consequência dos factos abaixo?

"Para tanto, (a autora) alegou, em síntese, que foi induzida em erro sobre os motivos determinantes da sua vontade relativos ao mencionado contrato promessa de cessão de quotas, nomeadamente quanto ao valor da renda do local onde está sediado o respectivo estabelecimento comercial e à inexistência de escritura pública do arrendamento (...)

Como resulta dos factos provados, os réus BB e CC agiram com dolo, no contrato promessa de cessão de quotas que celebraram com as autoras, ocultando a verdadeira renda e a falta de escritura pública.

Dessa actuação resultaram danos para cada uma das autoras, aqui recorrentes, ainda não quantificados."

Acórdão do Supremo Tribunal de Justiça de 30.04.2006 (Azevedo Ramos)

b) Uma remissão feita para uma estatuição já definida nas normas para as quais se remete
Exemplo 1:
>Artigo 253.º - Dolo
>1. Entende-se por dolo qualquer sugestão ou artifício que alguém empregue com a intenção ou consciência de induzir ou manter em erro o autor da declaração, bem como a dissimulação, pelo declaratário ou terceiro, do erro do declarante. (...)
>
>Artigo 254.º - Efeitos do dolo
>1. O declarante cuja vontade tenha sido determinada por dolo pode anular a declaração; a anulabilidade não é excluída pelo facto de o dolo ser bilateral. (...)

Ver também Acórdão do Supremo Tribunal de Justiça de 20.01.2005 (Ferreira de Almeida):
>"I. O erro que recaia sobre os motivos determinantes da vontade, quando reportado ao objecto do negócio, torna este anulável desde que o declaratário conheça, ou não deva ignorar, a essencialidade, para o declarante, do objecto sobre que haja incidido o erro (artºs 251º e 247º, nº 2, do CC).
>II. Uma qualidade é essencial quando se mostra decisiva para a celebração do negócio, conforme a finalidade económica ou jurídica deste.
>III. Quer o simples erro que atinja os motivos determinantes da vontade (artº 251º), quer o dolo (artº 254º, nº 1) só geram anulabilidade do negócio quando forem essenciais para a formação da vontade da parte que o invoca.
>III. A essencialidade do erro (ou do dolo) deve ser analisada sob o aspecto subjectivo do errante ou do contraente enganado (deceptus), ou seja daquele que haja sido levado a formular uma ideia inexacta acerca do

objecto do negócio, sem a qual a declaração negocial não teria sido emitida nos precisos moldes em que o foi.

IV. Comete dolo ilícito o 'deceptor' - autor do artifício, sugestão ou embuste - que sabe e quer que o enganado preste a declaração que de outro modo não prestaria.

V. Para a anulação do negócio exige a lei que se trate de um 'dolus malus' (artº 253º, nº 2) que não de meras sugestões ou artifícios usuais considerados legítimos segundo as concepções dominantes no comércio jurídico ('dolus bonus').

VI. Deve existir um nexo de causalidade entre o dolo e a actuação do enganado. A concretização do dolo pressupõe um erro da parte do declarante, determinado intencionalmente por outrem: a vítima do dolo não só se engana (como no caso do erro) como, além disso, é enganada) - "erro qualificado".

VII. O principal efeito do dolo é a anulabilidade do negócio (artº 254º nº1); mas acresce a responsabilidade pré-negocial do autor do dolo (deceptor), por ter dado origem à invalidade, com o seu comportamento contrário às regras da boa fé, desde os preliminares e até à conclusão do negócio.

VIII. A violação, na formação do contrato (culpa 'in contrahendo') desses deveres de boa-fé e lealdade (salvo na medida em que seja causa de vício da declaração de vontade da contraparte ou provoque a celebração de negócio usurário) não releva autonomamente como fundamento da anulabilidade do negócio.

IX. A alteração artificiosa da quilometragem de um veículo (para menos) ou a sua dissimulação por estabelecimento comercial especializado nesse ramo não pode ser qualificar como prática comercial 'normal', 'usual' ou 'corrente', mera sugestão propiciadora do comércio jurídico (actos de compra e venda) ou como uma forma habilidosa de apresentar a mercadoria, vulgar expediente ou técnica de marketing mais ou menos agressiva.

X. É ao 'deceptus' que incumbe provar que o declaratário (deceptor) conhecia, ou não deveria ignorar, a essencialidade do elemento sobre que incidiu o erro - artºs 251º, 247º e 342º, nº 1, do C.C."

QUESTÃO 6
Nos termos do art. 678.º, CC, como o caso abaixo pode ser resolvido?

"O Decreto-Lei n.º 33-A/2020, de 02.07, procedeu à nacionalização das participações sociais da EPS, S.A.

Houve nacionalização daquelas participações sociais que eram detidas pela sociedade WL.

Nos termos do n.º 1 do artigo 5.º do Decreto-Lei n.º 33-A/2020 de 02.07, '(a)os titulares da participação social nacionalizada ou aos eventuais titulares de ónus ou encargos constituídos sobre a mesma, é reconhecido o direito à indemnização, quando devido, nos termos dos artigos 4.º e 5.º do regime jurídico de apropriação pública'.

O Novo Banco era titular de um penhor financeiro sobre 9.094.312 das participações sociais nacionalizadas.

<u>O penhor financeiro a favor do Novo Banco foi constituído para garantia de dois contratos de financiamento.</u>"

Acórdão do Tribunal da Relação de Lisboa de 14.09.2021 (Vieira Lamim)

Exemplo 2:
As remissões ao regime da hipoteca, a serem aplicadas ao penhor:

Artigo 678.º - Remissão

São aplicáveis ao penhor, com as necessárias adaptações, os artigos 692.º, 694.º a 699.º, 701.º e 702.º

Artigo 692.º - Indemnizações devidas

1. Se a coisa ou direito hipotecado se perder, deteriorar ou diminuir de valor, e o dono tiver direito a ser indemnizado, os titulares da garantia conservam, sobre o crédito respectivo ou as quantias pagas a título de indemnização, as preferências que lhes competiam em relação à coisa onerada. (...)

QUESTÃO 7
Por solução do art. 953.º, qual a consequência dos factos abaixo?

"Maria intentou a presente ação declarativa, com processo comum, contra D.G.

Alega para tanto e em síntese, que o seu marido, Manuel, querendo beneficiar a senhora com quem vivia maritalmente (D.G., ré), doou um prédio urbano situado em Viana do Castelo.

A ré contestou alegando não ter existido impedimento, pois que Manuel a quis beneficiar. Além disso, Manuel já estava separado da mulher, aqui autora, há mais de 3 anos, pelo que não havia qualquer obstáculo à doação a seu favor. Excepcionou ainda a caducidade da acção."

Acórdão do Tribunal da Relação de Guimarães de 08.11.2022 (Eva Almeida)

Exemplo 3:
As remissões ao regime das disposições *mortis causa* e indisponibilidades relativas, a serem aplicadas às doações em vida não permitidas:

Artigo 953.º - Casos de indisponibilidade relativa
É aplicável às doações, devidamente adaptado, o disposto nos artigos 2192.º a 2198.º

Artigo 2196.º - Cúmplice do testador adúltero
1. É nula a disposição a favor da pessoa com quem o testador casado cometeu adultério.
2. Não se aplica o preceito do número anterior:

a) Se o casamento já estava dissolvido, ou os cônjuges estavam separados judicialmente de pessoas e bens ou separados de facto há mais de seis anos, à data da abertura da sucessão;

b) Se a disposição se limitar a assegurar alimentos ao beneficiário.

QUESTÃO 8
Considerando os juros como "frutos cíveis", por solução dos arts. 433.º e 289.º, quais as consequências dos factos abaixo?

"A ré, em 11 de Maio de 1989, obrigou-se, para com o autor a efectuar obras de reconstrução e ampliação numa moradia de que os autores eram proprietários, sita em Britiandos.

Em finais de 1991, a autora deslocou-se a Britiandos, verificando que as obras não se tinham iniciado, não existindo junto à casa quaisquer materiais de construção destinados à realização das mesmas; perante esta situação, o autor desistiu do projecto de casa de férias em Portugal; a autora comunicou aos gerentes da ré que este desistia da realização da obra, em virtude do incumprimento por parte da sua representada, rescindindo assim o contrato celebrado."
Acórdão do Tribunal da Relação de Guimarães de 27.10.2011 (Isabel Rocha)

c) Dupla remissão (ou remissão à segunda potência)
Exemplo:

Artigo 433.º - Efeitos entre as partes
Na falta de disposição especial, a **resolução** é equiparada, quanto aos seus efeitos, à **nulidade ou anulabilidade do negócio jurídico**, com ressalva do disposto nos artigos seguintes.

Artigo 289.º - Efeitos da declaração de nulidade e da anulação
1. Tanto a declaração de nulidade como a anulação do negócio têm efeito retroactivo, **devendo ser restituído tudo o que tiver sido prestado** ou, se a restituição em espécie não for possível, o valor correspondente.
2. Tendo alguma das partes alienado gratuitamente coisa que devesse restituir, e não podendo tornar-se efectiva contra o alienante a restituição do valor dela, fica o adquirente obrigado em lugar daquele, mas só na medida do seu enriquecimento.
3. É aplicável em qualquer dos casos previstos nos números anteriores, directamente ou por analogia, **o disposto nos artigos 1269.º e seguintes**.

No caso da destruição ou perda da coisa que deve ser restituída a lei, atenta ao critério da boa fé, remete para o artigo 1269.º ao criar deste modo um regime uniforme para todas as três situações em que há lugar a restituições:

Artigo 1269.º - Perda ou deterioração da coisa
O possuidor de boa fé só responde pela perda ou deterioração da coisa se tiver **procedido com culpa**.

QUESTÃO 9
Nos termos do art. 913.º, quais as consequências dos factos abaixo?

"A autora alegou em síntese que se dedica à actividade industrial e comercial de publicidade, artes gráficas e afins, dedicando-se a Ré, por sua vez, ao comércio por grosso de máquinas e equipamentos.
No âmbito das respectivas actividades a A. comprou à Ré uma máquina. A máquina foi instalada pelo departamento técnico da ré, ficando, todavia, a funcionar com algumas limitações, designadamente

verificaram-se falhas na gravação, deslocações de posição na gravação e outras, como prontamente o reconheceram, logo na altura, os técnicos que a vieram instalar, os quais se comprometeram a vir afinar a máquina.
Após diversas tentativas de resolver o problema, A. comunicou à Ré que considerava resolvido o contrato de compra e venda da máquina em questão."
Acórdão do Tribunal da Relação de Coimbra de 25.06.2013 (Jaime Carlos Ferreira)

d) Remissões para um instituto subsidiário
Exemplo:
Artigo 913.º - Remissão
1. Se a coisa vendida sofrer de vício que a desvalorize ou impeça a realização do fim a que é destinada, ou não tiver as qualidades asseguradas pelo vendedor ou necessárias para a realização daquele fim, observar-se-á, **com as devidas adaptações, o prescrito na secção precedente (venda de bens onerados, arts. 905.º e ss.**), em tudo quanto não seja modificado pelas disposições dos artigos seguintes.
2. Quando do contrato não resulte o fim a que a coisa vendida se destina, atender-se-á à função normal das coisas da mesma categoria.

Há remissão no art. 913.º para as consequências previstas nos arts. 905.º, 908.º, 909.º, 911.º, etc.

QUESTÃO 10
Carlos e Amanda, pais de Fábio, Alexandre e Júlia, constituíram uma hipoteca para garantir o crédito de Fábio.
Nos termos dos art. 939.º, CC, e o do art. 877.º, CC, precisariam do consentimento dos outros filhos?

Acórdão do Tribunal da Relação de Évora de 24.03.2022 (Tomé de Carvalho)

e) Remissões que estendem um regime-padrão bem definido a outras situações

Exemplo 1: O regime-padrão do contrato de compra e venda é aplicável a
outros contratos onerosos:

Artigo 939.º - Aplicabilidade das normas relativas à compra e venda

As normas da compra e venda são aplicáveis aos outros contratos onerosos pelos quais se alienem bens ou se estabeleçam encargos sobre eles, na medida em que sejam conformes com a sua natureza e não estejam em contradição com as disposições legais respectivas.

Exemplo 2: o regime-padrão do mandato (artigos 1154.º e ss.) é aplicável a contratos de prestação de serviço não especialmente regulados na lei:

Artigo 1156.º - Regime

As disposições sobre o mandato são extensivas, com as necessárias adaptações, às modalidades do contrato de prestação de serviço que a lei não regule especialmente.

Artigo 156.º - Mandato com vista a acompanhamento

1 - O maior pode, prevenindo uma eventual necessidade de acompanhamento, celebrar um mandato para a gestão dos seus interesses, com ou sem poderes de representação.

2 - **O mandato segue o regime geral e especifica os direitos envolvidos e o âmbito da eventual representação**, bem como quaisquer outros elementos ou condições de exercício, sendo livremente revogável pelo mandante. (...)

f) Remissões gerais subsidiárias

E.g., o Código do Trabalho remete ao Código Civil, assim como o faz o Código Comercial

Exemplo:
>DL n.º 480/99, de 09 de Novembro (Código de Processo do Trabalho)
>Artigo 1.º - Âmbito e integração do diploma
>1 - O processo do trabalho é regulado pelo presente Código.
>2 - Nos casos omissos recorre-se sucessivamente:
>a) À legislação processual comum, civil ou penal, que directamente os previna;
>b) À regulamentação dos casos análogos previstos neste Código;
>c) À regulamentação dos casos análogos previstos na legislação processual comum, civil ou penal;
>d) Aos princípios gerais do direito processual do trabalho;
>e) Aos princípios gerais do direito processual comum.
>3 - As normas subsidiárias não se aplicam quando forem incompatíveis com a índole do processo regulado neste Código.

QUESTÃO 11
Quais as limitações a que a norma em destaque abaixo se refere?
>**Artigo 102.º, Código Comercial - Obrigação de juros**
>Há lugar ao decurso e contagem de juros em todos os actos comerciais em que for de convenção ou direito vencerem-se e nos mais casos especiais fixados no presente Código.
>§ 1.º A taxa de juros comerciais só pode ser fixada por escrito.
>§ 2.º <u>Aplica-se aos juros comerciais o disposto nos artigos 559.º-A e 1146.º do Código Civil.</u>

Cfr.:
>Artigo 559.º-A, CC - Juros usurários

É aplicável o disposto no artigo 1146.º a toda a estipulação de juros ou quaisquer outras vantagens em negócios ou actos de concessão, outorga, renovação, desconto ou prorrogação do prazo de pagamento de um crédito e em outros análogos.

Artigo 1146.º, CC - Usura
1 - É havido como usurário o contrato de mútuo em que sejam estipulados **juros anuais que excedam os juros legais, acrescidos de 3% ou 5%, conforme exista ou não garantia real.** (...)

g) Remissões para assinalar que existem exceções ou prioridades
Exemplo 1:

Artigo 123.º - Incapacidade dos menores
Salvo disposição em contrário, os menores carecem de capacidade para o exercício de direitos.

Artigo 1.850.º - Capacidade
1 - **Têm capacidade para perfilhar os indivíduos com mais de 16 anos**, se não forem maiores acompanhados com restrições ao exercício de direitos pessoais nem forem afetados por perturbação mental notória no momento da perfilhação.
2 - Os menores não necessitam, para perfilhar, de autorização dos pais ou tutores.

QUESTÃO 12
B, pai de C – casado em comunhão de adquiridos com A - , como procurador de C, praticou uma venda simulada de um imóvel bem próprio, com o fim de escapar da partilha dos bens em caso de falecimento de C.
O imóvel foi vendido a título gratuito para D, com o fim de ser habitação da amante de C.

C faleceu.
a) Com base no art. 242.º, CC, poderá a cônjuge A pedir a nulidade do negócio?
b) Poderá o juiz decretar essa nulidade de ofício?
Acórdão do Tribunal da Relação do Porto 11.01.2021 (Eugénia Cunha)

Exemplo 2:
> Artigo 242.º - Legitimidade para arguir a simulação
> 1. Sem prejuízo do disposto no artigo 286.º, a nulidade do negócio simulado pode ser arguida pelos próprios simuladores entre si, ainda que a simulação seja fraudulenta. (...)

> Artigo 286.º - Nulidade
> A nulidade é invocável a todo o tempo por qualquer interessado e pode ser declarada oficiosamente pelo tribunal.

QUESTÃO 13
A casou com B em estado de falta temporária de consciência do ato que praticava.
Com base nos arts. 285.º, 287.º, 1.635.º, *a)*, e 1.644.º, poderá A pedir a anulação do casamento nos 2 anos após a celebração do casamento?

Exemplo 3:
> Artigo 285.º - Disposição geral
> Na falta de regime especial, são aplicáveis à nulidade e à anulabilidade do negócio jurídico as disposições dos artigos subsequentes.

> Artigo 287.º - Anulabilidade
> 1. Só têm legitimidade para arguir a anulabilidade as pessoas em cujo interesse a lei a estabelece, e só **dentro do ano** subsequente à cessação do vício que lhe serve de

fundamento. (...)

Artigo 1644.º - Anulação fundada na falta de vontade
A acção de anulação por falta de vontade de um ou ambos os nubentes só pode ser instaurada **dentro dos três anos subsequentes à celebração do casamento** ou, se este era ignorado do requerente, **nos seis meses seguintes ao momento em que dele teve conhecimento.**

Artigo 1635.º - Anulabilidade por falta de vontade
O casamento é anulável por falta de vontade:
a) Quando o nubente, no momento da celebração, não tinha a consciência do acto que praticava, por incapacidade acidental ou outra causa;
b) Quando o nubente estava em erro acerca da identidade física do outro contraente;
c) Quando a declaração da vontade tenha sido extorquida por coacção física;
d) Quando tenha sido simulado.

h) As remissões para fora do sistema jurídico interno
Exemplo 1:

Artigo 8.º, CRP - Direito internacional
1. As normas e os princípios de direito internacional geral ou comum fazem parte integrante do direito português.
2. **As normas constantes de convenções internacionais regularmente ratificadas ou aprovadas vigoram na ordem interna após a sua publicação oficial e enquanto vincularem internacionalmente o Estado Português.**
(...)

Cfr.:
"-A Convenção Europeia dos Direitos do Homem (CEDH), de 04/11/1950, vigora directamente na ordem jurídica portuguesa *ex vi* do art. 8.º, n.º 2, da CRP, e em patamar inferior ao das normas constitucionais, mas superior ao

das leis ordinárias devendo o direito interno ser aplicado de harmonia com a jurisprudência do TEDH, sobre este instrumento jurídico. (...)

-O artigo 8º da CEDH garante o desenvolvimento integral da personalidade e da integridade física e moral de cada cidadão, sem ingerências exteriores."

Acórdão do Tribunal da Relação de Lisboa de 23.02.2017 (Isoleta Almeida Costa)

QUESTÃO 14

Nos termos do art. 1.625.º, CC, apresente uma solução para o caso abaixo:

"(...) a Autora propôs ao Demandado a celebração de casamento civil, embora sem o propósito de constituírem, por essa forma, a família que idealizavam.

5.- E esse casamento realizou-se em 11 de Janeiro de 1995, na Conservatória do Registo Civil de Felgueiras (...)

6. - Só em 13 de Janeiro de 1996, as partes celebraram casamento católico na igreja paroquial de Margaride.

7.- Em 27 de Outubro de 1997, a Autora propôs no Tribunal Eclesiástico do Porto, uma acção de nulidade do casamento católico que contraíra com o Requerido em 13.01.1996.

8.- Essa acção foi julgada procedente por sentença do Tribunal Eclesiástico do Porto de 24 de Fevereiro de 1999 e confirmada por Decreto do Tribunal Metropolitano de Braga de 12 de Outubro de 1999.

9.- Por acórdão de da Relação do Porto, essa decisão de 16 de Maio de 2000, foi executória e averbada no assento de casamento, em conformidade com o disposto no artigo 1626º do Código Civil.

10.- Em Outubro de 2002, a Autora requereu aos Serviços de Identificação Civil da Direcção Geral dos Registos e do Notariado a emissão de novo Bilhete de Identidade de Cidadão Nacional.

11.- Esperava ela que, nesse novo Bilhete, o seu estado civil fosse identificado pela categoria de 'SOLTEIRA', mas a que lhe puseram foi a de 'CASADA'.
12.- Ao pedir esclarecimento, por julgar tratar-se de um erro, foi-lhe dito que a declaração de nulidade se referia apenas ao casamento católico e que se mantinha em vigor o casamento civil anterior."
Acórdão do Tribunal da Relação de Guimarães de 22.03.2007 (Carvalho Martins)

Exemplo 2:

Artigo 1625.º, CC - Competência dos tribunais eclesiásticos

O conhecimento das causas respeitantes à nulidade do casamento católico e à dispensa do casamento rato e não consumado é reservado aos tribunais e repartições eclesiásticas competentes.

Cfr. também:

"O Código Civil no seu artigo 1625.º continua a determinar que sobre a validade do casamento canónico e a dispensa de casamento rato e não consumado decidem os Tribunais eclesiásticos e o artigo 1626º.º, referindo-se ao respectivo processo, prescreve que as Relações tornarão executórias aquelas decisões independentemente de revisão e confirmação.

Permanecendo, como permanece, ainda em vigor a reserva de competência conferida aos tribunais eclesiásticos para conhecerem da dispensa de casamento rato e não consumado e a competência, nos termos indicados, do Tribunal da Relação para simplesmente ordenar a executoriedade daquelas decisões deverá concluir-se que este último Tribunal só poderá recusar a referida executoriedade quando as decisões não venham acompanhadas ou revestidas de todos os requisitos meramente formais.

Para tal não terá a Relação de olhar para outras normas de direito interno que não sejam os citados textos do artigo XXV da Concordata e dos artigos 1625.º e 1626.º do Código Civil."
Acórdão do Tribunal da Relação de Guimarães de 22.03.2007 (Carvalho Martins)

QUESTÃO 15
Nos termos do 1.873.º, CC, qual o prazo para propositura de uma ação de investigação de paternidade?

1.3. Remissões e adaptações do texto legislativo

As expressões utilizadas como "com as necessárias adaptações"; "com as devidas adaptações", ou "devidamente adaptada" não tem como primeira finalidade alterar o conteúdo da norma para que a remete, mas que sejam alteradas palavras no texto remetido para que mantenha o sentido jurídico para sua aplicação.

Exemplo 1:
>Artigo 1873.º - Remissão
>É aplicável à acção de investigação de **paternidade**, com as necessárias adaptações, o disposto nos artigos 1817.º a 1819.º e 1821.º
>
>Artigo 1817.º - Prazo para a proposição da acção
>1 - A acção de investigação de **maternidade** só pode ser proposta durante a menoridade do investigante ou nos dez anos posteriores à sua maioridade ou emancipação. (...)

QUESTÃO 16
Diante do art. 953.º, CC, e dos factos abaixo, será válida uma doação de um bem móvel pela doadora

abaixo?

"Da matéria de facto fixada resulta que era o réu, sacerdote, independentemente de o fazer por dever de ofício, quem prestava assistência espiritual à doadora, durante o período da doença, tendo a doação sido feito durante a doença.

Assistência espiritual é um conceito de direito que terá que ser traduzido em factos, e que outra coisa não é do que tratar do espírito, ou seja, do acompanhamento da tristeza e sofrimento do doente e de lhe ministrar esperança, coragem ou, por qualquer modo, diminuir ou tornar menos doloroso o respectivo transe, da mesma forma como o médico ou o enfermeiro combate a doença ou atenua o sofrimento físico associado.

Provado que a doadora era católica, vitalícia da Ordem da Trindade, que frequentava (quando podia) a igreja da referida ordem, nestas ocasiões comungando e ouvindo as homilias, designadamente as das missas celebradas pelo R.; que este era o reitor da referida igreja e capelão do hospital da ordem, sendo o responsável pela assistência pastoral das vitalícias, às quais ouvia em confissão, pregava a palavra de Deus e ministrava os sacramentos da Eucaristia e da Unção; e que nenhum outro sacerdote era mentor espiritual da testadora, a visitava ou acompanhava, tanto basta para se dever entender preenchido o requisito da assistência espiritual."

Acórdão do Supremo Tribunal de Justiça de 28.09.2006 (Paulo Sá)

Exemplo 2:

Artigo 953.º - Casos de indisponibilidade relativa
É aplicável às **doações**, devidamente adaptado, o disposto nos artigos 2192.º a 2198.º

Artigo 2194.º - Médicos, enfermeiros e sacerdotes

É nula a disposição a favor do médico ou enfermeiro que tratar o **testador**, ou do sacerdote que lhe prestar assistência espiritual, se o **testamento** for feito durante a doença e o seu autor vier a falecer dela.

Exemplo 3:

Artigo 970.º - Revogação da doação
As doações são revogáveis por ingratidão do donatário.

Artigo 974.º - Casos de ingratidão
A doação pode ser revogada por **ingratidão, quando o donatário se torne incapaz, por indignidade**, de suceder ao doador, ou quando se verifique alguma das ocorrências que justificam a deserdação.

Artigo 2034.º - Incapacidade por indignidade
Carecem de **capacidade sucessória**, por motivo de **<u>indignidade</u>**:
a) O condenado como autor ou cúmplice de homicídio doloso, ainda que não consumado, contra o **autor da sucessão** ou contra o seu cônjuge, descendente, ascendente, adoptante ou adoptado;
b) O condenado por denúncia caluniosa ou falso testemunho contra as mesmas pessoas, relativamente a crime a que corresponda pena de prisão superior a dois anos, qualquer que seja a sua natureza;
c) O que por meio de dolo ou coacção induziu o **autor da sucessão** a fazer, revogar ou modificar o **testamento**, ou disso o impediu;
d) O que dolosamente subtraiu, ocultou, inutilizou, falsificou ou suprimiu o testamento, antes ou depois da morte do **autor da sucessão**, ou se aproveitou de algum desses factos.

2. ENUMERAÇÃO CASUÍSTICA

Como técnica legislativa, os códigos podem empregar os dois mecanismos, conforme a necessidade pontual da regra.

Nas enumerações casuísticas, pode haver:

1- Um elenco **taxativo** de hipóteses, também entendido como "tipicidade": apenas serão considerados aqueles arrolados;

2- Um rol **exemplificativo** de hipóteses legais.

QUESTÃO 17

Nos termos do art. 1.978, n.º 1, CC, o tribunal, para confiar a criança com vista a futura adoção deverá verificar que não existam ou se encontrem seriamente comprometidos os vínculos afetivos próprios da filiação.

Poderá verificar hipóteses fora das alíneas *a*) a *e*)?

Acórdão do Tribunal da Relação de Lisboa de 29.06.2017 (Maria José Mouro)

Exemplo 1 – rol taxativo

Artigo 1978.º, CC - Confiança com vista a futura adopção

1 - O tribunal, no âmbito de um processo de promoção e proteção, pode confiar a criança com vista a futura adoção quando **não existam ou se encontrem seriamente comprometidos os vínculos afetivos próprios da filiação**, pela <u>verificação objetiva</u> de qualquer das seguintes situações:

a) Se a criança for filha de pais incógnitos ou falecidos;

b) Se tiver havido consentimento prévio para a adopção;

c) Se os pais tiverem abandonado a criança;

d) Se os pais, por ação ou omissão, mesmo que por manifesta incapacidade devida a razões de doença mental, puserem em perigo grave a segurança, a saúde, a formação, a educação ou o desenvolvimento da criança;

e) Se os pais da criança acolhida por um particular, por uma instituição ou por família de acolhimento tiverem revelado manifesto desinteresse pelo filho, em termos de comprometer seriamente a qualidade e a continuidade daqueles vínculos, durante, pelo menos, os três meses que precederam o pedido de confiança.

Exemplo 2 – rol taxativo

Artigo 1889.º - Actos cuja validade depende de autorização do tribunal

1. Como representantes do filho não podem os pais, sem autorização do tribunal:

a) Alienar ou onerar bens, salvo tratando-se de alienação onerosa de coisas susceptíveis de perda ou deterioração;

b) Votar, nas assembleias gerais das sociedades, deliberações que importem a sua dissolução;

c) Adquirir estabelecimento comercial ou industrial ou continuar a exploração do que o filho haja recebido por sucessão ou doação;

d) Entrar em sociedade em nome colectivo ou em comandita simples ou por acções;

e) Contrair obrigações cambiárias ou resultantes de qualquer título transmissível por endosso;

f) Garantir ou assumir dívidas alheias;

g) Contrair empréstimos;

h) Contrair obrigações cujo cumprimento se deva verificar depois da maioridade;

i) Ceder direitos de crédito;

j) Repudiar herança ou legado;

l) Aceitar herança, doação ou legado com encargos, ou convencionar partilha extrajudicial;

m) Locar bens, por prazo superior a seis anos;

n) Convencionar ou requerer em juízo a divisão de coisa comum ou a liquidação e partilha de patrimónios sociais;

o) Negociar transacção ou comprometer-se em árbitros relativamente a actos referidos nas alíneas anteriores, ou negociar concordata com os credores.

QUESTÃO 18
Nos termos do art. 1.602.º, CC, poderá o relacionamento entre primos (parentes em 3.º grau da linha colateral) ser considerado um impedimento dirimente para o casamento?
E o parentesco em 3.º grau na linha reta?

Exemplo 3 – rol taxativo
Artigo 1.602.º - Impedimentos dirimentes relativos
São também dirimentes, obstando ao casamento entre si das pessoas a quem respeitam, os impedimentos seguintes:
a) O parentesco na linha recta;
b) A relação anterior de responsabilidades parentais;
c) O parentesco no segundo grau da linha colateral;
d) A afinidade na linha recta;
e) A condenação anterior de um dos nubentes, como autor ou cúmplice, por homicídio doloso, ainda que não consumado, contra o cônjuge do outro.

Exemplo 4 – rol taxativo
Artigo 1.733.º - Bens incomunicáveis
1. São exceptuados da comunhão:
a) Os bens doados ou deixados, ainda que por conta da legítima, com a cláusula de incomunicabilidade;
b) Os bens doados ou deixados com a cláusula de reversão ou fideicomissária, a não ser que a cláusula tenha caducado;
c) O usufruto, o uso ou habitação, e demais direitos estritamente pessoais;
d) As indemnizações devidas por factos verificados contra a pessoa de cada um dos cônjuges ou contra os seus bens próprios;
e) Os seguros vencidos em favor da pessoa de cada um dos cônjuges ou para cobertura de riscos sofridos por bens

próprios;
f) Os vestidos, roupas e outros objectos de uso pessoal e exclusivo de cada um dos cônjuges, bem como os seus diplomas e a sua correspondência;
g) As recordações de família de diminuto valor económico.
h) Os animais de companhia que cada um dos cônjuges tiver ao tempo da celebração do casamento.
2. A incomunicabilidade dos bens não abrange os respectivos frutos nem o valor das benfeitorias úteis.

QUESTÃO 19
Nos termos do art. 1.418.º, CC, o título constitutivo da propriedade horizontal apenas poderá conter as especificações nos n.º 1 e n.º 2.
Quid iuris?

Exemplo 5 – rol exemplificativo
Artigo 1418.º - Conteúdo do título constitutivo
1 - No título constitutivo serão especificadas as partes do edifício correspondentes às várias fracções, por forma que estas fiquem devidamente individualizadas, e será fixado o valor relativo de cada fracção, expresso em percentagem ou permilagem, do valor total do prédio.
2 - Além das especificações constantes do número anterior, o título constitutivo **pode ainda conter, designadamente**:
a) Menção do fim a que se destina cada fracção ou parte comum;
b) Regulamento do condomínio, disciplinando o uso, fruição e conservação, quer das partes comuns, quer das fracções autónomas;
c) Previsão do compromisso arbitral para a resolução dos litígios emergentes da relação de condomínio.

QUESTÃO 20

Nos termos do art. 1.722.º, CC, bens próprios dos cônjuges adquiridos por virtude de direito próprio anterior ao casamento são apenas aqueles previstos no n.º 2.
Quid iuris?

Exemplo 6 – rol exemplificativo
Artigo 1.722.º - Bens próprios
1. São considerados próprios dos cônjuges: (...)
2. **Consideram-se, <u>entre outros</u>, adquiridos por virtude de direito próprio anterior**, sem prejuízo da compensação eventualmente devida ao património comum:
a) Os bens adquiridos em consequência de direitos anteriores ao casamento sobre patrimónios ilíquidos partilhados depois dele;
b) Os bens adquiridos por usucapião fundada em posse que tenha o seu início antes do casamento;
c) Os bens comprados antes do casamento com reserva de propriedade;
d) Os bens adquiridos no exercício de direito de preferência fundado em situação já existente à data do casamento.

Além do artigo 1.722.º, CC, serão bens próprios, por exemplo:

Bens restituídos depois do casamento em consequência de anulação, declaração de nulidade ou resolução de negócios anteriores ao casamento;

Contratos com condição celebrados antes do casamento, mas que a condição apenas se verificou após;

Direitos adquiridos por meio de contratos

aleatórios celebrados antes do casamento (p.ex., um bilhete de lotaria, cujo sorteio realizou-se após).

QUESTÃO 21
Além dos elencos casuísticos, quais os outros elementos de técnica legislativa para situações não previstas expressamente no Código Civil?

2.1. CONCEITOS JURÍDICOS INDETERMINADOS
Afora os elencos casuísticos, pode haver os conceitos jurídicos indeterminados e as cláusulas gerais para abranger diversas hipóteses não previstas expressamente no texto legal do código

Exemplo 1:
>Artigo 127.º - Excepções à incapacidade dos menores
>1. São excepcionalmente válidos, além de outros previstos na lei: (...)
>b) Os negócios jurídicos próprios da vida corrente do menor que, estando ao alcance da sua capacidade natural, só impliquem despesas, ou disposições de bens, de pequena importância; (...)

Exemplo 2:
>Artigo 1978.º - Confiança com vista a futura adopção
>1 - O tribunal, no âmbito de um processo de promoção e proteção, pode confiar a criança com vista a futura adoção quando não existam ou se encontrem seriamente comprometidos os vínculos afetivos próprios da filiação, pela verificação objetiva de qualquer das seguintes situações: (...)
>d) Se os pais, por ação ou omissão, mesmo que por manifesta incapacidade devida a razões de doença mental, **puserem em perigo grave** a segurança, a saúde, a formação, a educação ou o desenvolvimento da criança;

e) Se os pais da criança acolhida por um particular, por uma instituição ou por família de acolhimento tiverem revelado **manifesto desinteresse pelo filho**, em termos de comprometer seriamente a qualidade e a continuidade daqueles vínculos, durante, pelo menos, os três meses que precederam o pedido de confiança.

2.2. CLÁUSULAS GERAIS

A lei, para permitir a invocação de um direito ou indicar os pressupostos de aplicação de uma norma, pode utilizar as cláusulas gerais para que sejam preenchidos os casos conforme a aplicação concreta da lei.

Exemplo 1:

Artigo 1.915.º - Inibição do exercício das responsabilidades parentais

1. A requerimento do Ministério Público, de qualquer parente do menor ou de pessoa a cuja guarda ele esteja confiado, de facto ou de direito, pode o tribunal decretar a inibição do exercício das responsabilidades parentais **quando qualquer dos pais infrinja culposamente os deveres para com os filhos**, com grave prejuízo destes, ou quando, por inexperiência, enfermidade, ausência ou outras razões, se não mostre em condições de cumprir aqueles deveres. (...)

QUESTÃO 22

Nos termos do art. 494.º, CC, qual será a solução para o caso abaixo?

"Ao aperceber-se do perigo de colisão com o veículo conduzido pela vítima, o arguido , que seguia a velocidade não adequada às condições particulares da via (piso húmido, mesmo molhado , curva para a esquerda e atravessamento de passagem de nível), logo excessiva, guinou para a sua direita, tendo o veículo

<u>continuado desgovernado e instável, derrapando sobre a sua esquerda, acabando por colidir com a lateral esquerda do seu veículo na frente esquerda do da vítima, numa colisão fronto-lateral oblíqua central, embate que ocorreu, pois, na faixa de rodagem da vítima, a quem causou a morte, por culpa exclusiva, incorrendo na prática de homicídio por *negligência*</u>, nos termos do art.º 137.º n.º 1, do CP. (...)
Tem-se entendido que esta norma não é aplicável à seguradora e, no caso vertente, menos ainda à assistente que usufrui de modesto salário, a culpa do lesante é muito grave, não menos grave o dano causado, para o qual não concorreu, em nada se justificando uma mitigação do 'quantum' pecuniário
Por isso, considerando que o falecido CC, de 40 anos à data da sua morte, pessoa robusta, sendo reputado como trabalhador, não se lhe sendo conhecida qualquer doença, alegre e com gosto pela vida, a supressão do seu direito à vida compensada com 50.000 € se mostra justa."
Acordão do Supremo Tribunal de Justiça de 27.10.2010 (Armindo Monteiro)

Exemplo 2:

Artigo 494.º - Limitação da indemnização no caso de mera culpa
Quando a responsabilidade se fundar na mera culpa, poderá a indemnização ser fixada, equitativamente, em montante inferior ao que corresponderia aos danos causados, desde que o grau de culpabilidade do agente, a situação económica deste e do lesado e as demais circunstâncias do caso o justifiquem.

Cfr.:
"Por danos patrimoniais ou não patrimoniais, só excepcionalmente pode a indemnização ser fixada equitativamente em valor inferior ao correspondente

aos danos, limitando-os, se, fundada em mera culpa, as circunstâncias do caso o justificarem, em especial o grau de culpa do lesante e a condição económica daquele e lesado o justificarem, sendo **o caso em que, com culpa mínima se causou um elevado dano, insuportável para o lesante, já o não sendo para o lesado** – art. 494.º do CC".
Acordão do Supremo Tribunal de Justiça de 27.10.2010 (Armindo Monteiro)

Capítulo 14 – As ficções legais e as presunções

QUESTÃO 1
a) É aceitável que o direito ignore certos factos para aplicar um determinado regime jurídico?
b) Poderá, ao contrário, não aplicar um regime jurídico em certas situações, ainda que os elementos da premissa maior estejam configurados?
c) Caso afirmativo, por qual mecanismo e quais as modalidades?

1. FICÇÕES OU EQUIPARAÇÕES LEGAIS

A lei cria uma realidade que não existe ou ignora elementos fácticos que existem para aplicar ou não aplicar determinados efeitos jurídicos.

Funcionam como "remissões implícitas", isto é, em vez de expressamente remeter para normas determinadas que regulam determinados factos ou situações, o legislador estabelece que o facto ou situação é regular ou se considera igual àquele facto ou situação.

a) A **lei compreende que um facto aconteceu**, quando não houve ou não preencheu todos os elementos da norma.

b) A lei **nega a existência de um facto**, que na realidade ocorreu e, se não fosse a ficção, produziria os efeitos jurídicos da norma.

c) Em favor de determinadas pessoas, a lei **ignora certos factos.**

QUESTÃO 2
A declaração negocial enviada por carta abaixo será eficaz, nos termos do art. 224.º?

> "O referido documento 6 mais não é que uma cópia de um aviso de receção que nunca chegou a ser enviado juntamente com a carta.
>
> Na verdade, no campo superior direito onde refere 'reservado à colagem da etiqueta' nada consta.
>
> Local onde naturalmente os CTT deveriam colocar o número do registo e onde consta local onde foi colada a carta para ser enviada, a hora e o dia! E no alegado documento 6, nada consta!
>
> O que significada que a carta nunca chegou a ser enviada. E muito menos poderia ser recebida pelo destinatário.
>
> Portanto, não foi por culpa sua que a carta não foi recebida quando na verdade ela nunca chegou a ser enviada."
>
> Acórdão do Supremo Tribunal de Justiça de 16.12.2021 (Ricardo Costa)

a) A <u>lei compreende que um facto aconteceu</u>, quando não houve ou não preencheu todos os elementos da norma

A lei disfarça a verificação de um facto ou acontecimento que na realidade *não existiu ou que não sucedeu* como se o facto existisse ou se tivesse verificado.

Exemplo 1:

Artigo 224.º - Eficácia da declaração negocial

1. A declaração negocial que tem um destinatário torna-se eficaz logo que chega ao seu poder ou é dele conhecida; as outras, logo que a vontade do declarante se manifesta na forma adequada.
2. É também <u>considerada</u> eficaz a declaração que só por culpa do destinatário não foi por ele oportunamente recebida.

QUESTÃO 3
Qual o efeito que o art. 275.º, CC, atribui aos factos abaixo?

"1. Resulta do teor do contrato que ambas as partes, Autora (promitente compradora) e Ré, aceitaram que a celebração do contrato definitivo estaria sujeita a uma condição: o financiamento bancário.
2. Partindo desta condição, as partes previram duas situações: a) A aprovação do financiamento bancário no prazo de 30 dias. Neste caso, a escritura seria outorgada nos 30 dias seguintes à aprovação; b) O indeferimento do financiamento bancário no prazo de 30 dias. Neste caso, implicaria a resolução do contrato e o sinal era devolvido.
3. O objecto do contrato promessa é a compra e venda da fracção autónoma nele identificada, a qual está condicionada à obtenção de financiamento, condição que ambas as partes aceitaram ao celebrar o contrato promessa.
4. Essa condição é de tal forma essencial que só se verificando a mesma é que o negócio definitivo se realizará e, por isso, previram as partes que, não se verificando essa condição, o negócio resolve-se sem perda do sinal para a Autora.
5. A autorização do financiamento pelo Banco ultrapassou o prazo de 30 dias, pois a Autora negligentemente tardou em apresentar a documentação do imóvel."

Acórdão do Tribunal da Relação de Lisboa de 15.04.2021
(Gabriela Cunha Rodrigues)

Exemplo 2:

Artigo 275.º - Verificação e não verificação da condição
1. A certeza de que a condição se não pode verificar equivale à sua não verificação.
2. Se a verificação da condição for impedida, contra as regras da boa fé, por aquele a quem prejudica, <u>tem-se</u> por verificada; se for provocada, nos mesmos termos, por aquele a quem aproveita, <u>considera-se</u> como não verificada.

QUESTÃO 4
Qual a solução proposta pelo art. 805.º para a situação abaixo?

"A Autora 'X Construções Lda.' se encontra a construir um prédio destinado ao comércio e à habitação. A 30.12.2011, a A. e a R. celebraram um contrato através do qual aquela prometeu vender à Ré, e esta comprar-lhe, um apartamento no referido prédio.

Ficou consignado no contrato que a escritura pública de compra e venda seria realizada no mês de Setembro de 2012. Por carta datada de 10.10.2012.

A R. comunicou à A. que lhe concedia um prazo suplementar de 61 dias, a contar da referida data, para a obtenção de documentos, marcação e outorga da data da escritura prometida, e que, caso a escritura não fosse realizada até 10.12.2012, iria considerar que o atraso se converteria em incumprimento definitivo, pelo que consideraria o contrato resolvido.

A Autora não permitiu que essa comunicação fosse entregue ao não autorizar a entrada do carteiro no estabelecimento comercial.

A R. contestou, dizendo que a A. sabia que aquela estava, após o divórcio, a fazer partilhas com o ex-marido, que iria ficar sem casa e que necessitava da prometida fracção para habitar.

Foi esta urgência que levou a fixar a data da escritura de compra e venda em Setembro de 2012, e que levou à exigência, pela A., da entrega de 132.500 €, metade do preço contratado da fracção.

Se a R. tivesse a convicção de que o prazo consignado no contrato-promessa não era para levar a sério, nunca aceitaria nem pagar logo metade do preço real, nem mesmo comprar o apartamento na medida em que necessitava de local para morar.

E deduziu pedido reconvencional requerendo que, por a A. não ter concluído a obra e celebrado a escritura de compra e venda até 10.12.2012, se declare a resolução do contrato-promessa, por incumprimento definitivo da A., condenando-se esta a pagar à Ré a quantia de 265.000 €, a título de sinal em dobro."

Acórdão do Supremo Tribunal de Justiça de 11.02.2015 (Gabriel Catarino)

Exemplo 3:

Artigo 805.º - Momento da constituição em mora

1. O devedor só fica constituído em mora depois de ter sido judicial ou extrajudicialmente interpelado para cumprir.

2. Há, porém, mora do devedor, independentemente de interpelação:

a) Se a obrigação tiver prazo certo;

b) Se a obrigação provier de facto ilícito;

c) **Se o próprio devedor impedir a interpelação, <u>considerando-se</u> interpelado, neste caso, na data em que normalmente o teria sido**. (...)

Exemplo 4:

Artigo 923.º - Primeira modalidade de venda a contento

1. A compra e venda feita sob reserva de a coisa agradar ao

comprador vale como proposta de venda.
2. A proposta **considera-se** aceita se, entregue a coisa ao comprador, este não se pronunciar dentro do prazo da aceitação, nos termos do n.º 1 do artigo 228.º (...)

QUESTÃO 5

A casou com B em Agosto de 2019.
Trata-se de um casamento civil celebrado por português com uma cidadã francesa, em França, perante as autoridades locais competentes.
Não registaram o casamento no respetivo assento por transcrição. Residem juntos num imóvel em que A é arrendatária.
Do artigo 15º-B, n.º 3, do NRAU, decorre que o procedimento especial de despejo deve ser requerido também contra o cônjuge do arrendatário quando o locado constitua casa de morada de família.
Em ação de despejo, apenas A foi citada.
Poderá B aproveitar-se do disposto acima, nos termos do art. 1.669.º, CC?
Cfr. Acórdãos do Tribunal Constitucional n.º 432/94 (Assunção Esteves) e do Tribunal da Relação de Lisboa de 09.12.2015 (Ezagüy Martins)

b) A lei nega a existência de um facto, que na realidade ocorreu e, se não fosse a ficção, produziria os efeitos jurídicos da norma

Exemplo 1:
Artigo 2.º, Código Registo Civil - Atendibilidade dos factos sujeitos a registo
Salvo disposição legal em contrário, os factos cujo registo é obrigatório só podem ser invocados depois de

registados.

Artigo 1.669.º - Atendibilidade do casamento
O casamento cujo registo é obrigatório não pode ser invocado, seja pelos cônjuges ou seus herdeiros, seja por terceiro, enquanto não for lavrado o respectivo assento, sem prejuízo das excepções previstas neste código.

Exemplo 2:
Artigo 2.029.º - Partilha em vida
1. Não é havido por sucessório o contrato pelo qual alguém faz doação entre vivos, com ou sem reserva de usufruto, de todos os seus bens ou de parte deles a algum ou alguns dos presumidos herdeiros legitimários, com o consentimento dos outros, e os donatários pagam ou se obrigam a pagar a estes o valor das partes que proporcionalmente lhes tocariam nos bens doados.
2. Se sobrevier ou se tornar conhecido outro presumido herdeiro legitimário, pode este exigir que lhe seja composta em dinheiro a parte correspondente.
3. As tornas em dinheiro, quando não sejam logo efectuados os pagamentos, estão sujeitas a actualização nos termos gerais.

QUESTÃO 6
Conforme as normas abaixo, o terceiro de boa fé que adquire um prédio por via negocial a título oneroso e o regista em Agosto de 2021, poderá ser prejudicado por ação de nulidade interposta em Fevereiro de 2022?

Artigo 4.º, Código do Registo Predial – Eficácia entre as partes
1 - Os factos sujeitos a registo, ainda que não registados, <u>podem ser invocados entre as próprias partes ou seus herdeiros</u>. (...)
Artigo 17.º, Código do Registo Predial – Declaração da

nulidade
1 - A nulidade do registo só pode ser invocada depois de declarada por decisão judicial com trânsito em julgado.
2 - <u>A declaração de nulidade do registo não prejudica os direitos adquiridos a título oneroso por terceiro de boa fé</u>, se o registo dos correspondentes factos for anterior ao registo da ação de nulidade.
Cfr. Acórdão do Supremo Tribunal de Justiça de 20.05.1997 (Tome de Carvalho)

A boa fé é demonstrada pelo registo anterior à ação de nulidade.

QUESTÃO 7
A e B casaram-se em 2008 e juntos tiveram um filho C, nascido em 2011.

Em 2018 divorciaram-se, mantendo em acordo as responsabilidades parentais quanto à habitação do menor em residência alternada. Neste ano, C recebeu um imóvel deixado em testamento por seu tio.

Em 2020, alteraram o acordo e B passou a ter a guarda única do menor. Todavia, não registaram o termo.

Por dívidas relacionadas ao imóvel recebido, C foi citado pelo Banco F na residência de A.

Sob o regime do art. 1.920.º-C, CC, a citação é eficaz?

c) Em favor de determinadas <u>pessoas</u>, a <u>lei ignora certos factos</u>

Exemplo 1:
Artigo 1.920.º-C - Consequência da falta do registo **(de decisões sobre responsabilidades parentais, cfr. art.**

1920.º-B, CC)
As decisões judiciais a que se refere o artigo anterior não podem ser invocadas contra terceiro de boa fé enquanto se não mostre efectuado o registo.

QUESTÃO 8
Poderá o 2.º réu alegar contra o Banco H a nulidade da hipoteca abaixo, conforme o art. 243.º, CC?

"A) Em 4/3/97, a Autora intentou contra a 1ª ré ação executiva com base numa letra de câmbio no valor de 100.000,00 euros, vencida em 2/12/96.

B) Em 8/5/97, a mesma ré deduziu na ação executiva embargos de executado, tendo para o efeito conferido mandato judicial à 2ª ré, advogada.

C) A 1ª ré era dona da fração autónoma, letra 'M', 4º andar esquerdo, do prédio urbano em regime de propriedade horizontal sito na Rua X.

D) Em 29/8/97, a 1ª ré e a 2ª ré celebraram escritura pública de venda, pela qual a 1ª ré declarou que vendia à 2ª ré a fracção referida em C) pelo preço de 150.000,00 euros.

E) Em 11/9/97, a 2ª ré B..... registou a seu favor a respectiva aquisição, reportada em D).

F) Não obstante as declarações constantes da escritura pública referida em D), nada pretendeu a 2ª ré comprar à 1ª ré, nem esta (1ª ré) pretendeu vender coisa alguma à 2ª ré (resposta ao quesito 2º).

G) <u>Tendo sido tal escritura realizada com o único objectivo de enganar e prejudicar a Autora.</u>

H) Pois já à data de 2/12/96 era a autora credora da 1ª ré.

I) E a 1ª ré declarou vender o prédio em questão à 2ª ré com o único objectivo de transferir fictícia e temporariamente para esta o prédio da qual era proprietária.

J) Tendo sido a venda reportada em D) realizada com a vontade por parte da 1ª ré de afastar das execuções

judiciais o seu património.
K) A 2ª ré nunca pagou à 1ª ré o preço por que declarou comprar o prédio referido, nem a 1ª ré recebeu o referido preço.
L) Após a escritura, a 2.ª ré fez um empréstimo junto ao Banco H, dando de garantia hipotecária o imóvel acima em 15/04/98. Jamais se apercebeu que os demais intervenientes no mesmo tivessem em mente o propósito de prejudicar outrem. Tendo concedido o empréstimo aí referido na convicção de que o mesmo se destinava ao fim declarado nessa escritura.
M) A ação foi instaurada em 11/05/98 e registada em 27/05/98."
Acórdão do Tribunal da Relação do Porto de 03.03.2004 (Fernando Samões)

Exemplo 2:

Artigo 243.º - Inoponibilidade da simulação a terceiros de boa fé
1. A nulidade proveniente da simulação não pode ser arguida pelo simulador contra terceiro de boa fé.
2. A boa fé consiste na ignorância da simulação ao tempo em que foram constituídos os respectivos direitos.
3. Considera-se sempre de má fé o terceiro que adquiriu o direito posteriormente ao registo da acção de simulação, quando a este haja lugar.

2. PRESUNÇÕES LEGAIS (*PRESUMPTIO IURIS*) E PRESUNÇÕES JUDICIAIS

As presunções legais consistem na afirmação de que um facto desconhecido acompanha o facto conhecido, e opera-se no âmbito do ónus da prova. Cfr.:

Artigo 349.º - Noção
Presunções são as ilações que a lei ou o julgador tira de um

facto conhecido para firmar um facto desconhecido.

Artigo 350.º - Presunções legais
1. Quem tem a seu favor a presunção legal escusa de provar o facto a que ela conduz.
2. As presunções legais podem, todavia, ser ilididas mediante prova em contrário, excepto nos casos em que a lei o proibir.

Artigo 351.º - Presunções judiciais
As presunções judiciais só são admitidas nos casos e termos em que é admitida a prova testemunhal.

QUESTÃO 9
Conforme o art. 342.º, CC, a quem incumbe a prova numa ação de restituição por enriquecimento sem causa (art. 473.º, CC)?

Artigo 473.º - Princípio geral
1. Aquele que, sem causa justificativa, enriquecer à custa de outrem é obrigado a restituir aquilo com que injustamente se locupletou.
2. A obrigação de restituir, por enriquecimento sem causa, tem de modo especial por objecto o que for indevidamente recebido, ou o que for recebido por virtude de uma causa que deixou de existir ou em vista de um efeito que não se verificou.
Cfr. Acórdão do Supremo Tribunal de Justiça de 24.04.1985 (Campos Costa)

Quem alega que houve enriquecimento da outra parte nos termos do art. 473.º, CC, deve fazer a prova nos termos do art. 342.º, n.º 1, CC. Neste caso, caberá ao suposto enriquecido a prova de que, ao contrário, não enriqueceu ou que há outra causa extintiva, modificativa ou impeditiva, nos termos do art. 342.º, n.º 2, CC.

2.1. Presunções e ónus da prova

As presunções têm grande relevância para efeitos de prova e de ónus da prova: dos factos provados, resulta a verdade processual *(quod non est in actis, non est in mundo)*.

> Artigo 341.º - Função das provas
> As provas têm por função a demonstração da realidade dos factos.
>
> Artigo 342.º - Ónus da prova
> 1. Àquele que invocar um direito cabe fazer a prova dos factos constitutivos do direito alegado.
> 2. A prova dos factos impeditivos, modificativos ou extintivos do direito invocado compete àquele contra quem a invocação é feita.
> 3. Em caso de dúvida, os factos devem ser considerados como constitutivos do direito.

QUESTÃO 10
Como o art. 342.º, CC, e as presunções se relacionam?

O ónus da prova pode ser por vezes pesado, resultando que uma parte pode ter razão, mas não dispor de recursos (económicos, científicos, acesso a documentos, etc.) para produzir a prova do que alega.

Disso resulta que o seu direito não é reconhecido por não ter arcado com o ónus da prova que recai sobre sua esfera.

A decisão do juiz depende dos factos provados (*da mihi factum dabo tibi jus* = dá-me o facto, darei a ti o direito).

Por meio do processo de silogismo, compreende os factos provados e os subsume ao direito, para aplicar as consequências jurídicas. O ónus da prova pode ser redistribuído e a presunção é um dos meios previstos no art. 344.º, n. 1º, CC. O fundamento é a impossibilidade ou dificuldade de prova.

QUESTÃO 11
Qual o resultado da aplicação do art. 492.º, n.º 1, CC aos factos abaixo?

> "1- Em 18 de Setembro de 2002, A participou à Autora Companhia de Seguros que no dia 15 ou 16 desse mês tinha ocorrido um sinistro no referido estabelecimento.
> 2- Com efeito, A, ao deslocar-se ao estabelecimento, que estivera encerrado para férias, deparou com o mesmo alagado, pingando água do tecto em alguns locais, e noutros escorrendo água pelas paredes.
> 3- Tal água provinha do andar imediatamente superior, onde tinha ocorrido uma ruptura numa das tubagens flexíveis de abastecimento de água, de propriedade da Ré.
> 4- Da inundação resultou diversos danos.
> 5- As aludidas danificações obrigaram à realização de obras no estabelecimento, nomeadamente a substituição de pladur nas salas de refeição e cozinha, pintura das áreas de refeição, da cozinha e do armazém, substituição de azulejos, aplicação de isolamentos e a refazer a instalação eléctrica.
> 6- À data do sinistro decorriam obras nas canalizações exteriores na rua e no passeio, com valas abertas durante vários dias mesmo junto à entrada do prédio, que influíram na estabilidade da canalização.
> 7- Há sensivelmente dez anos, os intervenientes realizaram no segundo andar obras de substituição das canalizações de água e renovação de toda a instalação

eléctrica do mesmo."
Acórdão do Tribunal da Relação de Lisboa de 11.11.2008
(Anabela Calafate)

Cfr.:
Artigo 492.º - (Danos causados por edifícios ou outras obras)
1. O proprietário ou possuidor de edifício ou outra obra que ruir, no todo ou em parte, por vício de construção ou defeito de conservação, responde pelos danos causados, salvo se provar que não houve culpa da sua parte ou que, mesmo com a diligência devida, se não teriam evitado os danos.
2. A pessoa obrigada, por lei ou negócio jurídico, a conservar o edifício ou obra responde, em lugar do proprietário ou possuidor, quando os danos forem devidos exclusivamente a defeito de conservação.

QUESTÃO 12
Nos termos do art. 799.º, CC, como será verificada a culpa na causação dos danos abaixo:

"O BANCO DD, repetindo uma operação de 2004, em 2006 lançou uma operação de emissão de obrigações subordinadas EE 2006, a 10 anos, cujos valores captados serviram para reforçar os rácios de capital do BANCO DD.

Foram dadas instruções aos funcionários para não ser entregue aos clientes a nota informativa do produto e para ser vendido como um sucedâneo de um depósito a prazo.

Os autores acreditaram tratar-se de investimento seguro, 100% garantido.

Em 18 de Abril de 2006, a autora mulher subscreveu o boletim de subscrição de uma obrigação EE 2006, no valor de € 50.000, pensando tratar-se de uma variante de depósito a prazo mas melhor remunerado.

Não foi dada aos autores nota informativa da operação, mas os funcionários do banco informaram que se

tratava de produto sem qualquer risco, que o banco garantia o retorno dos valores em causa e que os podiam resgatar em qualquer altura, o que convenceu os autores.
Aos autores não foi dito nem sabiam que o empréstimo só poderia ser reembolsado a partir de 8 de Maio de 2016; se o soubessem, não teriam aceitado subscrever o produto, o que era do conhecimento dos funcionários do banco."
Acórdão do Supremo Tribunal de Justiça de 13.09.2018 (Sousa Lameira)

O ónus da prova pode ser modificado por meio dessas presunções: um facto é presumido e não será necessário fazer prova por quem dele se beneficia.
O banco agiu com culpa e não informou, causando danos aos contraentes. Para afastar a responsabilidade civil, o banco deve demonstrar que não operou com culpa, nos termos dos arts. 350.º, n.º 1, e 799.º, n.º 1, CC.

Cfr.:
> Artigo 350.º - Presunções legais
> 1. Quem tem a seu favor a presunção legal escusa de provar o facto a que ela conduz. (...)
>
> Artigo 798.º - Responsabilidade do devedor
> O devedor que falta culposamente ao cumprimento da obrigação torna-se responsável pelo prejuízo que causa ao credor.
>
> Artigo 799.º - Presunção de culpa e apreciação desta
> 1. **Incumbe ao <u>devedor provar</u> que a falta de cumprimento ou o cumprimento defeituoso da obrigação não procede de culpa sua.**
> 2. A culpa é apreciada nos termos aplicáveis à

responsabilidade civil.

QUESTÃO 13
Diante do art. 516.º, CC, e do art. 344.º, n.º 1, CC, a quem compete prova dos factos abaixo alegados pela Autora:

"A Autora alegou para tanto – e em síntese – que a Ré viveu, durante cerca de trinta anos, em comunhão de mesa e habitação com C, pai da Autora.

À data da morte do C existiam efectuados quatro depósitos bancários em nome da Ré e do dito C, depósitos esses que a Ré levantou após a morte do C, dando destino desconhecido aos ditos montantes em dinheiro.

A Autora, como única herdeira legitimária de seu pai, tem direito a metade dos montantes existentes nas contas bancárias, à data da morte de seu pai, visto o disposto no artº 516º C. Civ.

Tal atitude da Ré consubstanciou ainda um enriquecimento ilegítimo da mesma Ré, reclamando a Autora o montante citado (de metade dos depósitos de que a Ré se apropriou) por a tanto ascender o dito enriquecimento, à luz do instituto juscivilístico do enriquecimento sem causa."

Acórdão do Supremo Tribunal de Justiça de 26.10.2004 (Afonso Correia)

Cfr.:

Artigo 516.º - Participação nas dívidas e nos créditos
Nas relações entre si, presume-se que os devedores ou credores solidários **comparticipam em partes iguais na dívida ou no crédito**, sempre que da relação jurídica entre eles existente não resulte que são diferentes as suas partes, ou que um só deles deve suportar o encargo da dívida ou obter o benefício do crédito.

Opera-se a **inversão do ónus da prova** diante de uma presunção legal.

> Artigo 344.º - Inversão do ónus da prova
> 1. As regras dos artigos anteriores **invertem-se, quando haja presunção legal**, dispensa ou liberação do ónus da prova, ou convenção válida nesse sentido, e, de um modo geral, sempre que a lei o determine. (...)

À parte que beneficia da presunção não cabe mais o ónus da prova, que passa a ser da parte a quem a presunção prejudica.

E.g.: quem invocar um direito subjetivo a seu favor deverá fazer prova dos factos constitutivos, salvo se existir uma presunção; neste caso, o ónus recai exclusivamente sobre quem deverá fazer a prova dos elementos impeditivos, extintivos ou modificativos, que será a outra parte processual.

QUESTÃO 14
Qual a diferença entre presunção *juris et de jure* e presunção *juris tantum*?

Cfr.:
> "A presunção representa o juízo lógico pelo qual, argumentando segundo o vínculo de causalidade que liga uns com outros os acontecimentos naturais e humanos, podemos induzir a existência ou o modo de ser de um determinado facto que nos é desconhecido em consequência de outro facto ou factos que nos são conhecidos.
> Não são um meio de prova, mas um processo indireto que proporciona racionalmente o que se pretende provar. (...)

As presunções legais são *juris et de jure*, quando não admitem prova em contrário; *juris tantum*, quando podem ser afastadas por prova que se lhes oponha.
No primeiro caso, impede-se a prova em contrário; no segundo, inverte-se o ónus de prova.
As presunções funcionam como modo de ultrapassar as dificuldades de prova, por se referirem, por exemplo, a factos que não se objectivam pela sua própria natureza, havendo uma aparência que merece protecção - oponibilidade a terceiro de acção de simulação registada, seja também quando é mais difícil de produzir para quem teria normalmente que suportar o ónus probatório (*relevatio ab onere probandi*).
Das presunções se ocupam os artigos 349.º a 351.º do Código Civil, sendo de considerar o que determina o n.º 2 do artigo 350.º:
As presunções legais podem, todavia, ser ilididas mediante prova em contrário, excepto nos casos em que a lei o proibir."
Acórdão do Supremo Tribunal de Justiça 03.04.1991 (Pedro Macedo)

2.2. PRESUNÇÃO LEGAL E PROVA EM CONTRÁRIO

A presunção legal pode ser:
(1) relativa (ou *iuris tantum*) ou
(2) absoluta (ou *iruis et de iure*)

Cfr.:
Artigo 350.º - Presunções legais (...)
2. As presunções legais podem, todavia, (1) **ser ilididas mediante prova em contrário**, (2) **excepto nos casos em que a lei o proibir**.

A presunção legal relativa é a regra; a presunção legal absoluta é exceção.

a) As presunções relativas ou *iuris tantum* são ilidíveis mediante prova em contrário

Permite a prova de que o facto presumido não acompanhou o facto que serve de base à presunção legal.

Dadas as dificuldades de prova de certos factos constitutivos de direitos em determinadas situações, a lei vem em socorro de uma das partes, estabelecendo a seu favor uma presunção legal.

QUESTÃO 15

Diante do dispositivo abaixo e do regime das presunções, identifique se é cabível prova em contrário neste tipo legal de responsabilidade civil:

> Artigo 491.º - Responsabilidade das pessoas obrigadas à vigilância de outrem
>
> As pessoas que, por lei ou negócio jurídico, forem obrigadas a vigiar outras, por virtude da incapacidade natural destas, são responsáveis pelos danos que elas causem a terceiro, salvo se mostrarem que cumpriram o seu dever de vigilância ou que os danos se teriam produzido ainda que o tivessem cumprido.

Exemplo 1:

> Artigo 493.º - Danos causados por coisas, animais ou actividades
>
> 1. Quem tiver em seu poder coisa móvel ou imóvel, com o dever de a vigiar, e bem assim quem tiver assumido o encargo da vigilância de quaisquer animais, responde pelos danos que a coisa ou os animais causarem, **salvo se provar que nenhuma culpa houve da sua parte ou que os danos se teriam igualmente produzido ainda que não houvesse culpa sua.**
>
> 2. Quem causar danos a outrem no exercício de uma

actividade, perigosa por sua própria natureza ou pela natureza dos meios utilizados, é obrigado a repará-los, **excepto se mostrar que empregou todas as providências exigidas pelas circunstâncias com o fim de os prevenir.**

QUESTÃO 16
Nos termos do art. 1.260.º, n.º 2, CC, à situação dos Réus caberá prova em contrário?

"O Autor pedia o seu reconhecimento como herdeiro legitimário de DD e, consequentemente, se decretasse a anulação da partilha da herança daquele efectuada pelos Réus e condenasse a Ré a restituir à herança os bens (ou o correspondente preço) que recebeu através daquela partilha, bem como o cancelamento dos correspectivos registos.

Invocava, para fundamentar tal pedido, que foi judicialmente reconhecido como filho de DD por sentença proferida em 04/07/2013, sendo que os Réus (<u>filho e ex-cônjuge</u> daquele, entretanto falecido), sabendo desde 2004 que era pretendido esse reconhecimento da paternidade, com o fito de excluir o Autor da herança, procederam, por escritura de 27/04/2006, a uma partilha em que adjudicaram todas os bens à <u>Ré, prescindindo o Réu de tornas</u>.

Os Réus contestaram alegando que não procederam à partilha da herança de DD mas apenas à partilha dos bens do ex-casal deste, sem qualquer intuito fraudatório; e que o Réu prescindiu de tornas no cumprimento de uma obrigação natural."

Acórdão do Supremo Tribunal de Justiça de 08.09.2021 (Rijo Ferreira)

Exemplo 2:

Artigo 1.260.º - Posse de boa fé
1. A posse diz-se de boa fé, quando o possuidor ignorava, ao adquiri-la, que lesava o direito de outrem.

2. **A posse titulada presume-se de boa fé**, e a não titulada, de má fé. (...)

Exemplo 3:
Artigo 1.268.º - Presunção da titularidade do direito
1. **O possuidor goza da presunção da titularidade do direito**, excepto se existir, a favor de outrem, presunção fundada em registo anterior ao início da posse.
2. Havendo concorrência de presunções legais fundadas em registo, será a prioridade entre elas fixada na legislação respectiva.

QUESTÃO 17
O número 3 do dispositivo abaixo permitirá prova em contrário pelo terceiro, demonstrando que não agiu de má fé?

Artigo 243.º - Inoponibilidade da simulação a terceiros de boa fé
1. A nulidade proveniente da simulação não pode ser arguida pelo simulador contra terceiro de boa fé.
2. A boa fé consiste na ignorância da simulação ao tempo em que foram constituídos os respectivos direitos.
3. <u>Considera-se sempre de má fé o terceiro que adquiriu o direito posteriormente ao registo da acção de simulação, quando a este haja lugar.</u>

b) As presunções legais absolutas (ou *iuris et de iure*) não admitem ilisão

A lei traz em sua previsão disposição fechada, e.g., "considera-se **sempre**". Isso a aproxima de uma ficção legal
No entanto, são conceitualmente distintas:

1- a ficção, a lei atribui a um facto as

consequências de outro;
2- na presunção *iuris et de iure* o legislador supõe, de modo irrefutável, que o facto presumido acompanha sempre o facto que serve de base à presunção.

Exemplo:
Artigo 1.260.º - Posse de boa fé
1. A posse diz-se de boa fé, quando o possuidor ignorava, ao adquiri-la, que lesava o direito de outrem.
2. A posse titulada presume-se de boa fé, e a não titulada, de má fé.
3. **A posse adquirida por violência é <u>sempre considerada</u> de má fé**, mesmo quando seja titulada.

QUESTÃO 18
Nos termos do art. 1.826.º, n.º 1, CC, analise os factos abaixo e aponte o que os AA. devem provar:
"1. Os AA. são pais de E... , nascido a 11.01.1967 na freguesia de (...) , falecido no dia 27.06.2012.
2. E... casou com a R. C... a 15.08.1992, tendo tal casamento vindo a ser dissolvido por divórcio em 26.06.2009.
3. Em 22.01.2000 nasceu D... , tendo sido registado como filho da R. C... e de E... e neto paterno dos AA..
4. E... faleceu por acto voluntário, suicídio por inalação de monóxido de carbono.
5. Os AA. acreditam que E... entendia que o R. D... não era seu filho, o que havia ficado a saber da boca da própria Ré, de modo exacto não apurado e que foi tal descoberta que o levou a terminar com a vida.
6. Pelo menos desde 1996, incluindo o primeiro semestre de 1999, que os AA. e restante família mantêm suspeitas sobre o comportamento da ré que consideravam fazer-se acompanhar de modo estreito e

íntimo com outros indivíduos não obstante ser casada com seu filho.

7. Desde sempre por tais motivos os AA. alimentaram dúvidas sobre a paternidade do R. D... .

8. A presente acção deu entrada em 29.10.2012.

9. O facto de o seu filho se ter suicidado abalou emocionalmente os AA. e levou até ao internamento da A. mulher entre 20.07.2012 e 07.08.2012, embora haja sempre estado consciente, orientada, apresentando discurso coerente e sem alterações.

10. Não obstante isso, face a todas as dúvidas que já tinham e ao que viram, pelo menos o A. marido de imediato criou a certeza de que o R. D... Não era seu neto e procurou imediatamente um advogado para propor esta acção."

Acórdão do Tribunal da Relação de Coimbra de 07.03.2017 (Freitas Neto)

2.3. Presunções legais híbridas

Estão presentes no direito da filiação e no estabelecimento da paternidade. Essas presunções se opõem ao estabelecimento da maternidade e baseiam-se no princípio *mater semper certa est, pater nunquam*.

Por exemplo, nos arts. 1.839.º e 1.871.º, CC, as presunções legais híbridas previstas para a paternidade podem ser afastadas quando forem manifestamente improváveis ou quando existam dúvidas:

Artigo 1.796.º - Estabelecimento da filiação

1. Relativamente à **mãe, a filiação resulta do facto do nascimento** e estabelece-se nos termos dos artigos 1.803.º a 1.825.º

2. A **paternidade presume-se em relação ao marido da**

mãe e, nos casos de filiação fora do casamento, estabelece-se pelo reconhecimento.

Artigo 1.826.º - Presunção de paternidade
1. Presume-se que o **filho nascido ou concebido na constância do matrimónio** tem como pai o marido da mãe. (...)

Artigo 1.839.º - Fundamento e legitimidade **(impugnação da paternidade presumida)**
1. A paternidade do filho pode ser impugnada pelo marido da mãe, por esta, pelo filho ou, nos termos do artigo 1.841.º, pelo Ministério Público.
2. Na acção o autor deve provar que, de acordo com as circunstâncias, a **paternidade do marido da mãe é manifestamente improvável**. (...)

Artigo 1.871.º - Presunção **(na ação de investigação de paternidade)**
1. A paternidade presume-se: (...)
2. **A presunção considera-se ilidida quando existam dúvidas sérias sobre a paternidade do investigado**.

Cfr.:

"Em todos estes casos, a paternidade presume-se, mas a presunção considera-se ilidida quando existam dúvidas sérias sobre a paternidade do investigado (artº 1871 nº 1, proémio, e nº 2, do Código Civil).
Neste sentido, as presunções legais de paternidade são **presunções fracas**, visto que se consideraram ilididas quando existam dúvidas sérias sobre a paternidade do investigado – o que as aproxima, nitidamente, das presunções naturais ou judiciais. Mal vale a perder uma palavra para explicar que, uma vez ilidida a presunção, a acção de investigação da paternidade só procederá se o investigante provar directamente a paternidade biológica.

A inversão do ónus da prova dá-se igualmente quando a prova tenha sido culposamente impossibilitada pela contraparte (art.º 344 n.º 2 do Código Civil)."
Acórdão do Tribunal da Relação de Coimbra de 10.09.2013 (Henrique Antunes)

QUESTÃO 19
Nos termos do art. 1.871.º, CC, quais as consequências dos factos abaixo?

"A. instaurou, em 07.2.2012, ação de investigação de paternidade, pedindo que se declare e condene o R. a reconhecer que a A. é sua filha, com as consequências legais.

O nascimento da A. ocorreu no termo da gravidez da sua mãe e como consequência das relações de cópula havidas entre ela e o R., com quem mantinha uma relação de proximidade e amor, publicamente conhecida, nunca tendo tido a sua mãe, durante a relação com o R., e, nomeadamente nos primeiros 120 dias dos 300 que precederam o seu nascimento, relações sexuais de cópula com qualquer outro homem que não aquele.

O R. sempre teve para com a A. atitudes que normalmente os pais têm para com os filhos, nomeadamente, questionando-a se está tudo bem, se precisa de alguma coisa e inclusive concedendo-lhe a bênção quando a A. a solicitava.

Esta situação era conhecida e comentada por todas as pessoas amigas e conhecidas."
Acórdão do Supremo Tribunal de Justiça de 31.01.2017 (Pedro de Lima Gonçalves)

Cfr.:

"I. A ação de investigação de paternidade tem como escopo a atribuição jurídica da paternidade do filho ao progenitor biológico deste, pelo que o facto de onde emerge tal direito é a procriação biológica/geração, constituindo tal facto jurídico procriador (relação sexual fecundante) a respetiva *causa petendi*.

II. Tal facto jurídico pode lograr prova, quer diretamente, enquanto prova da procriação / filiação biológica (via biológica), quer indiretamente, através do uso de alguma das presunções legais (da relação biológica) de paternidade previstas no nº 1 do artigo 1871º do Código Civil, desde que não ilididas, nos termos do nº 2 do mesmo normativo (via presuntiva), podendo tais vias ser invocadas cumulativamente (como sucede no caso dos autos).

III. Na presente ação de investigação de paternidade, enquanto ação fundada na presunção de paternidade estabelecida na alínea a) do n.º 1 do no artigo 1871.º do Código Civil, à A. cabe provar os factos-base de tal presunção, em concreto, a posse de estado, a qual é integrada, conjunta e cumulativamente, por três elementos: (i) a reputação como filho pelo pretenso pai (*nomen*); (ii) o tratamento como filho pelo pretenso pai (*tractatus*); e (iii) a reputação como filho do pretenso pai pelo público (fama).

IV. A norma constante do nº 1 do artigo 1871º do Código Civil, na dimensão interpretativa que prevê um prazo limitador da possibilidade da A., enquanto filha, propor a presente ação de investigação de paternidade, com fundamento no facto biológico da filiação, é inconstitucional, uma vez que o direito a conhecer a ascendência biológica constitui dimensão essencial do direito à identidade pessoal previsto no artigo 26º, nº 1, da Constituição da República Portuguesa, e o direito a estabelecer os concomitantes vínculos jurídicos traduz uma dimensão do direito a constituir família previsto no artigo 36º, nº 1, da Constituição da República Portuguesa, consubstanciando tal prazo limitador uma restrição excessiva ou desproporcionada aos assinalados

direito fundamental à identidade pessoal e direito de constituir família, bem como ao próprio direito geral de personalidade dos investigantes (cfr. artigo 70º do Código Civil)."
Acórdão do Supremo Tribunal de Justiça de 31.01.2017 (Pedro de Lima Gonçalves)

2.4. Presunções judiciais (ou presunções de facto)

São baseadas na experiência de vida e são ilidíveis por simples contraprova.

O seu uso apenas é permitido quando admitida a **prova testemunhal**, quer dizer, quando o facto em causa não deve constar de um documento: quando não for admitida a prova testemunhal, a presunção judicial também não o será.

Cfr.:
> Artigo 392.º - Admissibilidade
> A prova por testemunhas é admitida em todos os casos em que não seja directa ou indirectamente afastada.
>
> Artigo 393.º - Inadmissibilidade da prova testemunhal
> 1. Se a declaração negocial, por disposição da lei ou estipulação das partes, houver de ser reduzida a escrito ou necessitar de ser provada por escrito, não é admitida prova testemunhal. (...)

QUESTÃO 20
Diante do art. 351.º, CC, analise o caso abaixo:
> "O Autor alegou que no ano de 1994 o Réu pediu-lhe emprestada a quantia de 150.000,00 euros, ao que acedeu, tendo emitido cheque no mesmo valor sacado da sua conta bancária.
> Apela ainda aos depoimentos das testemunhas EE e FF.
> No que respeita aos documentos convém referir que

estes nada provam quanto ao concreto empréstimo aqui discutido (...) A testemunha FF confirmou o cheque e que a EE ligou ao réu a perguntar a quem o cheque era passado e bem assim confirmou que foi quem enviou o fax com cópia do cheque e do depósito ao Réu. Mas declarou ignorar qual o motivo pelo qual o cheque foi depositado. (...)
Daí que a conjugação destas provas <u>não conduz à demonstração do acordo contratual que subjaz à efectiva entrega do cheque</u>.
Nesta sede, o que resulta das regras da experiência comum a que o autor apela no julgamento é que <u>padrão do homem médio não aguarda 19 anos para reclamar o pagamento de empréstimo</u>, sem nada fazer durante tal período de tempo.
Esta demora do Autor em reclamar uma tal quantia, precisamente porque contraria aquele padrão médio de comportamento do homem comum, funciona em termos de presunção judicial criando uma maior dúvida quanto à sua alegação de facto, ainda mais tratando-se de um cheque que não foi sequer depositado na conta do réu."
Acórdão do Supremo Tribunal de Justiça de 11.04.2019 (Rosa Tching)

QUESTÃO 21
Conforme o art. 217.º, n.º 2, e 351.º, CC, será a declaração abaixo sobre o estudo prévio válida?

"Vem provada a seguinte matéria de facto:
1. A Autora elaborou uma proposta, com data de 25 de Junho de 2007, referente à elaboração de projectos de arquitectura e de engenharia referentes à construção de uma aparthotel em ....
2. A pedido da Ré, a Autora elaborou o estudo prévio de arquitectura referente à construção de um aparthotel em .... (1)

3. De acordo com a proposta referida em (1), o preço global dos serviços a prestar pela Autora era de € 107.350,00, acrescido de IVA.

4. Do preço supra referido, 30% correspondia à fase do «estudo prévio», 40% à fase do «projecto de licenciamento», 20% correspondia à fase de «projecto de execução» e 10% à fase de «assistência técnica». (5)

5. O estudo prévio de arquitectura foi entregue directamente à Ré.

6. Nos termos da proposta supra referida, a interrupção do trabalho por período superior a um ano ou a suspensão do mesmo confere à Autora o direito de receber as quantias relativas à totalidade da fase em que o trabalho se encontre, acrescido de 35% do valor da fase subsequente.

7. Em 17.09.2009, a Autora emitiu as facturas nº .../2009, no valor de € 8.450,00, nº .../2009, no valor de € 4.225,00, nº .../2009, no valor de € 3.510,00 e nº .../2009, no valor de € 1.790,00; enviou à ré.

8. A Ré devolveu à Autora as supra referidas facturas, opondo-se a essas."

Acórdão do Supremo Tribunal de Justiça de 09.07.2014 (Pinto de Almeida)

Capítulo 15 – A tutela dos direitos subjetivos

QUESTÃO 1
a) Qual o mecanismo de proteção de direitos subjetivos?
b) Em qual momento este atua?

O direito objetivo (privado e público) atribui/ reconhece direitos subjetivos (privados e públicos) e a determinação de direitos e obrigações correspondentes.

Os direitos subjetivos necessitam de proteção:

a) Preventivamente contra a possibilidade de violação

b) Diante da violação do direito, posteriormente pela:
    Atenuação da lesão/prejuízo
    Eliminação dos efeitos da violação
    Reparação pelos danos causados

Os meios de tutela são:

- Heterotutela (estadual) ou tutela pública

- Autotutela (excecional) ou tutela privada

1. HETEROTUTELA
É a tutela jurisdicional proveniente dos entes públicos estabelecidos constitucionalmente em um Estado de Direito.

Voltada para proteção jurídica os direitos, assegurar cumprimento das normas jurídicas, e aplicação coercitiva das consequências jurídicas para a violação destas.

Resultado da evolução social que afastou a "justiça privada". Pode ser judiciária ou administrativa.

Cfr.:
> Artigo 20.º, CRP - Acesso ao direito e tutela jurisdicional efetiva
> 1. **A todos é assegurado o <u>acesso ao direito e aos tribunais</u> para defesa dos seus direitos e interesses legalmente protegidos, <u>não podendo a justiça ser denegada por insuficiência de meios económicos</u>**.
> 2. Todos têm direito, nos termos da lei, à informação e consulta jurídicas, ao patrocínio judiciário e a fazer-se acompanhar por advogado perante qualquer autoridade.
> 3. A lei define e assegura a adequada proteção do segredo de justiça.
> 4. Todos têm direito a que uma causa em que intervenham seja objeto de decisão em **prazo razoável** e mediante processo equitativo.
> 5. Para defesa dos <u>direitos, liberdades e garantias pessoais</u>, a lei assegura aos cidadãos procedimentos judiciais caracterizados pela **celeridade e prioridade**, de modo a obter tutela efetiva e em tempo útil contra ameaças ou violações desses direitos.
>
> Lei n.º 34/2004, de 29 de Julho - Acesso ao Direito e aos Tribunais
> Artigo 1.º - Finalidades
> 1 - O sistema de acesso ao direito e aos tribunais destina-se a **assegurar que a ninguém seja dificultado ou impedido, em razão da sua condição social ou cultural, ou por insuficiência de meios económicos, o conhecimento, o exercício ou a defesa dos seus direitos**.
> 2 - Para concretizar os objectivos referidos no número anterior, desenvolver-se-ão acções e mecanismos

sistematizados de informação jurídica e de protecção jurídica.

Lei n.º 34/2004, de 29 de Julho - Acesso ao Direito e aos Tribunais
Apoio judiciário
Artigo 16.º - Modalidades
1 - O apoio judiciário compreende as seguintes modalidades:
a) Dispensa de taxa de justiça e demais encargos com o processo;
b) Nomeação e pagamento da compensação de patrono;
c) Pagamento da compensação de defensor oficioso;
d) Pagamento faseado de taxa de justiça e demais encargos com o processo;
e) Nomeação e pagamento faseado da compensação de patrono;
f) Pagamento faseado da compensação de defensor oficioso;
g) Atribuição de agente de execução. (...)

QUESTÃO 2
Diante do art. 20.º, n.º 1, da CRP, é a norma em destaque abaixo inconstitucional (cfr. arts. 277.º, CRP)?

Artigo 29.º, Lei de Acesso ao Direito e aos Tribunais (Lei n.º 34/2004, de 29 de Julho)
Alcance da decisão final
1 - A decisão que defira o pedido de protecção jurídica especifica as modalidades e a concreta medida do apoio concedido. (...)
4 - O indeferimento do pedido de apoio judiciário importa a obrigação do pagamento das custas devidas, bem como, no caso de ter sido solicitada a nomeação de patrono, o pagamento ao Instituto de

Gestão Financeira e de Infra-Estruturas de Justiça, I. P., da quantia prevista no n.º 2 do artigo 36.º

5 - <u>Não havendo decisão final quanto ao pedido de apoio judiciário no momento em que deva ser efectuado o pagamento da taxa de justiça</u> e demais encargos do processo judicial, proceder-se-á do seguinte modo:

(...)

c) <u>Tendo havido já decisão negativa do serviço da segurança social, o pagamento é devido no prazo de 10 dias</u> contados da data da sua comunicação ao requerente, sem prejuízo do posterior reembolso das quantias pagas no caso de procedência da impugnação daquela decisão.

Acórdão do Tribunal Constitucional n.º 403/2016

2. A TUTELA JUDICIÁRIA

É o recurso aos tribunais como meio de solução de conflitos. Os tribunais são órgãos de soberania (arts. 110.º, n.º 1, e 202.º, n.º 1, CRP) e estão organizados nos arts. 202.º e seguintes da CRP e na Lei n.º 62/2013, de 26 de Agosto (Lei da Organização do Sistema Judiciário).

Os tribunais são independentes e estão sujeitos apenas à lei (art. 203.º, CRP). As decisões dos tribunais devem ser fundamentadas (art. 205.º, n.º 1, CRP).

Supletivamente, aplicam-se os códigos processuais na organização dos tribunais, especialmente quanto à competência material e territorial, ex.:

Artigo 60.º, CPC - Fatores determinantes da competência na ordem interna

1 - A competência dos tribunais judiciais, no âmbito

da jurisdição civil, é regulada conjuntamente pelo estabelecido nas leis de organização judiciária e pelas disposições deste Código.

2 - Na ordem interna, a jurisdição reparte-se pelos diferentes tribunais segundo a matéria, o valor da causa, a hierarquia judiciária e o território.

QUESTÃO 3
Nos termos do princípio da imparcialidade, art. 203.º, CRP, poderá um juiz que interveio em um processo e já proferiu uma decisão, intervir novamente no mesmo processo?

Ex.:

Artigo 692.º, - Apreciação liminar de Recurso de uniformização de jurisprudência

1 - Recebidas as contra-alegações ou expirado o prazo para a sua apresentação, é o <u>processo concluso ao relator para exame preliminar</u>, sendo o recurso rejeitado, além dos casos previstos no n.º 2 do artigo 641.º, sempre que o recorrente não haja cumprido os ónus estabelecidos no artigo 690.º, não exista a oposição que lhe serve de fundamento ou ocorra a situação prevista no n.º 3 do artigo 688.º. (...)

Decisão Sumária do Tribunal Constitucional n.º 13/2022

QUESTÃO 4
Nos termos do art. 209.º, CRP, quais as categorias de tribunais existentes em Portugal?

Cfr.:

Artigo 209.º, CRP - Categorias de tribunais

1. Além do (1) **Tribunal Constitucional**, existem as seguintes categorias de tribunais:

a) O (2) **Supremo Tribunal de Justiça** (ver art. 210.º, CRP) e os (3) **tribunais judiciais de primeira e (4) de segunda instância** (ver art. 211.º, CRP);
b) O (5) **Supremo Tribunal Administrativo** e os demais (6) **tribunais administrativos** e (7) **fiscais**;
c) O (8) **Tribunal de Contas** (ver art. 214.º, CRP).
2. Podem existir (9) **tribunais marítimos**, (10) **tribunais arbitrais** e (11) **julgados de paz**.
(...)
4. Sem prejuízo do disposto quanto aos (12) **tribunais militares** (...) (cfr. Art. 213.º, CRP: apenas são constituídos em estado de guerra).

QUESTÃO 5
O Ministério Público é soberano, tal como os tribunais? Justifique.
Cfr.:

Artigo 219.º, CRP - Funções e estatuto
1. Ao Ministério Público compete representar o Estado e defender os interesses que a lei determinar, bem como, com observância do disposto no número seguinte e nos termos da lei, participar na execução da política criminal definida pelos órgãos de soberania, exercer a ação penal orientada pelo princípio da legalidade e defender a legalidade democrática.
2. O Ministério Público goza de estatuto próprio e de **autonomia**, nos termos da lei.
(...)

QUESTÃO 6
A sofreu uma lesão causada por B e intentou uma ação declarativa de responsabilidade civil. Os factos ocorreram na baixa do Porto.
Cfr.:

Artigo 71.º, CPC – Competência para o

cumprimento da obrigação
1 - A ação destinada a exigir o cumprimento de obrigações, a indemnização pelo não cumprimento ou pelo cumprimento defeituoso e a resolução do contrato por falta de cumprimento é proposta no tribunal do domicílio do réu, podendo o credor optar pelo tribunal do lugar em que a obrigação deveria ser cumprida, quando o réu seja pessoa coletiva ou quando, situando-se o domicílio do credor na área metropolitana de Lisboa ou do Porto, o réu tenha domicílio na mesma área metropolitana.
2 - Se a ação se destinar a efetivar a responsabilidade civil baseada em facto ilícito ou fundada no risco, o tribunal competente é o correspondente ao lugar onde o facto ocorreu.

QUESTÃO 7

O pedido de indemnização de A contra B foi indeferido em sentença da 1.ª instância na Comarca de Aveiro, dentro da área de competência territorial do Tribunal da Relação do Porto. Via de regra, para qual tribunal deverá A interpor um recurso de apelação (cfr. art. 644.º, CPC)?
Cfr.:

Artigo 68.º, CPC - Relações
1 - As Relações conhecem dos recursos e das causas que por lei sejam da sua competência.
2 - Compete às Relações o conhecimento dos recursos interpostos de decisões proferidas pelos tribunais de 1.ª instância.

Artigo 69.º, CPC - Supremo Tribunal de Justiça
1 - O Supremo Tribunal de Justiça conhece dos

recursos e das causas que por lei sejam da sua competência.

2 - Compete ao Supremo Tribunal de Justiça o conhecimento dos recursos interpostos de decisões proferidas pelas Relações e, nos casos especialmente previstos na lei, pelos tribunais de 1.ª instância.

QUESTÃO 8
Diante do princípio da irresponsabilidade dos juízes por suas decisões (art. 216.º, n.º 2, CRP), poderão os juízes ser responsabilizados por suas decisões?

Exemplo 1: Responsabilidade civil por erro judiciário, arts. 12.º e ss. da Lei n.º 67/2007, de 31/12

"I - O regime geral aplicável à responsabilidade civil por danos decorrentes do exercício da função jurisdicional corresponde ao regime da responsabilidade por factos ilícitos cometidos no exercício da função administrativa, com as ressalvas que decorrem do regime próprio do erro judiciário e com a restrição que resulta do facto de não se admitir que os magistrados respondam diretamente pelos ilícitos que cometam com dolo ou culpa grave.

II - Para o reconhecimento de uma obrigação de indemnizar, por parte do Estado, por facto do exercício da função jurisdicional, é necessária a existência de um erro judiciário, o qual implicará que haja a certeza de que um juiz normalmente preparado e cuidadoso não teria julgado pela forma a que se tiver chegado, sendo esta inadmissível e fora dos cânones minimamente aceitáveis, quer se esteja perante erro de direito ou de facto.

III- Essa certeza, enquanto requisito da ilicitude da responsabilidade em causa, tem de advir da prévia

revogação da decisão danosa pela jurisdição competente, comportando-se, pois, esta revogação, como um pré-requisito da responsabilidade civil pelo exercício da função jurisdicional."
Acórdão do Tribunal da Relação de Coimbra de 13.11.2019 (Maria Albuquerque)

Exemplo 2: Lei n.º 21/85, de 30 de Julho - Estatuto dos Magistrados Judiciais

"I - A irresponsabilidade dos juízes, assim como a inamovibilidade, consagrados na Constituição e na lei ordinária (artigo 3 da Lei 38/87), são prerrogativas que visam garantir a independência dos juízes e, claro está, a independência dos tribunais, mas tal irresponsabilidade não é absoluta.

II - Tendo-se a conduta do recorrente processado à margem da sua competência ou jurisdição, tendo agido fora das vestes de juiz de instrução criminal, ao tomar declarações de uma jovem, fazendo-as reduzir a escrito em "auto de instrução preparatória", fora de qualquer processo pendente e mantidas, a título particular, durante mais de um ano, a censura destes factos não envolve ofensa do princípio da irresponsabilidade dos juízes.

III - Da lei que estabelece um prazo de prescrição do procedimento criminal decorre, em princípio, para o juiz o dever de impedir que a prescrição ocorra e o sancionar a falta de cumprimento deste dever não implica violação do princípio da irresponsabilidade do juiz por uma decisão.

IV - Como preceitua o n. 3 do artigo 135 da Lei 21/85, a data da instauração do inquérito disciplinar, quando este constituir a fase instrutória do processo disciplinar, fixa o início do procedimento disciplinar. (...)

VIII - Provado que o recorrente não imprimiu aos processos um andamento útil, eficaz e próprio, **não merecendo censura a pena de inactividade aplicada.**"

Acórdão do Supremo Tribunal de Justiça de 16.05.1995 (Fernando Fabião)

Exemplo 3: Crime de Denegação de Justiça e Prevaricação (Código Penal, art. 369.º)

"(...) IV. O crime de denegação de justiça e prevaricação, p. e p. pelo art. 369.º, n.º 1, do CP, encontra-se sistematicamente inserido no âmbito dos crimes contra o Estado, mais especificamente no capítulo dos crimes contra a realização da justiça. O bem jurídico tutelado é a realização da justiça em geral, visando a lei assegurar o domínio ou a supremacia do direito objectivo na sua aplicação pelos órgãos de administração da justiça, *maxime* judiciais. Tem por elementos constitutivos a ocorrência de comportamento contra o direito, no âmbito de inquérito processual, processo jurisdicional, por contra-ordenação ou disciplinar, por parte de funcionário, conscientemente assumido, havendo lugar à agravação no caso de o agente agir com intenção de prejudicar ou beneficiar alguém.

V. Face à exigência típica decorrente da expressão 'conscientemente', só o dolo directo e o necessário são relevantes, como é jurisprudência uniforme do STJ. O dolo, enquanto vontade de realizar o tipo com conhecimento da ilicitude (consciência), há-de apreender-se através de factos (acções ou omissões) materiais e exteriores, suficientemente reveladores daquela vontade, de onde se possa extrair uma opção consciente de agir desconforme à norma jurídica. Não são meras impressões, juízos de valor conclusivos ou convicções íntimas, não corporizados em factos visíveis ou reais, que podem alicerçar a acusação de que quem decidiu o fez conscientemente contra o direito e, muito menos, com o propósito específico de lesar alguém.

VI. Por outro lado, não é a prática de qualquer acto que infringe regras processuais que se pode, sem mais,

reconduzir a um comportamento contra o direito, com o alcance definido no n.º 1 do art. 369.º do CP; é preciso que esse desvio voluntário dos poderes funcionais afronte a administração da justiça, de forma tal que se afirme uma negação de justiça. Não basta, pois, que se tenha decidido mal, incorrectamente, *contra legem*, sendo necessário que quem assim decidiu tenha consciência de que, desviando-se dos seus deveres funcionais, violou o ordenamento jurídico pondo em causa a administração da justiça."
Acórdão do Supremo Tribunal de Justiça de 12.07.2012 (Oliveira Mendes)

3. TUTELA ADMINISTRATIVA

QUESTÃO 9
Qual a modalidade de tutela que os factos abaixo tratam?

"Para decisão das questões obstativas ao conhecimento do objecto do recurso contencioso que foram suscitadas interessa considerar a matéria de facto seguinte:

a) Por deliberação do Conselho de Administração dos CTT – Empresa Pública S.A., de 4 de Janeiro de 2001, foi aplicada à recorrente a pena disciplinar de despedimento.

b) A recorrente interpôs recurso desta decisão para o Ministro do Equipamento Social, ao abrigo do disposto no art.º 56º do Regulamento Disciplinar aprovado pela Portaria n.º 348/87, de 28 de Abril.

c) A Auditoria Jurídica do Ministério do Equipamento Social propôs o indeferimento desse recurso, nos termos da Informação n.º 61/01, de 16/4/2001, que se considera reproduzida.

d) Em 23/3/2001, o Ministro do Equipamento Social proferiu sobre essa informação o despacho 'Concordo. Notifique-se.'"

Acórdão do Supremo Tribunal Administrativo de

11.04.2002 (Vítor Gomes)

A Administração é distinta da Jurisdição e sua finalidade consiste em realizar os seus objetivos próprios e do Estado, por meio da prática de atos administrativos. Opera fundada no princípio da legalidade.

Nos termos do Código de Procedimento Administrativo, art. 148.º: "consideram-se atos administrativos as decisões que, no exercício de poderes jurídico-administrativos, visem produzir efeitos jurídicos externos numa situação individual e concreta."

São atos unilaterais, mas podem ser provocados (e.g., por meio de um requerimento). A forma principal é a prática por escrito, mas a lei pode prever outra.

QUESTÃO 10

Analise os factos abaixo, de acordo com os princípios que regem a Administração pública:

> "1. Os Autores integravam a categoria de agentes motoristas de 1ª classe, do grupo de pessoal auxiliar de investigação criminal:
>
> 2. Enquanto tais realizavam diversificadas tarefas que os seus superiores hierárquicos lhes determinavam, que iam desde a condução de veículos automóveis até, e entre o muito mais, à prática de actos processuais em inquéritos.
>
> 3. Os autores sempre exerceram e vêm exercendo não só a actividade de conduzir veículos automóveis atribuídos aos directores e directores adjuntos, como ainda as seguintes:
>
> a) Levar a efeito capturas, seguimentos e vigilâncias;

b) Realizar inspecções lofoscópicas (de que é exemplo a recolha de impressões digitais em ocorrências de furtos), buscas e prevenção criminal;
c) Elaborar autos de inquirições, tomar declarações e resenhas de arguidos e presos, inclusivamente fora da comarca;
d) Cumprir mandados de detenção e fazer trabalho de fotografia (isto é, tratar informaticamente as fotografias para serem inseridas na ficha policial respectiva);
e) Recolher e tratar a informação criminal, como é exemplo a colocação da mesma no RTIC que é o departamento em que se trata toda a informação relativa a fotografia, resenhas e antecedentes criminais;
f) Fazer o serviço de piquete;
4. Pedem os Autores equiparação à qualidade de inspectores da polícia judiciária, com todas as consequências legais, nomeadamente a atribuição da remuneração prevista nessa categoria."
Acórdão do Tribunal Central Administrativo Norte de 22.10.2010 (Rogério Martins)

Cfr.:
Artigo 3.º, CPA - Princípio da legalidade
1 - Os órgãos da Administração Pública devem <u>atuar em obediência à lei e ao direito</u>, dentro dos limites dos poderes que lhes forem conferidos e em conformidade com os respetivos fins.
2 - Os atos administrativos praticados em estado de necessidade, com preterição das regras estabelecidas no presente Código, são válidos, desde que os seus resultados não pudessem ter sido alcançados de outro modo, mas os lesados têm o direito de ser indemnizados nos termos gerais da responsabilidade da Administração.

Também regem a Administração os princípios da

prossecução do interesse público e da proteção dos direitos e interesses dos cidadãos (art. 4.º); da boa administração (art. 5.º); da igualdade (art. 6.º); da proporcionalidade (art. 7.º); da justiça e da razoabilidade (art. 8.º); da imparcialidade (art. 9.º); da boa fé (art. 10.º), entre outros.

4. AUTOTUTELA

A relevância da autotutela é residual, diante do predomínio de garantia por via da proteção judiciária e administrativa.

A autotutela é exceção e somente pode se dar em casos extraordinários, anormais e especificados na lei: correspondem a excludentes de ilicitude penal e de responsabilidade civil.

Pode dar-se por meio da:
Ação direta
Legítima defesa
Estado de necessidade

AUTODEFESA é a princípio vedada:
> Artigo 1.º, CPC - Proibição de autodefesa
> A ninguém é lícito o recurso à força com o fim de realizar ou assegurar o próprio direito, salvo nos casos e dentro dos limites declarados na lei.

4.1. AÇÃO DIRETA

QUESTÃO 11
Analise os factos abaixo, de acordo com o art. 336.º, CC:

> "ORIGINPHARMA, UNIPESSOAL, LDA, intentou acção declarativa de condenação sob a forma de processo comum contra FHC FARMACÊUTICA, S. A., formulando

os seguintes pedidos:
a) Ser a R. condenada a restituir à A. o montante de € 337.596,00; (...)
d) E de uma indemnização à A. no valor de € 50.000,00.
Em síntese, alegou que é uma empresa com actividade na distribuição por grosso de medicamentos para uso humano e outros produtos de saúde (...)
A ré é uma empresa com actividade na mesma área. No âmbito das relações comerciais que mantém com a ré, a autora encomendou-lhe vários produtos cujo preço ascendia ao montante de € 337.596,00. A autora pagou esse montante antecipadamente. A ré não forneceu nem pretende fornecer à autora os produtos encomendados e também não lhe devolveu a quantia que lhe foi paga. O não fornecimento dos produtos acarretou prejuízos à autora que computou no valor de € 50.000,00.
Contestando, a ré aceitou o alegado pela autora quanto à encomenda dos produtos e ao recebimento da quantia mencionada. Veio, no entanto, invocar que apresentou uma participação criminal por ilícitos praticados por um seu ex-funcionário e pelo gerente da autora, consubstanciados num conluio entre ambos no sentido de prejudicar a ré, desviando clientes desta para a autora. Tal conduta causou prejuízos no montante de cerca de €855.000,00. A retenção da quantia em causa resultou do exercício pela ré da acção directa com vista a cautelar o seu direito de indemnização."
Acórdão do Supremo Tribunal de Justiça de 08.04.2021 (Ilidio Sacarrão Martins)

Cfr.:

Artigo 336.º, CC - Acção directa
1. É lícito o **recurso à força com o fim de realizar ou assegurar o próprio direito, quando a acção directa for indispensável**, pela impossibilidade de recorrer em tempo útil aos meios coercivos normais, para evitar a

inutilização prática desse direito, contanto que o agente não exceda o que for necessário para evitar o prejuízo.

2. A acção directa pode consistir na apropriação, destruição ou deterioração de uma coisa, na eliminação da resistência irregularmente oposta ao exercício do direito, ou noutro acto análogo.

3. A acção directa não é lícita, quando sacrifique interesses superiores aos que o agente visa realizar ou assegurar.

4.2. LEGÍTIMA DEFESA PENAL

QUESTÃO 12

Analise os factos abaixo, de acordo com os arts. 31.º, 32.º e 33.º, CP:

"Provado que a vítima foi esperar o arguido a uma estrada florestal e, após discussão entre ambos, empunhou uma forquilha com a qual agrediu o arguido, sendo que este, para evitar a continuação da agressão, foi recuando num percurso de 20 metros, até que, chegado a um penedo, não podia recuar mais e, vendo que o agressor continuava à sua frente, empunhando a forquilha, então, perturbado, temendo vir a ser novamente agredido, tirou do bolso uma pistola e, empunhando-a à altura do tórax da vítima, a cerca de 2 metros desta, disparou 6 tiros, atingindo-a mortalmente, tendo assim procedido para se defender e previsto que com esses disparos podia provocar-lhe a morte, conformando-se com tal resultado, há que concluir que a conduta do arguido integra, a previsão do artigo 131 do Código Penal, tendo, porém, agido no quadro de uma legítima defesa.

Com efeito, o arguido foi vítima de uma agressão actual e ilícita, sendo a sua defesa necessária, estando impedido de recorrer à força pública, por se tratar de local isolado e de difícil acesso.

Considerando, porém, que bastaria o disparo dos tiros para zonas não vitais do corpo da vítima até lograr atingi-las, o que retiraria a esta o domínio do controlo da situação, impõe-se concluir que o arguido actuou em legítima defesa com excesso de meios."
Acórdão do Tribunal da Relação do Porto de 06.06.2001 (Baião Papão)

Cfr.:
Artigo 31.º, CP - Exclusão da ilicitude
1 - O facto não é punível quando a sua ilicitude for excluída pela ordem jurídica considerada na sua totalidade.
2 - Nomeadamente, não é ilícito o facto praticado:
a) Em legítima defesa; (...)

Artigo 32.º, CP - Legítima defesa
Constitui legítima defesa o facto praticado como meio necessário para repelir a agressão actual e ilícita de interesses juridicamente protegidos do agente ou de terceiro.

Artigo 33.º - Excesso de legítima defesa
1 - Se houver excesso dos meios empregados em legítima defesa, o facto é ilícito mas a pena pode ser especialmente atenuada.
2 - O agente não é punido se o excesso resultar de perturbação, medo ou susto, não censuráveis.

4.3. LEGÍTIMA DEFESA CIVIL

QUESTÃO 13
Diante do art. 337.º, CC, caberá indemnização à família de EE no caso abaixo?

"(...) 4. Nesse contexto, num tom de voz cada vez mais exaltado, enquanto o arguido e EE se encontravam a discutir sobre a realização da aludida obra, surgiu FF ,

mulher do arguido, que, ao chegar à entrada da sua habitação, e por ouvir vozes exaltadas provenientes da zona da sua garagem, de imediato se deslocou até ao local onde se encontravam o arguido e EE.
5. (...) FF pegou numa vassoura que se encontrava nas imediações e, munida com tal objecto, começou a desferir várias pancadas num suporte que EE tinha colocado na parede, com a finalidade de o destruir.
6. EE reagiu, desceu do escadote e inicia uma troca de palavras ainda mais exaltada (...) com FF, desferindo-lhe um número não concretamente apurado de pancadas com a referida vassoura, designadamente na parte superior esquerda da testa, no ombro e nos pulsos.
7. O arguido passou também intervir na contenda, tendo sido atingido pelo mesmo objecto no lado esquerdo da cabeça e no braço direito.
8. Em determinado momento dessa discussão, quando EE e FF se encontravam junto das garagens, o arguido, a uma distância não superior a 2 metros do ofendido, empunhou a arma referida em 2., que tinha no bolso, municiou-a, destravou-a e (...) desferiu de imediato 3 (três) disparos consecutivos em direcção a zonas do corpo de EE que se situam acima do abdómen (...). As lesões acima mencionadas sofridas pelo ofendido EE em consequência dos disparos de que foi vítima, foram causa directa e necessária da sua morte, ocorrida no dia 19 de Março de 2015."
Acórdão do Supremo Tribunal de Justiça de 18.04.2018 (Gabriel Catarino)

4.3. LEGÍTIMA DEFESA CIVIL
Cfr.:

Artigo 337.º, CC - Legítima defesa
1. Considera-se justificado o acto destinado a **afastar** qualquer <u>agressão actual</u> e contrária à lei contra a pessoa ou património do agente ou de terceiro, desde

Introdução ao Direito

que não seja possível fazê-lo pelos meios normais e o prejuízo causado pelo acto não seja manifestamente superior ao que pode resultar da agressão.

2. O acto considera-se igualmente justificado, ainda que haja excesso de legítima defesa, se o excesso for devido a perturbação ou medo não culposo do agente.

4.3. ESTADO DE NECESSIDADE

QUESTÃO 14

Diante do art. 339.º, CC, qual o efeito dos factos abaixo para o não cumprimento do devedor?

"1- O pagamento não atempado do subsídio de férias, deveu-se ao facto de a Instituição estar a atravessar uma fase difícil a nível económico e financeiro.

2- Por este motivo, a Instituição agiu ao abrigo de um estado de necessidade desculpante, pelo que inexiste qualquer culpa, devendo assim ser absolvida. (....)"

Acórdão do Tribunal da Relação de Coimbra de 17.01.2013 (Jorge Loureiro)

QUESTÃO 15

Diante do art. 339.º, CC, qual o efeito dos factos abaixo para o não cumprimento do devedor?

"I- Tendo o dono da obra encarregado um terceiro de proceder à eliminação dos defeitos, sem ter previamente recorrido às vias judiciais, não pode depois pedir a condenação do empreiteiro inadimplente no valor das despesas efectuadas.

II- Só em execução de prestação de facto fungível se pode pedir que o facto seja prestado por outrem à custa do empreiteiro.

III- Tal sucede mesmo que o empreiteiro e o dono da obra tenham clausulado a possibilidade de este último prescindir da via judicial e entrar directamente numa execução específica, pois a lei, no caso especial do

contrato de empreitada não admite a auto-tutela, antes supondo uma condenação prévia do empreiteiro. (...)
Como suporte da pretensão aludida em b) abrigou-se o demandante nos nºs 6 e 7 da cláusula 12ª do mesmo contrato, das quais se retira que se as reparações dos defeitos não fossem iniciadas no prazo máximo de 8 dias após a recepção da comunicação pelo autor ou pela fiscalização da necessidade da sua realização, ou não fossem concluídas no prazo fixado pela mesma fiscalização, o autor poderia recorrer, de imediato, a empreiteiro externo para proceder ou concluir essa reparações, debitando o respectivo custo à ré e accionando as garantias para se ressarcir desses pagamentos, ou descontando o respectivo valor em pagamentos que não tivessem sido ainda feitos."
Acórdão do Tribunal da Relação de Coimbra de 17.01.2013 (Jorge Loureiro)

Cfr.:
Artigo 339.º - Estado de necessidade
1. É lícita a acção daquele que **destruir ou danificar coisa alheia com o fim de remover o perigo actual** de um **dano manifestamente superior, quer do agente, quer de terceiro**.
2. O autor da destruição ou do dano é, todavia, obrigado a indemnizar o lesado pelo prejuízo sofrido, se o perigo for provocado por sua culpa exclusiva; em qualquer outro caso, o tribunal pode fixar uma indemnização equitativa e condenar nela não só o agente, como aqueles que tiraram proveito do acto ou contribuíram para o estado de necessidade.

5. DIREITO DE RESISTÊNCIA E CESSAÇÃO DO DEVER DE OBEDIÊNCIA
Cfr.:
Artigo 21.º, CRP - Direito de resistência

Todos têm o direito de resistir a qualquer ordem que ofenda os seus direitos, liberdades e garantias e de repelir pela força qualquer agressão, quando não seja possível recorrer à autoridade pública.

Artigo 271.º, CRP - Responsabilidade dos funcionários e agentes
(...)
3. Cessa o dever de obediência sempre que o cumprimento das ordens ou instruções implique a prática de qualquer crime.

6. CASOS PRÁTICOS DE AUTOTUTELA

CASO 1

Em novembro de 2022, Mafalda celebrou um contrato de compra e venda com Augusta em que esta obrigou-se a pagar 500 euros e aquela entregou na mesma data um portátil recondicionado.
No dia 10 de dezembro de 2022, data acordada para o pagamento, a compradora Augusta recusou-se a pagar o preço. Escreveu a Mafalda a dizer que não pagaria.
Identifique e analise separadamente os três factos abaixo:
NOTA: O estudante deve identificar os diferentes casos de autotutela aplicáveis e subsumir os factos à norma jurídica. Salvo indicação em contrário, todos os artigos abaixo são do Código Civil.

a) Após a recusa em pagar, Mafalda decidiu apoderar-se de um televisor Sony 50" pertencente a Augusta, contra a vontade desta. Entendeu que era justo diante do incumprimento do contrato de

compra e venda por Augusta.

Discorrer brevemente sobre a heterotutela e a autotutela (ou tutela privada), com menção ao art. 1.º, CPC (autodefesa), e 20.º, CRP (acesso ao direito e tutela jurisdicional efetiva), e da tutela judicial e administrativa como regra geral. **Uma vez realizado esse panorama em qualquer das alíneas, o estudante está dispensado de repetir isso.**

Designar a "**ação direta**" como o instituto jurídico a ser considerado.

Ilicitude do ato por si é pela violação do direito de propriedade (arts. 1.302.º e 1.305.º): Mafalda subtraiu o televisor de Augusta.

Identificar os pressupostos da ação direta (art. 336.º), e verificar sua compatibilidade com os factos apresentados:

    (1) prejuízo já está consumado, em tese é possível a ação direta para proteção, mas **não** é adequado; alusão aos princípios da adequação e da proporcionalidade.

    (2) **é possível** recorrer aos meios coercivos normais (art. 336.º, n.º 1): Mafalda deve recorrer aos tribunais para tutela dos seus direitos.

Colisão de direitos **propriedade x propriedade** (art. 335.º, e 336.º, n.º 3): direitos de igual natureza e valor.

Mafalda deverá indemnizar Augusta nos termos gerais da responsabilidade civil: mencionar arts. 483.º, 487.º, 562.º, 563.º, 564.º e 566.º, CC.

Verificar que, ainda que se considere que há **erro**

sobre os pressupostos (art. 338.º), o erro não é desculpável.

Ponderar que há culpa do lesado por parte de Augusta, que apesar de ter o bem de sua propriedade subtraído, deu causa ao comportamento de Mafalda (art. 570.º, n.º 1) ao recusar-se a cumprir a prestação.

b) No momento em que Mafalda colocava o televisor em seu veículo, foi surpreendida por Augusta, que levava consigo um sacho e exigia repetidamente a devolução do referido objeto. Augusta acusou Mafalda de furto, bradou que ela era uma pessoa pouco inteligente e desferiu um golpe na porta traseira do automóvel. Isto ocorreu diante de alguns espetadores.

Designar a "**ação direta**" como o instituto jurídico aplicável.

Ilicitude do ato de por si é pela violação da personalidade moral (art. 70.º, n.º 1) de Mafalda pelos atos praticados por Augusta.

Ponderar que na posse e na propriedade, o legislador deu especial atenção: ação direta para proteção da posse e da propriedade (arts. 1.277.º e 1.314.º).

Identificar os pressupostos da ação direta, art. 336.º, e verificar sua compatibilidade com os factos apresentados:

    (1) prejuízo já está consumado e é possível a ação direta para proteção, mas não é adequado; alusão aos princípios da adequação e da proporcionalidade.

(2) **não é possível** recorrer aos meios coercivos normais (art. 336.º, n.º 1), policiais ou judiciais.
Na **ação direta**, prevista nos arts. 336.º e 1.277.º, pretende-se evitar a inutilização prática do direito a obter a restituição do bem móvel, que pela sua natureza é facilmente dissipável e frágil.
Enquadrar o facto numa das hipóteses do art. 336.º, n.º 2.
Há colisão de direitos <u>**de personalidade x de propriedade**</u> (arts. 70.º, n.º 1, 335.º, 336.º, n.º 3, 1.302.º e 1.305.º): direitos de diferente natureza e valor.
Há colisão de direitos <u>**de propriedade x de propriedade**</u> (arts. 335.º, 336.º, n.º 3, 1.302.º e 1.305.º): direitos de igual natureza e valor.
Entretanto, o golpe no veículo não é em princípio a medida adequada para recuperar o televisor.
Augusta deverá indemnizar Mafalda nos termos gerais da responsabilidade civil: mencionar arts. 483.º, 487.º, 496.º, 562.º, 563.º, 564.º e 566.º, CC.
Verificar que, ainda que se considere que há <u>**erro sobre os pressupostos**</u> (art. 338.º), o erro não é desculpável.
Em face da conclusão da alínea *a)* pela ilicitude da conduta de Mafalda, ponderar que há culpa do lesado por parte desta que deu causa ao comportamento de Augusta (art. 570.º, n.º 1).

c) Mafalda não acedeu a entregar o televisor e, por temor de que Augusta pudesse agredir-lhe fisicamente, mordeu o braço direito de Augusta.

Designar a "**legítima defesa**" (art. 337.º, n.º 1) como o instituto jurídico aplicável.

Ponderar os pressupostos da legítima de defesa e concluir pela ilicitude do ato de Mafalda:
    (1) há uma ofensa ou agressão em curso e atual, contra a sua personalidade moral;
    (2) não é possível fazer pelos meios normais;
    (3) o prejuízo causado pelo ato é manifestamente superior ao que pretende evitar (art. 337.º, n.º 1). É imprescindível que faça alusão aos princípios da adequação e da proporcionalidade.

Colisão de direitos **de personalidade: integridade moral x integridade física** (art. 335.º e 70.º, n.º 1).

Ponderar que a ação direta no caso é **ilícita**, pois a mordida (violação da integridade física de Augusta, art. 70.º, 1) importa em sacrifício a interesses superiores ao que Mafalda visa assegurar (art. 337.º, n.º 3).

Se o estudante entender que os pressupostos são atendidos, também deve justificar a sua resposta.

Analisar que há uma possibilidade de **excesso de legítima defesa** (art. 337.º, n.º 2).

Ato de Mafalda é inadequado e desproporcional, mas há a possibilidade de perturbação ou medo não culposo (art. 337.º, n.º 2) – menção ao critério de culpa do art. 487.º, n.º 2.

Se não for justificado o caso de excesso de legítima defesa, Mafalda deverá indemnizar Augusta nos termos gerais da responsabilidade civil: mencionar arts. 483.º, 487.º, 496.º, 562.º, 563.º, 564.º e 566.º,

CC.

O estudante pode eventualmente fazer menção ao art. 338.º e argumentar sobre a não aplicação da hipótese do erro sobre os pressupostos da legítima defesa, que manterá a obrigação indemnizar.

CASO 2
Pedro conduzia o seu veículo ligeiro de passageiros numa via nos arredores do Porto, enquanto manuseava o seu telemóvel. Colidiu com o automóvel de João, que circulava no sentido oposto.

O impacto causou um extenso e profundo corte na perna esquerda de João. João ficou incapacitado para o exercício da sua profissão por 4 semanas. O seu veículo foi totalmente destruído, assim como o de Pedro.

1. João decide intentar uma ação pedindo uma indemnização a Pedro.

a) Qual a espécie de responsabilidade civil no caso e como se dá a subsunção dos factos apresentados aos seus elementos?

O aluno deve indicar que estamos diante de um caso de **responsabilidade civil extracontratual**, com regime geral previsto nos arts. 483.º e ss. do CC.

Fazer a subsunção dos factos descritos aos 5 pressupostos previstos no art. 483.º, n.º 1, CC: facto voluntário, ilicitude, culpa, dano e nexo causal.

Menção obrigatória dos 5 elementos referidos na lei e relação com os factos descritos, demonstrando a

correta operação de subsunção:
I. Conduta: Pedro manuseava o seu telemóvel enquanto conduzia o veículo.
II. Ilicitude: Identificar que o condutor violou uma disposição legal destinada a proteger interesses alheios (uma norma de proteção) ao manusear um telemóvel enquanto conduzia. [Não se pressupõe o conhecimento da violação específica do art. 84.º do Código da Estrada.]
III. Culpa: indicar o art. 487.º, n.º 2, enquanto critério de apreciação da culpa, pela diligência do bom pai de família, quer dizer que uma pessoa diligente não cometeria a conduta descrita em I.
IV. Dano: o art. 564.º quanto aos danos patrimoniais (emergentes e lucros cessantes) e art. 496.º, n.º1, quanto aos danos não patrimoniais.
V. Nexo causal: o estudante deve relacionar a conduta descrita em I com os danos em IV, isto é, que todos aqueles danos que João provavelmente não sofreria se não fosse a conduta de Pedro. Citar o art. 563.º.

Com a subsunção dos factos à norma do art.483.º, CC, concluir que a hipótese legal está preenchida e a estatuição deve ser aplicada: a consequência será a obrigação de indemnizar (arts. 483.º, n.º 1, e 562.º, CC).

b) Quais os danos a serem indemnizados no caso?

Danos patrimoniais (emergentes e lucros

cessantes): Fundamentado no art.564.º, CC:

- Despesas médicas (imediatas e no decorrer da recuperação) - incluir aqui despesas médicas e medicamentosas.
- Valor de reposição do veículo (o veículo foi totalmente destruído);
- Perda dos rendimentos pelo tempo afastado do trabalho;
- Eventuais adaptações na moradia para o tempo de recuperação.

Danos não patrimoniais: Fundamentado no art. 496.º, n.º1, CC, isto é, serão apenas aqueles que, pela sua gravidade (referência a conceito gradativo que faz parte de um conceito jurídico indeterminado), mereçam tutela do direito, como por exemplo:

- Dores, desconforto e sofrimento que João suportou decorrente do acidente e das lesões.

Argumentar que não é possível a reconstituição natural (art. 562.º, CC) dos danos morais acima indicados, cabendo apenas uma compensação em dinheiro nos termos do referido art. 496.º.

2. Não sendo possível recorrer a outro meio de transporte ou chamar os serviços de emergência, Pedro utilizou um automóvel estacionado em frente a uma casa para conduzir João ao Hospital mais próximo, quebrando o vidro do veículo para acedê-lo. No percurso, Pedro causou outros danos ao automóvel.
Bruna, proprietária do automóvel subtraído, quer ser indemnizada por Pedro. Pedro alega que não

praticou um ato ilícito. *Quid iuris*?
A conduta de Pedro ao utilizar o veículo de Bruna é lícita, estando num "estado de necessidade".
Identificar e subsumir os factos à previsão legal do art. 339.º, n.º1,CC:

    I. Os prejuízos causados em coisa alheia (veículo de Bruna) são realizados para remover o **perigo atual de um dano maior** à saúde e à vida de João;

    II. A conduta de Pedro de utilizar o veículo de Bruna sem permissão para levar João ao Hospital é **adequada** para afastar o perigo atual descrito em I.

    III. Os possíveis danos à saúde e à vida de João são **manifestamente superiores** aos danos à propriedade de Bruna;

    IV. Pedro atua para remover esse perigo que afeta **terceiro** (João).

Quanto à indemnização devida por Pedro, enquadrar os factos no art. 339.º, n.º2, 1.ªparte, CC, sendo o perigo causado por sua culpa exclusiva – como resultado do acidente que deu causa com a sua negligência.

Como consequência, Pedro deverá indemnizar Bruna nos termos gerais da obrigação de indemnização (cfr. artigos 562.º e seguintes do CC). A indemnização dos danos sofridos por Bruna será integral, não cabendo no caso a possibilidade de o juiz recorrer à equidade, pois esta possibilidade só deve ocorrer nos termos do art. 4.º do CC, designadamente quando a lei o permita e, neste caso, a lei apenas permitira tal recurso à equidade se

fosse aplicável o art. 339.º, n.º 2, 2.ª parte, o que não sucede.
Afastar aplicação do art. 339.º, n.º 2, 2.ª parte, CC: ainda que tenha tirado proveito do ato que causou o dano, João não será responsabilizado porque o estado de necessidade foi causado exclusivamente por Pedro.

CASO 3
Joaquim é proprietário de uma quinta vizinha à quinta de Manuel.
Analise os factos subsequentes pela ordem indicada, identifique o instituto jurídico que lhes é aplicável, subsuma os factos às normas jurídicas correspondentes e refira as consequências jurídicas em cada uma das alíneas.

Os alunos devem aplicar os conhecimentos adquiridos em Introdução ao Direito para elaborar as suas respostas.

a) Manuel construiu uma vedação em volta de sua propriedade incluindo nela ainda 200m² que pertencem à quinta de Joaquim.

Identificar o facto juridicamente relevante: Manuel construiu a vedação na propriedade de Joaquim.
Designar a "responsabilidade civil extracontratual (ou delitual)" como o instituto jurídico aplicável.
Demonstrar os cinco requisitos da responsabilidade civil previstos no art. 483.º:
    i. Há um facto voluntário ou conduta que constitui a construção da vedação (art.

483.º, n.º 1).

ii. Ilicitude: violação do direito de propriedade (arts. 1.302.º e 1.305.º)

iii. Culpa no critério do bom pai de família (art. 487.º): uma pessoa prudente e razoável não construiria a vedação sem a devida autorização e além dos limites físicos de sua propriedade.

iv. Nexo de causalidade estabelecido (art. 562.º): relacionar conduta em **i**. Com danos prescritos em **v**.

v. Danos patrimoniais apenas (não aplicar art. 494.º, n.º 1): (1) danos patrimoniais emergentes (art. 564.º, n. 1, 1.ª parte) pelas despesas em retirar a vedação, recuperar o solo, etc., e danos por lucros cessantes (art. 564.º, n. 1, 2.ª parte), por eventuais perdas pela redução/impossibilidade de utilização da parte da propriedade atingida por Manuel. O estudante deve fazer uma breve alusão aos potenciais danos indemnizáveis.

É possível a reconstituição natural, retirando a vedação (art. 562.º): não aplicação do art. 566.º.

b) Joaquim decidiu avançar com um tractor para deitar a vedação abaixo.

Identificar que o facto juridicamente relevante é a destruição da vedação por Joaquim.

Discorrer brevemente sobre a heterotutela e a autotutela (ou tutela privada), com menção ao art. 1.º, CPC (autodefesa), e 20.º, CRP (acesso ao direito e tutela jurisdicional efectiva), e da tutela

judicial e administrativa como regra geral. **Uma vez realizado esse panorama em qualquer das alíneas, o estudante está dispensado de repetir isso.**
Designar a "**ação direta**" como o instituto jurídico aplicável.
Ilicitude do ato por si é pela violação do direito de propriedade (art. 1.302.º).
Ponderar que na posse e na propriedade o legislador deu especial atenção: ação direta
para proteção da posse e da propriedade (arts. 1.277.º e 1.314.º).
Identificar os pressupostos da ação direta, art. 336.º, e verificar sua compatibilidade
com os factos apresentados:
prejuízo já está consumado, é possível a ação direta para proteção, mas não é adequado; alusão aos princípios da adequação e da proporcionalidade.
é possível recorrer aos meios coercivos normais (art. 336.º, n.º 1, CC).
Colisão de direitos **propriedade x propriedade** (art. 335.º, e 336.º, n.º 3): direitos de igual natureza e valor.
Joaquim deve indemnizar, Joaquim deverá indemnizar Manuel nos termos gerais da responsabilidade civil: mencionar os arts. 483.º, 487.º, 496.º (não aplicação), 562.º, 563.º, 564.º e 566.º, CC.
Verificar que, ainda que se considere que há **erro sobre os pressupostos** (art. 338.º, CC), o erro não é desculpável.
Ponderar que há culpa do lesado por parte

de Manuel, que apesar de ter sua propriedade destruída, deu causa ao comportamento de Joaquim (art. 570.º, n.º 1).

c) Ao ver a vedação vir a ser destruída, Manuel decidiu enfrentar Joaquim com uma enxada e desferiu um golpe no tractor de Joaquim.

Identificar que o facto juridicamente relevante é o golpe no tractor de Joaquim por Manuel.

Designar a **"legítima defesa"** (art. 337.º, n.º 1) como o instituto jurídico aplicável.

Ponderar os pressupostos da legítima de defesa e concluir pela (i)licitude do ato de Joaquim:

    (1) há uma ofensa ou agressão em curso e atual, contra o património (o muro);
    (2) não é possível fazer pelos meios normais;
    (3) o prejuízo causado pelo ato não é manifestamente superior ao que pretende evitar (art. 337.º, n.º 1). É imprescindível que faça alusão aos princípios da adequação e da proporcionalidade.

Colisão de direitos **propriedade x propriedade** (art. 335.º).

Se o estudante entender que os pressupostos não são atendidos, também deve justificar a sua resposta.

d) Com receio de a enxada danificar o seu tractor, Joaquim pegou na sua espingarda e disparou um tiro no pé de Manuel.

Identificar que o facto juridicamente relevante é o tiro de espingarda de Joaquim no pé de Manuel

Designar a **"legítima defesa"** (art. 337.º, n.º 1) como

o instituto jurídico aplicável.

Ponderar os pressupostos da legítima de defesa e concluir pela (i)licitude do ato de Joaquim:
   (1) há uma ofensa ou agressão em curso e atual, contra o património (o tractor);
   (2) não é possível fazer pelos meios normais;
   (3) **entretanto, o prejuízo causado pelo ato é manifestamente superior ao que pretende evitar** (art. 337.º, n.º 1). É imprescindível que faça alusão aos princípios da adequação e da proporcionalidade.

Colisão de direitos: **integridade física x propriedade** (art. 335.º).

Analisar que há uma possibilidade de excesso de legítima defesa (art. 337.º, n.º 2).

Se o estudante entender que os pressupostos não são atendidos, também deve justificar
a sua resposta.

Ato de Joaquim é inadequado e desproporcional: não há medo ou perturbação para afastar o excesso (art. 337.º, n.º 2) – menção ao critério de culpa do art. 487.º, n.º 2.

Joaquim deverá indemnizar Manuel nos termos gerais da responsabilidade civil: mencionar arts. 483.º, 487.º, 496.º, 562.º, 563.º, 564.º e 566.º, CC.

O estudante pode eventualmente fazer menção ao art. 338.º e argumentar sobre a não aplicação da hipótese do erro sobre os pressupostos da legítima defesa, que manterá a obrigação de indemnizar.

e) Fernando, que assistiu ao sucedido, para levar

Manuel o mais rapidamente ao hospital passou com o seu veículo por meio da quinta de José onde causou prejuízos no valor de €1000.

Identificar que o facto juridicamente relevante é a causação de danos por Fernando ao conduzir o seu veículo pelo meio da quinta de José para levar Manuel ao hospital. Designar o **"estado de necessidade"** (art. 339.º) como o instituto jurídico aplicável.

A conduta de Fernando ao causar danos na quinta de José é lícita, estando numa hipótese de "estado de necessidade agressivo ou ofensivo".

O estudante deve identificar isso e subsumir os factos à previsão legal do art. 339.º, n.º 1, CC:

    i. Os prejuízos causados à coisa alheia (quinta de José) são realizados para remover o perigo atual de um dano maior à saúde e à vida de Manuel;

    ii. A conduta de Fernando é adequada para afastar o perigo atual descrito em i.

    iii. Os possíveis danos à saúde e à vida de Manuel são manifestamente superiores aos danos à propriedade de José;

    iv. Fernando atua para remover esse perigo que afeta terceiro (Manuel).

Quanto à indemnização devida por Fernando, enquadrar os factos no art. 339.º, n.º 2, 2.ª parte, CC, sendo o perigo causado por Joaquim: o tribunal poderá fixar uma indemnização equitativa entre (1) o causador do dano (Fernando), (2) quem se beneficiou do ato (Manuel) e (2) quem deu origem ao estado de necessidade (Joaquim). Afastar aplicação do art. 339.º, n.º 2, 1.ª parte, CC.

f) Uma semana depois, cinco ovelhas de Sérgio invadiram a propriedade de Manuel e destruíram a plantação de uvas. Manuel apanhou as ovelhas e comunicou a Sérgio que ficava com elas para desta maneira compensar os prejuízos causados.

Identificar que o facto juridicamente relevante é a violação do dever de vigilância por parte de Sérgio e Manuel ter apanhado os animais.
Designar a "**ação direta**" como o instituto jurídico aplicável.
Ilicitude do ato por si é pela violação do direito de propriedade (art. 1.302.º),
correspondente à apropriação dos animais.
Em primeiro lugar, Sérgio incorre em responsabilidade civil extracontratual: aplica-se
especialmente o art. 493.º, n.º 1 (danos causados por animais): estudante deve mencionar os pressupostos e como Sérgio poderia afastar a sua responsabilidade, quer dizer, que não houve culpa sua ou que, se houve culpa, os danos teriam igualmente se materializado não fosse a conduta (idem, 2.ª parte).
Estamos diante de um direito de pretensão à indemnização: não caberá ação direta.
Ponderar que na posse e na propriedade, o legislador deu especial atenção: ação direta para proteção da posse e da propriedade (arts. 1.277.º e 1.314.º).
Identificar os pressupostos da ação direta, art.

336.º, e verificar sua compatibilidade com os factos apresentados:

(1) o prejuízo já está consumado, nasce à pretensão à indemnização; entretanto, não é possível a ação direta para proteção desse direito subjetivo, pois o pedido de indemnização deve ser feito por meio dos tribunais e não pela apropriação dos animais;

(2) alusão aos princípios da adequação e da proporcionalidade entre o uso da força e a finalidade do ato. Manuel age em excesso em relação ao prejuízo que pretende evitar – de todo modo, a indemnização exige uma ação judicial.

(3) **é possível recorrer aos meios coercivos normais** (art. 336.º, n.º 1, CC), e.g., requerer numa ação judicial a indemnização pelos prejuízos causados.

Colisão de direitos **propriedade x propriedade** (art. 335.º, e 336.º, n.º 3): direitos de igual natureza e valor: mencionar a não aplicação do estatuto jurídico dos animais (arts. 201.º-B e 493.º-A), pois trata da propriedade de um (as vinhas) e da propriedade de outro (os animais).

Verificados os pressupostos legais, a **ação direta de Manuel ilícita**. Consequentemente, não poderá apropriar-se das ovelhas como substituição à indemnização eventualmente devida por Sérgio. Deverá recorrer aos meios coercivos normais.

Cfr.:
"I - São requisitos da legitima defesa:
a) existência de uma agressão a quaisquer interesses,

pessoais ou patrimoniais, do dependente ou de terceiro, que deve ser actual, no sentido de estar em desenvolvimento ou eminente, e ilícita, no sentido de o seu autor não ter o direito de o fazer;
b) circunscrever-se a defesa ao uso dos meios necessários para fazer cessar a agressão;
c) "*Animus defendendi*", ou seja, o intuito de defesa por parte do dependente.
II - A legítima defesa exclui a <u>ilicitude</u> do acto praticado, enquanto o acto praticado com excesso de legítima defesa se situa ao nível da <u>culpa</u>.
III - O excesso de legítima defesa pressupõe a verificação de todo o condicionalismo da legítima defesa, **reportando-se ao excesso dos meios empregados que, sendo determinados por perturbação, medo ou susto não censuráveis, pode isentar o agente da pena por falta de culpa.**"
Acórdão do Supremo Tribunal de Justiça de 05.06.1991 (Cerqueira Vahia)

Cfr:

"1.- São pressupostos do estado de necessidade desculpante a verificação de uma situação de perigo actual para bens jurídicos de natureza pessoal (vida, integridade física, honra e liberdade) do agente ou de terceiro
2.- **O facto ilícito praticado tem de ser "adequado", ou seja, idóneo a afastar o perigo que não seria remível por outro modo**;
3.- Para além destes elementos objectivos relacionados com o perigo, o bem jurídico ameaçado e a adequação do facto **é necessário que o juiz verifique que não era razoável exigir do agente, segundo as circunstâncias do caso, comportamento diferente**;
4.- Torna-se ainda indispensável que o agente pratique a acção para determinar com ela a preservação do bem

jurídico ameaçado, isto é, o *animus salvandi*, o que bem se compreende pois está em causa a prática de um facto ilícito e, por conseguinte, juridicamente desaprovado.
Pedido de indemnização civil por ofensa a integridade física em estado de necessidade: por B..., condenando o demandado A... a pagar àquela a quantia de €300 (trezentos euros)"
Acórdão do Tribunal da Relação de Coimbra de 08.05.2013 (Fernando Chaves)

Cfr.:

"O dano é um crime doloso, sendo bastante o dolo eventual. No caso de dano ´simples´ o agente tem de saber ou representar (conformando-se com o resultado) que a sua ação sacrifica coisa alheia."
Acórdão do Tribunal da Relação de Guimarães de 17.02.2014 (Fernando Monterroso)

"(...) 4. - Não se demonstrando, quanto à elevação de um muro junto à estrema entre dois prédios confinantes, atos concretos de consentimento, reconhecimento ou aceitação de tal muro pela contraparte, não bastará para tanto, em termos tácitos, o simples decurso do tempo (décadas) de permanência da edificação, no desconhecimento sobre se houve inação ao longo do mesmo, mas sabido que o silêncio não vale, por regra, como declaração negocial (art.º 218.º do CCiv.).
5. - O art.º 335.º do CCiv. reporta-se à colisão de direitos efetivos, eficazes e atendíveis, sejam eles iguais ou da mesma espécie, caso em que deve haver harmonização/compatibilização, de molde a que nenhum resulte inutilizado ou injustamente sacrificado, mas, ao invés, todos possam produzir o seu efeito (ainda que com limitações), ou, diversamente, sejam desiguais ou de espécie diferente, situação em que prevalecerá o que deva considerar-se superior, com sacrifício do outro.

6. - Ocorrendo, no caso, ilegítimo exercício por via de ilegal ação direta – perante uma abertura (janela) em parede de prédio confinante, procedeu-se à elevação de muro de tapagem dessa abertura em condições que levaram à ocorrência de infiltrações e humidades no interior da casa situada no prédio vizinho, quando se poderia ter recorrido atempadamente aos tribunais para solução do litígio de confinância (janela) –, **não pode a figura da colisão de direitos servir para acautelar os efeitos daquela ilegal ação direta, isto é, garantir a manutenção do muro."**
Acórdão do Tribunal da Relação de Coimbra de 23.06.2020 (Vítor Amaral)

Ver também:

"I - A acção directa é admitida em termos cautelosos. Em primeiro lugar, exige-se que haja impossibilidade de recorrer aos meios coercivos normais, judiciais ou policiais, ou que o recurso a esses meios não possa evitar a inutilização prática do direito. Em segundo lugar, a acção directa só é permitida nos termos estritamente necessários à defesa do direito. Tudo o mais é ilícito e fica sujeito às consequências da ilicitude.

II - A acção directa pressupõe a verificação cumulativa dos seguintes requisitos especificados na lei:

a) a existência de um direito próprio;

b) impossibilidade de recorrer em tempo útil aos meios coercivos normais, judiciais ou policiais;

c) ser a acção directa indispensável para evitar a inutilização prática do direito;

d) não exceder o agente o que for necessário para evitar o prejuízo; e) não importar a acção directa o sacrifício de interesses superiores aos que o agente visa realizar ou assegurar.

III – A acção directa deixa de ser lícita se exceder o que for necessário, nas circunstâncias do caso, e se sacrificar

interesses superiores àqueles que com ela se visa realizar ou assegurar."
Acórdão do Supremo Tribunal de Justiça de 08.04.2021 (Ilidio Sacarrão Martins)

Cfr.:

"Debruçando-nos agora sobre o segundo requisito (**impossibilidade de recorrer em tempo útil aos meios coercivos normais - judiciais ou policiais**) nada ficou demonstrado, sendo certo igualmente que não ficou provado que a acção do arguido fosse indispensável para evitar a utilização prática daquele eventual direito. O arguido não teve a preocupação de se socorrer das forças policiais ou judiciais. É que, convém sempre ressaltar, vivemos num Estado de direito, competindo aos tribunais assegurar a defesa dos direitos e interesses legalmente protegidos dos cidadãos e dirimir os conflitos de interesses públicos e privados – art.ºs 2º e 206º da Constituição.

Por regra, a ninguém é lícito o recurso á força com o fim de realizar ou assegurar o próprio direito – art.º 1º do CPC. Acresce que não está minimamente caracterizada uma situação de perigo actual ou iminente que ameaçasse bens do arguido (…) já que o muro e a plantação de produtos agrícolas ,que terão estado na base da conduta do arguido, só por si estão muito longe do perigo actual ou eminente acima referido, antes consubstanciando uma eventual ou virtual situação de perigo, mais ou menos remota.

Destarte, não se verificando in casu os pressupostos legais da acção directa ter-se-á de concluir pela inexistência da causa de justificação da ilicitude."
Acórdão do Tribunal da Relação de Coimbra de 17.12.2008 (João Trindade)

Capítulo 16 – Os meios de tutela

1. Tutela preventiva impeditiva
Destinadas a impedir a violação de direitos ou da ordem jurídica.
Ex.: providências policiais, medidas de segurança, decisões judiciais em procedimentos cautelares, etc.

2. Meios de tutela preventiva compulsivos
Destinadas a obter um comportamento.

a) Medidas compulsivas aplicadas por entes públicos para obter um comportamento
Ex.: pagamento de pensão, prisão, etc.

b) Medidas compulsivas aplicadas entre privados
Ex.: direito de retenção (arts. 754.º e 755.º, CC).

3. Meios de tutela reconstitutivos
Ex.: reconstituição natural (art. 562.º) ou do equivalente em dinheiro (art. 566.º e 496.º, n.º 4, CC).

4. Meios de tutela punitivos
a) Meios de tutela punitivos posteriores a um ato lesivo no direito penal
Ex.: pena de prisão e multa.

b) Meios de tutela punitivos posteriores a um ato lesivo no direito civil
Sanções relacionadas à dopagem (suspensão, banimento, multa, etc.), suspensão disciplinar,

danos punitivos na violação de direitos de personalidade, etc.

5. **Negação de efeitos jurídicos como sanção**
   a) **Nulidade**
   b) **Anulabilidade**
   c) **Ausência de efeitos negociais (arts. 255.º e 256.º, CC; 892.º, CC, para o proprietário; e inexistência do casamento previsto nos arts. 1.628.º a 1.630.º, CC)**

CASO 1
Qual o meio de tutela abaixo e qual a sua finalidade?

"I – Como refere Maria João Antunes, os artigos 91º n.º 1 e 2, 20º n.º 1, e 40º, n.º 1, do Código Penal devem ser interpretados do seguinte modo:
a) O facto que é pressuposto da imposição da medida de segurança de internamento coincide com o facto do agente declarado inimputável em razão de anomalia psíquica;
b) O juízo de inimputabilidade implica uma prova tríplice ou um triângulo probatório cujos lados são: o facto, a anomalia psíquica e o nexo que os junta numa mesma unidade de sentido.
II - A aplicação de uma medida de segurança passa inevitavelmente por um juízo de prognose, que se reputa aliás decisivo e fundamental – o juízo sobre a perigosidade criminal do arguido
III – O internamento em estabelecimento de cura, tratamento ou segurança depende exclusivamente de uma averiguação conclusiva no sentido de, em virtude da anomalia psíquica, haver fundado receio de que a arguida venha a cometer outros factos da mesma espécie.

> IV - A aplicação de medidas de segurança deve subordinar-se estritamente ao princípio da subsidiariedade: uma medida de segurança não deve ser aplicada quando outras medidas menos onerosas constituam uma proteção adequada e suficiente dos bens jurídicos face à perigosidade do agente.
> V - A prevenção especial ganha, no âmbito das medidas de segurança, uma dupla função: <u>de segurança e proteção da sociedade; e de socialização do agente</u>."
> Acórdão do Tribunal da Relação do Porto 09.12.2021 (João Pedro Pereira Cardoso)

Meio de tutela preventivo impeditivo diante da alta perigosidade do agente

Cfr. sobre o internamento de inimputáveis:
> Artigo 91.º, CP - Pressupostos e duração mínima
> 1 - Quem tiver praticado um facto ilícito típico e for considerado inimputável, nos termos do artigo 20.º, é mandado internar pelo tribunal em estabelecimento de cura, tratamento ou segurança, sempre que, por virtude da anomalia psíquica e da gravidade do facto praticado, houver fundado receio de que venha a cometer outros factos da mesma espécie.
> 2 - Quando o facto praticado pelo inimputável corresponder a crime contra as pessoas ou a crime de perigo comum puníveis com pena de prisão superior a 5 anos, o internamento tem a duração mínima de 3 anos, salvo se a libertação se revelar compatível com a defesa da ordem jurídica e da paz social.

Ver sobre as medidas de segurança não privativas da liberdade, p. ex.:
> Artigo 100.º, CP - Interdição de actividades
> Artigo 101.º, CP – Cassação do título e interdição da concessão do título de condução de veículo

com motor

CASO 2
Qual o meio de tutela aplicável abaixo, nos termos dos arts. 70.º, n.º 2, e 81.º do CC?

"O Ministério Público (MP), em representação dos menores AA, BB, CC, DD, EE, e FF, instaurou acção especial para tutela da personalidade, contra: - GG, S.A.; - HH, S.L., Sucursal Portugal; - II e JJ (pais de AA); - KK e LL (pais de CC e BB); e - MM, NN (pais de FF) e ainda OO (pai de DD e EE;

Formulando os seguintes pedidos, sobre um programa de televisão em que os pais autorizaram a exposição de imagens dos filhos.

1.º - Relativamente aos programas nºs 1 e 2, já exibidos em 14 e em 21 de Janeiro de 2018, respectivamente, deverá a GG, sem a oposição dos demais requeridos, ser condenada a:

i - Retirar o acesso a qualquer conteúdo dos referidos programas, bem como quaisquer outras retransmissões do mesmo sendo o acesso bloqueado em todos os meios onde os conteúdos possam estar ou vir a ser colocados acessíveis (...);

ii. A garantir que não há qualquer conteúdo do referido programa acessível ao público, em qualquer meio de comunicação de entidades com as quais tem relações de grupo;

iii. A fazer valer os seus direitos de propriedade junto de quaisquer entidades, também em qualquer meio de comunicação (...).

2.º - Relativamente ao programa n.º 3, já filmado e a exibir no próximo dia 28 de Janeiro, respeitante aos requerentes DD, EE, e FF, deverá a GG, sem oposição dos demais, ser condenada a não exibir o programa."

Acórdão do Supremo Tribunal de Justiça de 30.05.2019

(Catarina Serra)

Meio de tutela preventivo impeditivo: a violação de direitos já ocorreu, mas busca-se impedir a continuidade dos danos.

Cfr.:
> "I. O direito à imagem e o direito à reserva sobre a intimidade da vida privada e os outros direitos de personalidade são concretizações da dignidade da pessoa humana, que é um valor intangível e indisponível.
> II. Se são admissíveis, por princípio, limitações aos direitos de personalidade, já não o são aquelas que atinjam / toquem o limite da dignidade da pessoa humana, por violarem o princípio da ordem pública.
> III. Através do conceito indeterminado de "ordem pública", o Direito protege os valores e princípios do ordenamento que são inderrogáveis por serem base da coexistência social e garantes de um bem público.
> IV. A instrumentalização das pessoas e, em particular, das crianças é contrária à ordem pública, pois ofende o valor da dignidade humana. V. Num contexto deste tipo, a limitação dos direitos de personalidade por via do consentimento é absolutamente irrelevante como causa de exclusão da ilicitude da lesão (cfr. artigos 81.º, n.º 1, e 280.º, n.º 2, do CC). "
> Acórdão do Supremo Tribunal de Justiça de 30.05.2019 (Catarina Serra)

O Acórdão do Supremo Tribunal de Justiça de 14.07.2016 (Maria Clara Sottomayor) sintetiza:
> "[a] garantia cível dos direitos de personalidade não se limita ao dever de indemnizar os lesados depois de preenchidos os pressupostos da responsabilidade civil por factos ilícitos, pelo risco ou por factos lícitos. A tutela cível dos direitos de personalidade abrange, nos termos

do n.º 2 do art. 70.º do CC, as providências adequadas às circunstâncias do caso, destinadas a evitar a consumação da ameaça ou a atenuar os efeitos da ofensa já verificada. Esta tutela pode, assim, ser preventiva, em caso de ofensa não consumada destes direitos, e atenuante, nas situações em que já se deu a consumação da ofensa ou o início dessa consumação, destinando-se a atenuar, dentro do possível, os seus efeitos.

Estas providências podem ser cumuladas umas com as outras e com o pedido indemnizatório, ou ser requeridas no processo especial regulado nos artigos 878.º e seguintes do CPC. O termo «ameaça» usado na lei não tem o sentido de ato ou efeito de ameaçar, mas um significado amplo que abrange quer a iminência de ameaça, quer a ofensa em curso, qualquer que seja a intenção do agente (...). As providências atenuantes têm, também, por finalidade, eliminar ou minorar os efeitos de ofensa já realizada, podendo, em simultâneo, funcionar como medidas preventivas de futuras lesões, quando se trate de factos continuados".

Continua:

"I - O disparo de projéteis, com arma de caça, na janela do autor e do seu filho menor é um facto voluntário, ilícito e culposo do réu, ao abrigo do art. 483.º, n.º 1 do Código Civil, uma vez que não ficou provada a sua inimputabilidade no domínio da responsabilidade civil.

II - As providências previstas no art. 70.º, n.º 2 do Código Civil visam a proteção dos direitos de personalidade (p. ex. direito à vida, direito à integridade física e pessoal, direito à liberdade e direito à tranquilidade da vida familiar) contra uma ameaça de ofensa (providências preventivas) ou a atenuação, dentro do possível, dos efeitos de ofensa já consumada (providências atenuantes), e podem funcionar mesmo em situações puramente objetivas, independentemente de culpa do agente.

III – É inerente à aplicação destas providências um conflito ou colisão de direitos de personalidade ou um problema de determinação do conteúdo e limites dos direitos de personalidade invocados pelas partes, havendo que proceder a um juízo de ponderação de bens e de concordância prática.

IV – De acordo com uma lógica de concordância prática, a providência proibitiva imposta ao réu de permanecer em local público ou privado a uma distância de 500 m do Autor e do seu filho e dos seus bens, inclusivamente de ficar ou permanecer na casa onde os seus pais habitam, acompanhada de institucionalização do réu, sem ter por pressuposto parecer médico e sem limitação temporal, é demasiado drástica e severa para os direitos do réu à vida familiar e à autodeterminação, enquanto pessoa portadora de doença mental.

V - Sendo o réu portador de uma doença mental de esquizofrenia paranóide, a sua institucionalização só pode ser decretada ao abrigo da lei de saúde mental, num processo de internamento compulsivo, sujeito a determinados pressupostos, de acordo com a especificidade da doença que o afeta e respeitando as suas necessidades de tratamento e de recuperação, pelo que não decretamos a institucionalização do réu e revogamos as providências definidas pelo acórdão recorrido ao abrigo do art. 70.º, n.º 2 do Código Civil."

Acórdão do Supremo Tribunal de Justiça de 14.07.2016 (Maria Clara Sottomayor)

CASO 3
Qual o meio de tutela abaixo e a sua finalidade?

Artigo 44.º - Lei Geral Tributária - Falta de pagamento da prestação tributária

1 - São devidos juros de mora quando o sujeito passivo não pague o imposto devido no prazo legal.

2 - Os juros de mora aplicáveis às dívidas tributárias são devidos até à data do pagamento da dívida.

3 - A taxa de juros de mora é a definida na lei geral para as dívidas ao Estado e outras entidades públicas, excepto no período que decorre entre a data do termo do prazo de execução espontânea de decisão judicial transitada em julgado e a data do pagamento da dívida relativamente ao imposto que deveria ter sido pago por decisão judicial transitada em julgado, em que será aplicada uma taxa equivalente ao dobro daquela.

4 - No caso de a dívida ser paga no prazo de 30 dias contados da data da citação, os juros de mora são contados até à data da emissão desta.

Cfr. Acórdão do Tribunal Central Administrativo Sul de 16.11.2017 (Joaquim Condesso)

Meio de tutela preventivo compulsivo: o ente público obriga o pagamento de tributos.

CASO 4
Qual o meio de tutela abaixo e a sua finalidade?

Artigo 1669.º - Atendibilidade do casamento

O casamento cujo registo é obrigatório não pode ser invocado, seja pelos cônjuges ou seus herdeiros, seja por terceiro, enquanto não for lavrado o respectivo assento, sem prejuízo das excepções previstas neste código.

Meio de tutela preventivo compulsivo: o ente público obriga o registo.

CASO 5
Qual o meio de tutela abaixo e a sua finalidade, nos termos do art 829.º-A, CC?

"Nos presentes autos de execução em que é exequente A. e outros e é executado BF-Invest- Fundo Especial de Investimento Imobiliário Fechado

1.- Por despacho de 27.04.2018, proferido nos presentes autos, o Tribunal a quo indeferiu a pretensão dos Recorrentes, por alegada falta de pedido dos juros compulsórios, no requerimento executivo, pois entendeu o referido Tribunal que o processo executivo tem a configuração geral de uma acção, sendo esta dependente de um pedido que limitará o poder do Juiz e o respectivo âmbito de actuação, ficando, consequentemente, subordinado ao principio do dispositivo previsto no artigo 3.º do Código Processo Civil.
2.- O Tribunal a quo considera então que os Recorrentes, apesar de terem direito aos juros compulsórios, não os poderão receber por não terem sido expressamente peticionados no requerimento executivo, uma vez que a exigibilidade do seu pagamento ao Executado depende de serem pedidos aquando da interposição da acção.
3.- Ora, tendo em conta a interpretação normativa do Tribunal a quo, os Recorrentes apenas tinham direito aos juros se estes estivessem peticionados na acção executiva."
Acórdão do Tribunal da Relação de Lisboa de 01.10.2019 (Isabel Fonseca)

Meio de tutela compulsivo preventivo: o ente público tem um comportamento para prevenir uma conduta. P.ex.: tribunal aplica para cumprir obrigação de facto infungível, que só pode ser realizado pela pessoa do devedor.

Cfr. também Acórdão do Tribunal da Relação de Guimarães de 25.02.2021 (Ana Cristina Duarte)

Cfr. igualmente:
"A sanção pecuniária compulsória a que alude o art. 829º-A, nº4 do Cód. Civil, de funcionamento

automático, deve ser liquidada pelo agente de execução independentemente de requerimento do credor/exequente nesse sentido".
Acórdão do Tribunal da Relação de Lisboa de 01.10.2019 (Isabel Fonseca)

CASO 6
Diante dos arts. 754.º e 755.º, CC, analise o meio de tutela abaixo.

"Em acórdão proferido em 6 de Junho de 2002, a Relação de Lisboa graduou os créditos reclamados no apenso à execução de sentença para pagamento de quantia certa movida por A. contra B., SA., e contra C. E MULHER – no qual D. E OUTROS, na qualidade de promitentes compradores de determinadas fracções autónomas de um prédio penhorado e o correspondente direito de retenção, reclamaram créditos –, da seguinte forma:
1º: Custas da execução e demais despesas da justiça;
2º: Crédito da Fazenda Nacional;
3º.:Crédito do Centro Regional de Segurança Social de Lisboa - fls., 291 e 302 - e da Caixa de Previdência - fls.,11;
4º.: Os créditos dos reclamantes D., E., F. e G., declarados por sentença transitada que lhes reconhece o direito de retenção sobre as fracções H, I, L e M, respectivamente, sobre o prédio n.º 26569; bem como os créditos dos reclamantes H. e I. - fls, 330 -, pelo produto da venda dos imóveis sobre os quais incidem os seus direitos de retenção;
5º.: Os créditos da Caixa J., garantidos por hipoteca;
6º.: O crédito exequendo;
7º.: O crédito da "K., S,A,";
8º.: Os créditos dos reclamantes titulares do direito de retenção, na parte não satisfeita pelo produto da venda das fracções objecto desse direito.[...]"
Acórdão do Tribunal Constitucional n.º 698/2005

Meio de tutela compulsiva preventiva entre privados: direito de retenção no contrato-promessa para constituição ou transmissão de direitos reais:
> "IV - O artigo 755.º, n.º 1, alínea f) do Código Civil confere ao promitente-comprador, que obteve a tradição da coisa, um direito de retenção sobre o bem imóvel;
> V - O direito de crédito do promitente-comprador, resultante do incumprimento pelo promitente vendedor, do respectivo contrato-promessa, prevalece sobre o crédito hipotecário, ainda que a hipoteca apresente registo anterior;
> VI - Tal direito de retenção não é objecto de registo, logo, é um direito que não é publicitado;
> VII - No caso dos autos, vê-se a Recorrente confrontada com um direito real de garantia, não sujeito a registo, com o qual não contava;
> VIII - Esse direito de retenção sobrepõe-se à hipoteca constituída e registada em momento anterior, relegando-a para um segundo plano (...)".
> Acórdão do Tribunal Constitucional n.º 698/2005

CASO 7
Considerando o art. 566.º, CC, poderá a aplicação do art. 562.º, CC, ser negada?
> "1) A autora é proprietária do veículo pesado com a matrícula ...IV (camião-grua).
> 2) No dia 15 de Novembro de 2006, ocorreu um embate envolvendo o veículo referido em A) e o conjunto circulante com as matrículas ...PR/C- ....
> 3) Nas circunstâncias de tempo referidas em B) o condutor do camião-grua identificado em A) encontrava-se estacionado, quando o condutor do conjunto circulante, por motivos que se desconhecem, e sem que nada o fizesse prever, lhe embateu.
> 4) O conjunto circulante com as matrículas ...PR/C- ...,

havia transferido a responsabilidade civil emergente de acidentes de viação para a ré, através da apólice n.º ....
5) A ré, até à presente data, não ressarciu a autora de qualquer quantia relativa aos danos causados pelo embate referido em B).
6) A autora notificou a ré, em 16.11.06, para esta efectuar a peritagem ao veículo referido em A);
7) Determinou a reparação do veículo, que se iniciou em 21 de Novembro de 2006 inclusive.
8) Tendo a autora dispendido na sua reparação o valor de € 9.254.50, valor sem IVA, atento o facto de a reparação ter ocorrido nas instalações oficinais desta.
9) O veículo identificado em A) valia, à data do embate referido em B), a quantia de € 42.500,00;
10) Tendo este, com a reparação em consequência do embate referido em B), sofrido uma desvalorização de € 2.125,00.
11) <u>Entretanto, a ré contactou a autora e, soube que o veículo desta já havia sido reparado há muito tempo</u>;
12) E por carta de 6 de Julho de 2007, a ré comunicou à autora que já não lhe era possível atender a reclamação que esta lhe havia feito em 1/6/07."
Acórdão do Tribunal da Relação de Coimbra de 25.01.2011 (Carlos Querido)

Meio de tutela reconstitutivo: reparação natural ou equivalente pecuniário. P.ex.: e a autora impediu a reparação natural, não pode posteriormente pedir o equivalente em dinheiro.

CASO 8
Quais as consequências dos arts. 483.º, 496.º, 564.º e 566.º CC, aos factos abaixo?
"1. No dia 21.08.2014, cerca das 08:30, o arguido AS conduzia o veículo ligeiro de passageiros.
2. Nessas circunstâncias de tempo e lugar, FM conduzia

o motociclo no seu trajecto até ao local de trabalho.
3. O arguido AS após realizar uma curva larga e com boa visibilidade, iniciou a ultrapassagem do veículo que circulava à sua frente, ocupando, para o efeito, a hemi-faixa esquerda, atento o seu sentido de marcha, destinada à circulação de veículos no sentido oposto.
4. Vindo a colidir, violentamente, com o motociclo conduzido por FM.
5. Na sequência de tal embate o motociclo caiu ao chão e FM foi projectado para a direita, atento o seu sentido de marcha.
6. Após o embate, o arguido prosseguiu a sua marcha, aproximadamente por 100 metros, só aí realizando uma manobra de inversão de marcha e estacionou o veículo de matrícula ... junto do ofendido, que colocara a perna esquerda em cima do raile de protecção no sentido da sua faixa de rodagem, a fim de evitar o sangramento do pé esquerdo, que fora decepado com o descrito abalroamento.
7. Como consequência do acidente, FM sofreu diversas lesões, incluindo a amputação do pé.
8. Lesões estas que lhe determinaram, directa e necessariamente, um período de 548 dias de doença, com afectação da capacidade para o trabalho geral e profissional, sendo a data da consolidação das lesões fixável em 19.02.2016.
9. O ofendido apresenta ainda como sequelas anátomo-funcionais relacionáveis com o evento, designadamente a amputação do pé esquerdo, que afectam de maneira grave a possibilidade de utilizar o corpo, não tendo resultado, em concreto, perigo para a sua vida.
10. Padece, ainda, de dificuldade na marcha com necessidade de ortótese, dificuldade e mesmo impossibilidade de realizar tarefas diárias, dor residual da face palmar da mão esquerda e dificuldade na interacção social."

Acórdão do Tribunal da Relação de Évora de 22.09.2020 (Isabel Duarte)

Meio de tutela reconstitutivo: Obrigação de indemnizar: danos não patrimoniais (art. 496.º) e danos patrimoniais (emergentes e lucro cessante, art. 564.º, n.º 1, CC). No caso, não há possibilidade de reparação natural no caso dos danos corporais, mas apenas de um equivalente em dinheiro ou compensação, nos termos do art. 496.º.

Cfr.:

> "No que concerne aos chamados "lucros cessantes" e da "perda da capacidade de ganho", danos patrimoniais, rege, em primeira linha, o princípio da reposição natural expresso no art. 562º do Cód. Civil, normativo no qual se consagra a regra da colocação do lesado na situação anterior à lesão, deixando a indemnização em dinheiro como critério subsidiário a ser "utilizado sempre que a reconstituição natural não seja possível, não repare integralmente os danos ou seja excessivamente onerosa para o devedor" (artigo 566º, n.º 1 do Código Civil).
>
> Os danos indemnizáveis são, de acordo com o disposto no art. 564º do Cód. Civil, todos os prejuízos reais que o lesado sofreu, em forma de destruição, subtracção ou deterioração de certo bem corpóreo ideal.
>
> Esses prejuízos configurarão um **dano patrimonial** quando, por incidirem sobre interesses de ordem material ou económica, se reflectem no património do lesado, sendo, porque susceptíveis de avaliação pecuniária, reparáveis, senão directamente mediante a restauração natural ou reconstituição específica da situação anterior à lesão), pelo menos indirectamente, por meio de equivalente ou indemnização pecuniária.
>
> (...) para que a indemnização por **danos não patrimoniais**

responda actual ao comando do art. 496° citado e constitua uma efectiva possibilidade compensatória, tem de ser significativa, sem esquecer, no entanto, o nível de vida médio do nosso país e á situação financeira da demandada/seguradora.

Os tratamentos e intervenção cirúrgica a que se submeteu foram-lhe particularmente dolorosos e incomodativos. Evidencia, de forma permanente dificuldades na locomoção, marcha e períodos em que se mantém de pé, não consegue realizar esforços, deixou de conseguir praticar actividade física e ficou a padecer de perturbações do foro emocional, com depressão e isolamento."

Acórdão do Tribunal da Relação de Coimbra de 25.01.2011 (Carlos Querido)

CASO 9
Diante da gravosidade da conduta da ré abaixo, poderá a indemnização por danos não patrimoniais ser elevada?

"1. Em 17 de setembro de 2018, pelas 15h 45m, o autor e a companheira (...) encontravam-se no parque de estacionamento da Praia (...) e (...), no concelho de (...).

2. Estavam ambos acompanhados pelo seu cão.

3. O autor verificou que o seu canídeo fez as suas necessidades no chão.

4. A ré encontrava-se junto aos contentores, depositando lixo e começou a protestar por o cão se encontrar ali e por ter feito as necessidades.

5. Naquele momento, o autor não dispunha de saco apropriado para recolher dejetos caninos. Deslocou-se até junto do contentor e recolheu um copo de plástico com o qual retirou os dejetos do chão e colocou-o novamente no lixo.

6. A ré confrontou o autor e o atacou com uma barra de

ferro. Também o seu próprio cão atacou o cão do autor.
7. Como consequência direta e necessária da conduta do réu, o autor sofreu lesões que provocaram dor na cabeça e por todo o corpo, no momento da agressão e nos instantes que se seguiram."
Acórdão do Tribunal da Relação de Évora de 30.06.2021 (Paulo Amaral)

Meio de tutela punitivo posterior a um ato lesivo no direito civil: danos punitivos. P. ex.: quando a conduta é especialmente grave e os danos não patrimoniais não são elevados, há a uma possibilidade excecional de *punitive damages* (danos punitivos).

Cfr.:
"I- É auxiliar, para os efeitos do artigo 490.º do Código Civil, a mulher que nada faz para impedir o seu marido de agredir um terceiro; antes, é complacente com tal comportamento.
II- No caso de danos morais, fruto de uma agressão de que o lesado foi vítima, deve-se ter também em conta a função punitiva da responsabilidade civil."
Acórdão do Tribunal da Relação de Évora de 30.06.2021 (Paulo Amaral)

CASO 10
Qual a sanção aplicável aos factos abaixo, diante dos arts. 219.º, 220.º, 289.º e 1.143.º, CC?
"AA, LDA., intentou acção declarativa de condenação, com forma de processo comum ordinário, contra a ré BB - ..., LDA., pedindo a condenação da ré a pagar e restituir à autora a quantia de € 204.000,00, acrescida de juros desde a citação até efectivo e integral pagamento.
Em substanciação do pedido que formulou, alegou, em síntese, que emprestou à ré as quantias de € 84.000,00,

€ 15.000,00, 10.000,00, € 85.000,00 e € 10.000,00, que perfazem o montante total de € 204.000,00, quantias estas que a ré se obrigou a restituir à autora mas que não o fez. Tratando-se de contratos de mútuo, passado em documento particular não autenticado.
Resultou provado que as quantias referidas haviam sido entregues – *rectius* transferidas – pela demandante, a título de empréstimo, à demandada e que esta se havia obrigado a restituí-las.
Tendo as quantias referidas sido transferidas, pelo mutuário, para as contas da Ré com a intenção de as vir a reaver, pela restituição, em equivalente, por banda da Ré, resulta perfeito o sinalagma que funda o contrato bilateral de mútuo."
Acórdão do Supremo Tribunal de Justiça de 03.10.2013 (Gabriel Catarino)

Negação dos efeitos jurídicos como sanção: nulidade por não seguir a forma especial prevista em lei para a declaração negocial. P.ex.: na nulidade, embora não produza efeitos em regra, a lei pode determinar que alguns se materializem.

Cfr.:
"(...) V - O contrato de mútuo (art. 1142.º do CC) apresenta-se como um contrato bilateral ou sinalagmático, porquanto da sua assumpção nascem ou emergem obrigações recíprocas para ambos contraentes, e oneroso, porquanto dele resulta um benefício para ambas as partes; é um contrato típico e assume a natureza de um contrato real, *quoad constitutionem*, porquanto só se perfectibiliza com a entrega da quantia ou da coisa para a esfera de propriedade do mutuário.
VI - O contrato de mútuo assume, relativamente à forma, as características de um contrato solene (art. 1143.º do CC), dado que, para que seja eficaz e válido, se torna

necessário que as declarações de vontade expressas pelos contraentes sejam plasmadas em escritura pública, se a quantia mutuada for igual ou superior às quantias legalmente fixadas.

VII - Tratando-se de um contrato de mútuo real e oneroso, a necessidade de redução das declarações em escritura pública ou documento particular autenticado torna-o um contrato solene, não podendo a prova ser efectuada senão por documento de valor idêntico, o que faz depender a validade do contrato de mútuo, a partir dos limites fixados na lei, de um requisito ad substantiam (art. 364.º, ex vi do art. 219.º, do CC).

VIII - Não sendo utilizada a forma estipulada, legalmente, para a formalização dos contratos de mútuo (art. 1143.º do CC), a sanção a aplicar será a nulidade do contrato (art. 220.º, ex vi do art. 1143.º, do CC), com as consequências impostas pelo art. 289.º, n.º 1, do mesmo Código."

Acórdão do Supremo Tribunal de Justiça de 03.10.2013 (Gabriel Catarino)

CASO 11
Obedecendo o prazo do art. 916.º, CC, quais as consequências do art. 913.º, CC, aos factos abaixo?

"1.1.«A autora é uma sociedade comercial que se dedica ao fabrico de fio; A ré exerce a actividade comercial, além do mais, de compra e venda de algodão;

1.2. «Antes de Dezembro de 1992, a autora mantinha relações comerciais com a Ré, no âmbito das quais lhe fornecia em média cinco toneladas por mês de fio de algodão cardado, sendo por vezes o transporte assegurado pela autora, e os pagamentos efectuados passados dois dias ou, no máximo, trinta dias;

1.3. «Nos primeiros dias de Dezembro de 1992, a Ré encomendou à Autora o fornecimento de cinco toneladas de fio, do tipo trama n.º 24, a pagar no prazo de trinta dias após a entrega de cada concreta parcela da encomenda global;

1.4. «Tendo a Autora aceite tal fornecimento e nas condições referidas, logo no dia 15 de Dezembro de 1992 iniciou o fornecimento à Ré da quantidade total de fio contratado;

1.5. «A ré nunca pagou tais fornecimentos; A autora insistiu por várias vezes com a ré para que esta procedesse ao pagamento;

1.6. «A ré recebeu as mercadorias sem qualquer tipo de reserva;

1.7. «Após a colocação do fio referido nos seus clientes, a ré começou a receber reclamações com base no excesso de torção de fio»;

1.8. «O fio aludido» em 1.6. «apresenta excesso de torção, o que impede a confecção da malha»;

1.9. «A ré reclamou do excesso de torção dentro do prazo de 15 dias após a detecção do mesmo;

1.10. «Quando um funcionário da ré rubrica a guia de remessa, não verifica nem pode verificar se o fio está ou não mal confeccionado; Só na confecção da malha é que se pode verificar se há alguma anomalia;

1.11. «A ré não é confeccionadora nem industrial;

1.12. «A ré só soube do defeito de excesso de torção do fio fornecido depois de o ter revendido à sua cliente 'C'."
Acórdão do Supremo Tribunal de Justiça de 27.11.2002 (Lucas Coelho)

Negação dos efeitos jurídicos como sanção: anulabilidade. P. ex.: aplicação do art. 905.º ao regime dos arts. 913.º e seguintes.

Cfr.:

"I - Resulta dos trabalhos preparatórios, recebendo o sufrágio da doutrina, o entendimento, segundo o qual o n.º 2 do artigo 287.º do Código Civil acolhe o princípio da «perpetuidade» da excepção de anulabilidade do negócio jurídico, conforme o brocardo *quae temporalia sunt ad agendum perpetua sunt ad excipiendum*, já consagrado no artigo 693.º do Código de Seabra e vigente no direito comparado;

II - De acordo com as mesmas fontes, o «negócio não está cumprido», na acepção do normativo citado, enquanto subsistirem incumpridas a obrigação ou obrigações dele emergentes - ou incumprida, pelo menos, a obrigação do contraente interessado na anulabilidade."

Acórdão do Supremo Tribunal de Justiça de 27.11.2002 (Lucas Coelho)

CASO 12
Qual o efeito do art. 245.º, CC, aos factos abaixo?

"Em 2009, A colocou à venda um veículo de sua propriedade, de marca Mercedes Benz. Acordando na venda da viatura pelo preço de €48.000,00, entregou a viatura, nesse mesmo dia, ao R. 'B', que, por sua vez, fez, para pagamento do preço acordado. O cheque foi devolvido pelo banco.

O A. dirigiu-se à 'BANCO 2' e ao 'BANCO 1', onde foi informado de que a assinatura aposta no cheque não correspondia à assinatura do legal representante da firma alegadamente sacada e que a conta há muito se encontrava encerrada.

O Réu 'D' adquiriu ao R. 'B' a viatura, pelo preço de €24.000,00, tratando-se de valor muito inferior ao real. Apurou o R. 'D', junto da Conservatória, que o veículo se encontrava registado em nome do R. 'C', tendo o R. 'B' explicado que tal se devia ao risco de penhora, mas que o veículo lhe pertencia.

Além disso, este exigiu que o pagamento fosse efectuado em dinheiro, recusando o pagamento através de cheque, que o R. 'D' lhe procurou fazer.

Alega A que R. 'D' tinha obrigação de saber que o preço em causa era muito inferior ao real e que o negócio que

lhe foi proposto não consubstanciava declarações sérias ou isentas de vícios, mas, mesmo assim, realizou esse negócio."
Acórdão do Tribunal da Relação de Lisboa de 14.11.2013 (Tibério Silva)

Negação dos efeitos jurídicos como sanção: falta de qualquer efeito jurídico. P. ex.: declarações não sérias (art. 245.º, CC).

CASO 13
Qual o efeito do art. 245.º, CC, aos factos abaixo?

"1. S... propôs acção declarativa contra M....
2. Alegou, em síntese, que não obstante haver celebrado com o réu, em 2010, na sequência do divórcio de ambos, escritura de partilha dos bens comuns do casal, na qual declarou ter recebido o valor de 46.254,94€, respeitante às tornas devidas, tal declaração não era séria, nada tendo recebido, pois iria receber tais tornas no prazo de 6 meses, conforme acordado com o réu.
3. O réu contestou, impugnando os factos alegados pela autora, afirmando que as declarações negociais foram sérias e pagou as tornas à mesma, sendo estranho que só 9 anos depois venha formular o que pediu."
Acórdão do Tribunal da Relação de Coimbra de 20.04.2021 (Moreira do Carmo)

Cfr.:
"São declarações negociais não sérias (art. 245º, nº 1, do CC) as jocosas, cénicas, etc, não havendo nelas o intuito de enganar, e há mesmo a expetativa do declarante que não sejam tomadas a sério.
Estão em causa situações em que existe um comportamento juridicamente valorado como declaração negocial, sem que contudo o seu autor o haja dirigido à produção de quaisquer efeitos jurídicos.

Aquela "expetativa" deve alicerçar-se em algo de substancial seja objetivamente (todos percebem a falta de seriedade) seja subjetivamente (o concreto destinatário deveria aperceber-se disso dado, por exemplo, o historial de brincadeiras entre ambos existente): de sorte que a declaração seja patentemente não séria.

Previna-se que este vício jurídico é de rara verificação. E no nosso caso concreto ele é mesmo de estranha ocorrência, pois não se consegue entender cabalmente, dentro da normalidade social, qual será o objectivo de os interessados efectuarem uma partilha não séria, não verdadeira, e ainda acrescentarem, adicionalmente, que as tornas já foram pagas/recebidas, fazendo-o por mera brincadeira, gozo ou encenação – salvo se quisessem simular tal negócio, que está fora de causa, pois na p.i. nada se alegou nesse aspecto.

Ou, em vez de serem ambos os interessados contratantes, ser só um, o declarante, a A., a brincar com o outro, o declaratário, o R., na expectativa que este não desconheça essa encenação ou declaração jocosa?"

Acórdão do Tribunal da Relação de Coimbra de 20.04.2021 (Moreira do Carmo)

CASO 14
Qual o efeito do art. 246.º, CC, aos factos abaixo?

"i. J... e sua mulher, I..., casaram na Igreja Paroquial ..., em Lousada, sem convenção antenupcial.

ii. O autor marido com 18 anos de idade acompanhou o falecido J... quando este foi para Angola, como seu companheiro de trabalho para melhorar de vida

iii. I... e J... sempre manifestaram carinho por todos os seus filhos, dirigindo-se aos mesmos como "queridos filhos".

iv. Em 1 de Fevereiro de 2000, os referidos I... e J... outorgaram no Cartório Notarial de Amarante testamentos públicos, os quais declararam constituir por herdeiros das respectivas quotas disponíveis os seus dois filhos D... e E...

v. À data da outorga do testamento, referido na alínea g) matéria assente, I... não conseguia controlar as suas necessidades fisiológicas, facto que originou que a partir de determinada altura tivesse de usar fraldas.

vi. Entre 2.8.2000 e 11.8.2000, I... esteve internada por acidente vascular cerebral isquémico. Teve uma trombose.

vii. Desde 1992 que era seguida na consulta externa de medicina interna do Hospital ..., por padecer de diversas patologias em especial de acidentes isquémicos cerebrais lacunares, ou seja, falta de tensão arterial no cérebro.

viii. O que veio a redundar no acidente vascular cerebral referido.

ix. A ré D... era quem nos últimos tempos das vidas de I... e J... deles cuidava, tratando da sua alimentação e procedendo aos mais variados cuidados da sua higiene.

x. O casamento aludido foi dissolvido por morte de I..., que faleceu no Hospital ... em 2 de Setembro de 2000.

xi. J... faleceu em 7 de Agosto de 2002 no Hospital ..."

Acórdão do Tribunal da Relação do Porto de 19.12.2012 (Luís Lameiras)

Negação dos efeitos jurídicos como sanção: falta de qualquer efeito jurídico. P. ex.: A falta de consciência da declaração negocial (art. 246.º, CC).

Cfr.:

"I – A falta de consciência da declaração negocial, que previne o artigo 246º do Código Civil, é aquela que supõe um declarante discernido, capaz de entender o sentido dela mas que, todavia, se não apercebe (não tem a consciência) de que a está a emitir;

II – Diferente dessa é a hipótese de incapacidade acidental, em que exactamente o declarante se acha, por qualquer causa, privado daquele discernimento, da aptidão para compreender o sentido da declaração (artigos 257º, nº 1, e 2199º do Código Civil);

III – A expressão da vontade do testador tem de revestir uma forma cumprida e clara, quer dizer, inequívoca, sem permitir suspeita de mínima dúvida acerca de qual foi a sua vontade segura; sendo o negócio nulo quando assim não aconteça (artigo 2180º do Código Civil);

IV – Se a declaração negocial do testador é motivada pelo receio de um mal de que este haja sido ameaçado com o fim de a obter, e essa ameaça comporta um juízo de reprovação à face da ordem jurídica, ocorre coacção moral e o negócio é anulável (artigos 255º e 2201º do Código Civil);

V – Em qualquer das hipóteses de vício capaz de corromper o negócio jurídico testamentário, enumeradas de I – a IV –, é essencial a substanciação mediante factos de cada uma das *fatti specie* respectivas; sendo ónus do interessado em obter a respectiva invalidade a alegação desses factos e a sua prova consistente (artigos 342º, nº 1, do Código Civil e 516º do Código de Processo Civil); (...)"

Acórdão do Tribunal da Relação do Porto de 19.12.2012 (Luís Lameiras)

Capítulo 17 – As fontes do direito

CASO 18
Quais são as fontes de direito em Portugal?

As fontes de direito
a) Imediatas
   i. **Voluntárias:** Resultam de um processo legislativo formal e há finalidade em criar direito. Podem ser consideradas:
      -**Lei** (em sentido amplo, incluindo a CRP, as leis, os decretos-leis, etc., cfr. art. 4.º, CC)
      -Norma corporativa (art. 2.º do CC foi revogado e, assim, não é mais fonte no direito português)
   ii. **Não voluntárias:**
   -Costume
   -Princípios fundamentais do direito
b) Mediatas: Força vinculativa resulta da lei.
   -Usos (art. 3.º, CC)
   -Equidade (art. 4.º, CC)

c) Elementos secundários: Não são fontes de direito e não são vinculativas
   -Jurisprudência
   -Doutrina

As fontes de direito também podem ser classificadas em **primárias** (as fontes de direito em si mesmas) e **secundárias** (as normas sobre as fontes de direito).
Ler:
   Artigo 1.º - Fontes imediatas
   1. São fontes imediatas do direito <u>as leis e as normas</u>

corporativas.
2. Consideram-se leis todas as disposições genéricas provindas dos órgãos estaduais competentes;
são normas corporativas as regras ditadas pelos organismos representativos das diferentes categorias morais, culturais, económicas ou profissionais, no domínio das suas atribuições, bem como os respectivos estatutos e regulamentos internos.
3. As normas corporativas não podem contrariar as disposições legais de carácter imperativo.

Cfr. sobre os assentos e confrontar o com o art. abaixo:

"I - **As convenções colectivas de trabalho constituem normas corporativas, isto e, direito corporativo interno.**
II - As deliberações das comissões corporativas, interpretando ou integrando as referidas convenções e passando a obrigar nos mesmos termos destas, tem a mesma natureza normativa, o que igualmente sucede com os respectivos despachos de homologação.
III - Por isso, estes, tal como aqueles, não integram um acto administrativo stricto sensu, sendo, pois, insusceptiveis de recurso contencioso."
Acórdão do Supremo Tribunal Administrativo de 10.03.1972 (Manso Preto)

Artigo 2.º, CC – <u>TEXTO REVOGADO</u>
Assentos
Nos casos declarados na lei, podem os tribunais fixar, por meio de assentos, doutrina com força obrigatória geral.

Quanto às fontes mediatas previstas na Parte Geral do CC:

Artigo 3.º - Valor jurídico dos usos
1. Os usos que não forem contrários aos princípios da boa fé são juridicamente atendíveis quando a lei o determine.
2. As normas corporativas prevalecem sobre os usos.

Artigo 4.º - Valor da equidade
Os tribunais só podem resolver segundo a equidade:
a) Quando haja disposição legal que o permita;
b) Quando haja acordo das partes e a relação jurídica não seja indisponível;
c) Quando as partes tenham previamente convencionado o recurso à equidade, nos termos aplicáveis à cláusula compromissória.

CASO 1
Pode um Acórdão de Fixação de Jurisprudência do Supremo Tribunal de Justiça ser aplicado ao dispositivo abaixo?
Artigo 371.º-A, CPP – Abertura da audiência para aplicação retroactiva de lei penal mais favorável
Se, após o trânsito em julgado da condenação, mas antes de ter cessado a execução da pena, entrar em vigor lei penal mais favorável, o condenado pode requerer a reabertura da audiência para que lhe seja aplicado o novo regime.
Cfr. Acórdão do Tribunal da Relação de Évora de 18.06.2013 (Cristina Cerdeira)

Ver:
> "I - A reabertura da audiência para aplicação de lei penal mais favorável, ao abrigo do disposto no artº. 371º-A do Código de Processo Penal, pressupõe a existência de uma lei penal mais favorável que possa ser aplicável. Ora, **o Acórdão do STJ de Fixação de Jurisprudência** nº. 7/2008 de 25/06/2008, publicado no Diário da República

- 1ª Série, nº. 146, de 30/07/2008, com base no qual o recorrente pretendia a reabertura da audiência, **não é lei penal mais favorável. Não é lei, não tem força de lei, não é fonte imediata de direito**.
II - Pretender que o mencionado Acórdão de Fixação de Jurisprudência seja equiparado a lei e sustentar que daí decorre que o Tribunal está agora vinculado a reabrir a audiência para aplicação da interpretação que o Supremo Tribunal de Justiça fez das normas aplicáveis naquela matéria, significaria uma violação da independência do tribunal de julgamento, que decidiu livremente e de forma exclusivamente vinculada à lei."
Acórdão do Tribunal da Relação de Évora de 18.06.2013
(Cristina Cerdeira)

CASO 2
Pode o destaque abaixo ser invocado como fonte do direito?

"Os Opoentes A e B deduziram oposição à execução por apenso à acção executiva sob a forma comum que também contra si foi instaurada por C, alegando, em resumo:

A exequente apresentou à execução quatro letras de câmbio, por ela sacadas e todas aceites pelo executado D. O aval concedido pelos opoentes nas letras de câmbio dadas à execução é a favor da sacadora. Tratando-se de presunção inilidível, nenhum direito assiste à exequente, invocando em abono da sua tese o Assento do STJ de 1 de Fevereiro de 1966.

Pediram que seja julgada procedente a oposição à execução por parte dos avalistas, ora oponentes, com todas as legais consequências.

Contestou a exequente concluindo, em síntese, que a oposição deduzida deve improceder.

A final foi prolatado despacho saneador sentença que julgou improcedente a oposição e determinou o

prosseguimento da execução.
Inconformados com o decidido, os opoentes interpuseram recurso de apelação, formulando conclusões."
Acórdão do Tribunal da Relação de Guimarães de 06.03.2008 (Espinheira Baltar)

Cfr.:
"1 - Os assentos tinham como fundamento garantir a certeza, a segurança da ordem jurídica, criando princípios normativos vinculativos dos tribunais, das autoridades públicas e dos cidadãos, no sentido de que as normas que foram objecto de discussão interpretativa passassem a ser interpretadas de determinada maneira.
2 - Com a revogação do artigo 2.º do C.Civil pelo artigo 4.º n.º 2 do DL. 359-A/95 de 12/12 foi criado um sistema de formação de acórdãos uniformizadores de jurisprudência e foram equiparados a estes os assentos existentes.
3 - Com este novo regime deixou de haver, legalmente, uma vinculação dos tribunais judiciais a estes acórdãos. Quis-se implantar um sistema de uniformização jurisprudencial assente na autoridade dos acórdãos, que se devem impor por si, pelos seus fundamentos, de molde a que consigam a adesão de todos os intervenientes judiciários.
4 - Dentro deste novo sistema, o juiz, em princípio, está vinculado à doutrina dos acórdãos uniformizadores, em nome da unidade jurisprudencial, potenciadora da certeza, da segurança da ordem jurídica e da sua unidade.
5 - **Só deve recusar a aplicação da doutrina uniformizada, em casos excepcionais, em que surjam circunstâncias supervenientes, capazes de imporem uma nova interpretação, justificando a sua revisibilidade.**"
Acórdão do Tribunal da Relação de Guimarães de 06.03.2008 (Espinheira Baltar)

CASO 3
Pode o trabalhador abaixo alegar o uso como fonte de direito do trabalho?

"1)– O Autor exerceu a sua actividade profissional, ao serviço da Ré, ou das sociedades que a antecederam, nomeadamente da (...), EP e (...) SA, agindo sob as suas ordens, direcção e fiscalização, desde 4 de Julho de 1978 até Abril de 2015.

2)– O Autor reformou-se por invalidez em 14 de Abril de 2015, tendo apenas efeitos na Ré em Julho de 2015, data em que tal lhe foi transmitido. 3)– O Autor exerceu a sua actividade exerceu a sua actividade na unidade fabril do (...) da Ré.

4)– <u>Entre as diversas regalias de que o Autor disfrutava, ao serviço da Ré, encontrava-se a do acesso ao Hospital e aos serviços</u>(...).

5)– Sendo igualmente alvo da informação que se anexa, da (...), SA.

6) Tendo tal regalia sido, também alvo de informação prestada pela (...) SA.

7)– O Autor sempre teve acesso aos cuidados proporcionados pelo Hospital (...), com base nos regulamentos supra expostos.

8)– A recusa da Ré em dar acesso ao Hospital (...) ao Autor, motivou que o seu mandatário, remetesse uma carta à Ré, solicitando explicações para o sucedido.

9)– Tendo obtido da Ré resposta datada de 14 de Outubro de 2015, com o seguinte teor: '(...) No que respeita à utilização da designada "Regalia Hospital (...)', gostaríamos de reiterar que esta se aplica aos colaboradores que se encontram ao serviço da nossa unidade industrial do (...). Deste modo, e de acordo com as regras vigentes, todos os colaboradores que não se encontrem no enquadramento referido deixam de usufruir deste benefício."

Acórdão do Tribunal da Relação de Lisboa de 02.05.2019 (Albertina Pereira)

Cfr.:

"I– Entende-se como uso laboral a prática reiterada, regular, uniforme, com carácter de generalidade, que é realizada sem a convicção da sua obrigatoriedade jurídica, o que a permite distinguir do costume. Sendo também corrente o entendimento de que se trata de uma prática voluntária e espontânea.

II– Não se integra naquela noção, a concessão de uma regalia social ao autor e seus familiares, ao longo de 37 anos (acesso aos serviços de um hospital em condições benéficas), visto tal concessão decorrer dos vários diplomas legais reguladores das nacionalizações e privatizações a que estiveram sujeitas as empresas que assumiram a posição de empregador do trabalhador.

III– As referidas empresas, concederam aquele tipo de apoio social, dentro do particular contexto de cada uma, por se encontrarem juridicamente vinculadas a fazê-lo (o que sabiam), e não de modo espontâneo e voluntário, como resulta dos diversos elementos escritos emitidos a esse respeito.

IV– Um vez que em parte alguma desses escritos ficou minimente expresso que aquela regalia se não aplicava aos trabalhadores reformados (e que uma das empresas que antecedeu a ré a concedeu aos seus reformados), tendo o autor dela beneficiado, sem qualquer sobressalto, durante cerca de 37 anos, e no âmbito da relação laboral com a ré, desde o ano 2000, é de considerar que a mesma se integrou no seu contrato de trabalho, com projecção para o futuro.

V– Mesmo que assim não fosse, sempre seria de considerar, à luz das regras da boa-fé vigentes no âmbito da relação laboral e que norteiam o mundo do Direito em geral, ser legítimo ao autor confiar e ter a fundada e legítima expectativa de que a regalia Hospital (...) também se lhe aplicaria quando se reformasse."

Acórdão do Tribunal da Relação de Lisboa de 02.05.2019 (Albertina Pereira)

CASO 4
Identifique e qualifique as fontes de direito abaixo:

"O <u>princípio fundamental do Estado de Direito Democrático,</u> consagrado no artigo 2.º da Constituição da República, é concretizado nos princípios da constitucionalidade, da independência dos tribunais e dos juízes, da imparcialidade da jurisdição, do justo procedimento e da igualdade de aplicação do direito aos cidadãos através dos tribunais, tal como decorre dos artigos 3.º, 13.º, 20.º, n.ºs 1 e 4, 202.º, n.ºs 1 e 2, 203.º e 266.º, n.º 2 todos da Constituição da República.

Mais do que constitutivo de preceitos jurídicos, o princípio fundamental do Estado de Direito Democrático é sobretudo conglobador de um amplo conjunto de regras e princípios dispersos pelo texto constitucional que densificam a ideia de sujeição do poder a princípios e regras jurídicos, garantindo aos cidadãos liberdade, igualdade e segurança.

Além de estar expressamente consagrado na Constituição, o princípio do estado de direito tem vindo a ser aplicado pela jurisprudência constitucional portuguesa como um princípio geral dotado de um «mínimo normativo» capaz de fundamentar autonomamente direitos e pretensões dos cidadãos e justificar a inconstitucionalidade de atos normativos violadores dos princípios do Estado de Direito.

AAA. Do princípio do Estado de Direito deduz-se a exigência de um procedimento justo e adequado de acesso ao direito e de realização do direito.

BBB. O princípio da garantia da via judiciária visa garantir uma melhor definição jurídico- material das relações entre Estado-cidadão e particulares-particulares, e, ao mesmo tempo, assegurar uma defesa dos direitos «segundo os meios e métodos de um processo juridicamente adequado». Por isso, a abertura da via judiciária é uma imposição diretamente dirigida ao legislador no sentido de dar operatividade prática à defesa de direitos. Esta imposição é de particular importância nos aspetos processuais."

Acórdão do Tribunal Constitucional n.º 553/2021

CASO 5

a) Antes de sua vigência na ordem interna portuguesa, poderá produzir efeitos a Convenção das Nações Unidas sobre as Imunidades Jurisdicionais dos Estados e dos seus Bens?

b) Poderá então uma pessoa invocar a defesa do dispositivo abaixo da convenção?

Ver:

Convenção das Nações Unidas sobre as Imunidades Jurisdicionais dos Estados e dos seus Bens - Artigo 12.º Danos causados a pessoas e bens

Salvo acordo em contrário entre os Estados em questão, um Estado não pode invocar a imunidade de jurisdição num tribunal de outro Estado que seja competente para julgar o caso num processo relacionado com uma indemnização pecuniária, em caso de morte ou de ofensa à integridade física de uma pessoa, ou em caso de dano ou perda de bens materiais causados por um acto ou omissão alegadamente atribuído ao Estado, se esse acto ou omissão ocorreu, no todo ou em parte, no território desse outro Estado e se o autor do acto ou omissão se encontrava nesse território no momento da prática do acto ou omissão.

Cfr.:

"I - Na ordem jurídica internacional, os Estados caracterizam-se pela sua igual dignidade soberana – igualdade nas relações entre os Estados, exigência de igualdade dos Estados perante o direito internacional.
II - Constitui corolário desta igual dignidade soberana dos Estados a garantia de imunidade de jurisdição aos Estados e à sua propriedade, ou seja, em princípio, nenhum Estado pode julgar os atos de um outro ou mesmo de um dos seus órgãos superiores, máxime, por intermédio de um dos seus tribunais, sem o consentimento deste.
III - A garantia de imunidade pode ser absoluta – quando um Estado se escusa pura e simplesmente a submeter à sua jurisdição qualquer ato de outro Estado – ou relativa – quando o reconhecimento da imunidade se apoia em distinções, como as que distinguem atos "iure imperium" e atos "iure gestiones", com base na natureza e fim do ato, submetendo apenas os segundos à jurisdição de outro Estado.
IV - Sem prejuízo da Convenção das Nações Unidas sobre as Imunidades Jurisdicionais dos Estados e dos Seus Bens – aberta à subscrição, em Nova Iorque, em 17-09-2005, e ratificada por Portugal – **ainda não se encontrar em vigor, tem-se entendido que ela exprime, nos seus traços gerais, o direito consuetudinário vigente, ao afirmar o princípio da imunidade dos Estados, salvo em**

situações em que o Estado, expressa ou implicitamente, haja renunciado à mesma e em situações em que a imunidade é recusada quando estejam em causa transações comerciais, contratos de trabalho, danos causados por pessoas e bens, propriedade, posse e utilização de bens."
Acórdão do Supremo Tribunal de Justiça de 07.12.2016 (Oliveira Vasconcelos)

Ver também:

"1.- A imunidade Jurisdicional dos Estados Estrangeiros constitui uma regra de direito internacional segundo a qual um Estado soberano não pode ser demandado num tribunal de um outro Estado, traduzindo, assim, uma garantia que o Estado disfruta em relação a si próprio e aos seus bens e que impede que outros Estados exerçam jurisdição sobre os atos que realiza no exercício do seu poder soberano.

2.- Na consolidação da teoria relativa da imunidade de jurisdição do Estado, dela se consideram atualmente excluídos os atos de gestão (respeitantes a atos e contratos privados), apenas sendo considerados atos de imunidade de jurisdição dos estados os praticados sob a denominação de atos de império

3.- Aderindo à teoria da imunidade de jurisdição relativa, a Parte III da Convenção das Nações Unidas Sobre as Imunidades Jurisdicionais dos Estados e dos Seus Bens (CIJEB) prevê que em certos processos judiciais o Estado não possa invocar a imunidade, recusando-a quando estejam em causa transações comerciais, contratos de trabalho, danos causados a pessoas e bens, propriedade, posse e utilização de bens, propriedade intelectual ou industrial, participação em sociedade ou outras pessoas coletivas e navios de que um Estado é proprietário ou explora.

4.- A imunidade relativa, restringindo a imunidade da

jurisdição dos estados estrangeiros aos atos praticados sob o *ius imperii*, pode já ser considerada como direito consuetudinário internacional."
Acórdão do Tribunal da Relação de Coimbra de 10.05.2016 (Maria João Areias)

Capítulo 18 – A vigência das leis e aplicação das leis no tempo

1. Começo da existência da lei

Publicação no jornal oficial: Diário da República impresso e eletrónico (arts. 1.º e 5.º, CC, e 119.º, n.os 1 e 2, CRP).

2. *Vacatio legis*

Art. 5.º, n.º 2, CC: período entre a publicação e o início da vigência da lei (IV): *vacatio legis.*

IV:
-Dia fixado (art. 5.º, n.º 2, 1.ª parte, CC, c/c art. 2.º, n.º 1, LF), mas nunca no mesmo dia da publicação; ou
-No 5.º dia após a publicação (art. 2.º, Lei 74/98, de 11 de Novembro).
No último caso, será assim quando não houver disposição expressa na lei nova, no qual o prazo entre a publicação e o início da vigência da lei será chamado de *vacatio legis* **supletivo** e o prazo de 5 dias de prazo **supletivo**. Está é uma norma dispositiva supletiva e pode ser afastada por vontade do destinatário (o legislador).
O prazo é contado com aplicação do art. 2.º, n.º 4, LF, c/c art. 279.º, *b)*, CC: o dia da publicação é o dia zero, o dia seguinte é o primeiro e o quinto dia da contagem é o IV. O prazo é calendário e não é afetado por feriados, sábados ou domingos.

Cfr., sobre a publicação dos atos normativos:

Artigo 119.º, CRP - Publicidade dos actos
1. São publicados no jornal oficial, Diário da República:
a) As leis constitucionais;
b) As convenções internacionais e os respectivos avisos de ratificação, bem como os restantes avisos a elas respeitantes;
c) As leis, os decretos-leis e os decretos legislativos regionais;
d) Os decretos do Presidente da República;
e) As resoluções da Assembleia da República e das Assembleias Legislativas das regiões autónomas;
f) Os regimentos da Assembleia da República, do Conselho de Estado e das Assembleias Legislativas das regiões autónomas;
g) As decisões do Tribunal Constitucional, bem como as dos outros tribunais a que a lei confira força obrigatória geral;
h) Os decretos regulamentares e os demais decretos e regulamentos do Governo, bem como os decretos dos Representantes da República para as regiões autónomas e os decretos regulamentares regionais;
i) Os resultados de eleições para os órgãos de soberania, das regiões autónomas e do poder local, bem como para o Parlamento Europeu e ainda os resultados de referendos de âmbito nacional e regional.
2. A falta de publicidade dos actos previstos nas alíneas a) a h) do número anterior e de qualquer acto de conteúdo genérico dos órgãos de soberania, das regiões autónomas e do poder local implica a sua ineficácia jurídica.
3. A lei determina as formas de publicidade dos demais actos e as consequências da sua falta.

Ler:
Artigo 1.º. Lei Formulária - Publicação e registo da distribuição

1 - A eficácia jurídica dos atos a que se refere a presente lei depende da sua publicação no Diário da República.
2 - A data do diploma é a da sua publicação, entendendo-se como tal a data do dia em que o Diário da República se torna disponível no sítio da Internet gerido pela Imprensa Nacional-Casa da Moeda, S. A.
3 - Com respeito pelo disposto no número anterior, a edição eletrónica do Diário da República inclui um registo das datas da sua efetiva disponibilização no sítio da Internet referido no mesmo número.
4 - O registo faz prova para todos os efeitos legais e abrange as edições do Diário da República desde 25 de abril de 1974.
5 - A edição eletrónica do Diário da República faz fé plena e a publicação dos atos através dela realizada vale para todos os efeitos legais, devendo ser utilizado mecanismo que assinale, quando apropriado, a respetiva data e hora de colocação em leitura pública.
6 - Sem prejuízo do disposto no número anterior, os exemplares impressos do Diário da República podem ser objeto de autenticação da sua conformidade com a edição oficial eletrónica, nos termos legais aplicáveis.

3. Cessação da vigência das leis
Hipóteses:
    a) Vigência temporária: termo
    b) Revogação
    -Expressa
    -Incompatibilidade: lei nova (LN) é incompatível com a lei anterior (LA) ou a lei nova regula toda a matéria regula pela(s) lei(s) anterior(es) (art. 7.º, n.º 2, CC).
        Lei geral não revoga lei especial (art. 7.º, n.º 3, CC).

Não há repristinação (art. 7.º, n.º 4, CC), salvo se lei nova for declarada inconstitucional.

EXEMPLO DE LEI TEMPORÁRIA:
Estabelece medidas excecionais e temporárias relativas à situação epidemiológica do novo Coronavírus - COVID 19
Decreto-Lei n.º 10-A/2020
Artigo 37.º-A - Vigência
1 - Os artigos 26.º, 28.º-A e 28.º-B vigoram até ao dia 31 de dezembro de 2020.
2 - O artigo 20.º vigora até ao dia 30 de setembro de 2022.
(...)

4. Aplicação das leis no tempo (art. 12.º, CC)

Regra geral: Princípio da não retroatividade das leis (art. 12.º, n.º 1, 1.ª parte, CC). **A lei só dispõe para o futuro.**

4.1. Regras excecionais previstas no art. 12.º, CC:
a) Ainda que tenha efeitos retroativos (quer dizer, quando a lei expressamente e/ou por vontade inequívoca do legislador for retroativa), o art. 12.º, n.º 1, 2.ª parte, CC, salvaguarda os **efeitos** já produzidos. Será retroatividade em grau mínimo e atinge os efeitos futuros de factos passados.

b) Condições de validade formal ou substancial
A lei nova apenas aplica aos factos novos (art. 12.º, n.º 2, 1.ª parte, CC).

c) Lei nova sobre o conteúdo das relações jurídicas
Se abstrair dos factos que lhe deram origem,

a lei nova abrange as relações já constituídas, que subsistam quando do início da vigência (IV), cfr. art. 12.º, n.º 2, 2.ª parte, CC. Para isto, é necessário ser possível seccionar o **facto que deu origem à relação jurídica** da **própria relação jurídica**. Esse será o caso, por exemplo, do "estatuto real" (e.g., direitos reais), em que o modo de aquisição do direito real (contrato, sucessão, usucapião, etc.) não altera o conteúdo do direito real (propriedade, compropriedade, servidão, etc.). Assim, a lei nova será imediatamente aplicável a estas situações jurídicas já constituídas antes do início da vigência desta lei nova. Mas apenas em grau mínimo, resguardando os efeitos já produzidos.

Caso contrário, quando não for possível separar o **facto que deu origem à relação jurídica** da **própria relação jurídica**, a lei nova não pode ser aplicada às situações jurídicas constituídas na vigência da lei antiga.

Como isto não está expressamente previsto no art. 12.º, CC, o aplicador da lei deverá fazer uma "interpretação enunciativa" para concluir que, por força do art. 12.º, n.º 2, 2.ª parte, *a contrario sensu*, CC, a lei nova respeita os factos constituídos na vigência da lei antiga.

Será o caso, nomeadamente, do "estatuto do contrato", em que a declaração negocial que expressa a **vontade** do declarante não pode ser separada do facto jurídico que gera, qual seja, a

relação jurídica contratual. Por não ser possível "abstrair" a vontade do contrato e do seu conteúdo, a lei nova não se aplica. É o mesmo que ocorre no "estatuto da responsabilidade civil": a obrigação de indemnizar é inseparável do facto que lhe deu origem, qual seja, o facto danoso.

4.1. As regras sobre conflito de leis no tempo sobre prazos

Em conflito de aplicação das leis no tempo quanto aos prazos, os requisitos para o conflito consistem em (a) um prazo em curso que iniciou na vigência da lei antiga e (b) uma nova lei que aumenta ou alonga o prazo de (a), enquanto ainda está o prazo em curso.

Há duas situações: ou a lei nova encurta o prazo [art. 297.º, n.º 1, CC, que engloba as duas possibilidades (1) e (2) abaixo] ou a lei alonga o prazo (art. 297.º, n.º 2, CC).

Deste modo, a lei nova que altera prazos aplica-se aos prazos em curso, salvo se for lei nova que encurta o prazo previsto na lei antiga, mas que no caso importará num aumento do lapso temporal. Isso porque a finalidade do legislador nesta última hipótese é reduzir o prazo e, portanto, não poderia implicar em mais tempo para a prática do ato, situação que então manterá o prazo original da lei antiga.

Cfr.:
Artigo 297.º, CC - Alteração de prazos

1. **(1)** A lei que estabelecer, para qualquer efeito, um prazo mais curto do que o fixado na lei anterior é também aplicável aos prazos que já estiverem em curso, mas o prazo só se conta a partir da entrada em vigor da nova lei, **(2)** a não ser que, segundo a lei antiga, falte menos tempo para o prazo se completar.
2. A lei que fixar um prazo mais longo é igualmente aplicável aos prazos que já estejam em curso, mas computar-se-á neles todo o tempo decorrido desde o seu momento inicial.
3. A doutrina dos números anteriores é extensiva, na parte aplicável, aos prazos fixados pelos tribunais ou por qualquer autoridade.

Para a contagem dos prazos, é relevante o artigo abaixo do CC:

Artigo 279.º, CC - Cômputo do termo

À fixação do termo são aplicáveis, em caso de dúvida, as seguintes regras:

a) Se o termo se referir ao princípio, meio ou fim do mês, entende-se como tal, respectivamente, o primeiro dia, o dia 15 e o último dia do mês; se for fixado no princípio, meio ou fim do ano, entende-se, respectivamente, o primeiro dia do ano, o dia 30 de Junho e o dia 31 de Dezembro;

b) Na contagem de qualquer prazo não se inclui o dia, nem a hora, se o prazo for de horas, em que ocorrer o evento a partir do qual o prazo começa a correr;

c) O prazo fixado em semanas, meses ou anos, a contar de certa data, termina às 24 horas do dia que corresponda, dentro da última semana, mês ou ano, a essa data; mas, se no último mês não existir dia correspondente, o prazo finda no último dia desse mês;

d) É havido, respectivamente, como prazo de uma ou duas semanas o designado por oito ou quinze dias, sendo havido como prazo de um ou dois dias o designado por 24

ou 48 horas;
e) **O prazo que termine em domingo ou dia feriado transfere-se para o primeiro dia útil; aos domingos e dias feriados são equiparadas as férias judiciais, se o acto sujeito a prazo tiver de ser praticado em juízo.**

Atenção que a alínea *e)* do art. 279.º, CC, não se aplica para os prazos referidos na Lei Formulária que importam no início de vigência das leis. Portanto, se o *vacatio legis* finda num dia não útil (feriado, sábado ou domingo), o IV da lei continua a ser aquele dia não útil. Diferente é o que se dá com a prática de atos processuais.

Cfr. também:
"I - Nos prazos substantivos, o termo ocorre em dia certo sem se suspender nas ferias, feriados, sábados ou domingos, salvo a hipótese do seu termo ocorrer num destes dias;
II - O artigo 279.º do Código Civil não prevê o sábado nem teria de prever, porque nessa data as secretarias judiciais estavam abertas ao sábado o que só veio a ser alterado pela Lei 35/80, de 29 de Julho;
III - Mesmo quando as secretarias judiciais estavam abertas ao sábado, só no período da manhã, se entendeu que os prazos que findavam nesse dia passariam para o primeiro dia útil seguinte."
Acórdão do Supremo Tribunal de Justiça de 13.03.1991 (Roberto Valente)

Cfr., sobre os prazos dilatórios:
Artigo 138.º, CPC - Regra da continuidade dos prazos
1 - O prazo processual, estabelecido por lei ou fixado por despacho do juiz, é contínuo, suspendendo-se, no entanto, durante as férias judiciais, salvo se a sua duração for igual ou superior a seis meses ou se tratar de atos a

praticar em processos que a lei considere urgentes.
2 - Quando o prazo para a prática do ato processual terminar em dia em que os tribunais estiverem encerrados, transfere-se o seu termo para o 1.º dia útil seguinte.
3 - Para efeitos do disposto no número anterior, consideram-se encerrados os tribunais quando for concedida tolerância de ponto.
4 - Os prazos para a propositura de ações previstos neste Código seguem o regime dos números anteriores.

Artigo 139.º, CPC - Modalidades do prazo
1 - O prazo é dilatório ou perentório.
2 - O prazo dilatório difere para certo momento a possibilidade de realização de um ato ou o início da contagem de um outro prazo.
3 - O decurso do prazo perentório extingue o direito de praticar o ato.

Cfr.:
"I - Relativamente e visando os contratos de arrendamento celebrados antes da entrada em vigor da Lei 6/2006 de 27.2, veio a ser publicada em 14 de Agosto de 2012 a Lei 31/2012, com objetivo da dinamização do mercado do arrendamento, a qual aprovou, entre outras, uma medida que tinha em vista a alteração do regime transitório daqueles contratos, reforçando a negociação entre as partes e facilitando a transição dos referidos contratos para o novo regime (o NRAU).
II - As alterações introduzidas pela Lei 31/2012 de 14.8. na Lei 6/2006 visaram, entre outros fins, estabelecer um regime especial de atualização de rendas antigas – designadamente as anteriores a 1990 -, ao abrigo do qual o senhorio poderia atualizar o valor da renda através de um processo de negociação com o inquilino, permitindo porém, aos arrendatários em comprovada situação de

carência económica, um período temporário de cinco anos, durante o qual se mantinha a renda anterior.
III - A Lei 43/2017 de 14.6, veio operar um retrocesso dessa reforma então em curso, estabelecendo uma dilação do período do "congelamento das rendas", estendendo aquele prazo de cinco anos inicialmente previsto, para o prazo de oito anos (art. 35º nº 1 e 36º nº 6 do NRAU).
IV - Por força do princípio geral contido no artigo 297º nº 2 do Código Civil, os prazos de cinco anos fixados no art. 35º nº 1 do NRAU, na redação dada pela Lei 31/2012 que se encontravam em curso aquando da entrada em vigor da nova lei (Lei 43/2017 de 14.6, com inicio de vigência no dia 15 de Junho de 2017), ficam sujeitos ao novo prazo de oito anos, computando-se porém na sua contagem todo o tempo decorrido desde o seu momento inicial.
V - No caso em apreço, só decorridos os oito anos, (considerando-se na contagem o tempo decorrido desde o dia da resposta da arrendatária feita ao abrigo dos arts. 30º e ss do NRAU), o senhorio poderá, (na falta de acordo) promover a transição do contrato de arrendamento para o NRAU, não podendo o arrendatário voltar a invocar a situação dos seus rendimentos (art. 35º nº 6 do NRAU)."
Acórdão do Tribunal da Relação do Porto de 08.10.2019 (Alexandra Pelayo)

Especialmente no direito do trabalho, cfr.:
Artigo 7.º, Código do Trabalho - Aplicação no tempo
1 - Sem prejuízo do disposto no presente artigo e nos seguintes, ficam sujeitos ao regime do Código do Trabalho aprovado pela presente lei os contratos de trabalho e os instrumentos de regulamentação colectiva de trabalho celebrados ou adoptados antes da entrada em vigor da referida lei, salvo quanto a condições de validade e a efeitos de factos ou situações totalmente passados anteriormente àquele momento.
2 - As disposições de instrumento de regulamentação

colectiva de trabalho contrárias a normas imperativas do Código do Trabalho devem ser alteradas na primeira revisão que ocorra no prazo de 12 meses após a entrada em vigor desta lei, sob pena de nulidade.

3 - O disposto no número anterior não convalida as disposições de instrumento de regulamentação colectiva de trabalho nulas ao abrigo da legislação revogada.

4 - As estruturas de representação colectiva de trabalhadores e de empregadores constituídas antes da entrada em vigor do Código do Trabalho ficam sujeitas ao regime nele instituído, salvo quanto às condições de validade e aos efeitos relacionados com a respectiva constituição ou modificação.

5 - O regime estabelecido no Código do Trabalho, anexo à presente lei, não se aplica a situações constituídas ou iniciadas antes da sua entrada em vigor e relativas a:
a) Duração de período experimental;
b) Prazos de prescrição e de caducidade;
c) Procedimentos para aplicação de sanções, bem como para a cessação de contrato de trabalho;
d) Duração de contrato de trabalho a termo certo.

6 - O regime estabelecido no n.º 4 do artigo 148.º do Código do Trabalho, anexo à presente lei, relativo à duração de contrato de trabalho a termo incerto aplica-se a situações constituídas ou iniciadas antes da sua entrada em vigor, contando-se o período de seis anos aí previsto a partir da data de entrada em vigor da presente lei.

Cfr. também:

"I. A jurisprudência do Supremo Tribunal de Justiça está consolidada de forma uniforme no sentido de que estando em causa a qualificação de uma relação jurídica estabelecida entre as partes, antes da entrada em vigor das alterações legislativas que estabeleceram o regime da presunção de laboralidade, e não se extraindo da matéria de facto provada que tenha ocorrido uma mudança

na configuração dessa relação, há que aplicar o regime jurídico em vigor na data em que se estabeleceu a relação jurídica entre as partes.
II. A presunção de laboralidade é um meio facilitador da prova a favor de uma das partes, pelo que a solução de aplicar a lei vigente ao tempo em que se realiza a atividade probatória pode conduzir a um desequilíbrio no plano processual provocado pela impossibilidade de se ter previsto no momento em que a relação se estabeleceu quais as precauções ou diligências que deviam ter sido tomadas para assegurar os meios de prova, o que poderia conduzir à violação do direito a um processo equitativo e causar uma instabilidade indesejável em relações desde há muito constituídas.
III. Estando em causa uma relação jurídica estabelecida entre as partes em 2 de novembro de 1995, e não se extraindo da matéria de facto provada que as partes tivessem alterado os seus termos essenciais, à qualificação dessa relação aplica-se o regime jurídico do contrato individual de trabalho, anexo ao Decreto-Lei n.º 49.408 de 24 de novembro de 1969, não tendo aplicação as presunções previstas no artigo 12.º do Código do Trabalho de 2003 e de 2009.
IV. Resultando da factualidade provada que o interesse de uma empresa era o resultado da atividade desempenhada por um colaborador, a quem era deixada margem de liberdade para organizar o serviço, e não existindo indícios de sujeição a ordens ou instruções, é de concluir que o autor não logrou provar, como lhe competia, que a relação contratual que vigorou entre as partes revestiu a natureza de contrato de trabalho."
Acórdão do Supremo Tribunal de Justiça de 04.07.2018 (Chambel Mourisco)

I – Basta a verificação de dois dos indícios enumerados para que se considere que o trabalhador beneficia da presunção de existência de contrato de trabalho estabelecida no art. 12.º, n.º 1 do Código do Trabalho de 2009, passando a competir ao empregador a prova do contrário, isto é, da ocorrência de outros indícios que, pela quantidade e impressividade, imponham a conclusão de se estar perante outro tipo de relação jurídica.

II – A noção e elementos típicos do contrato de trabalho não se alteraram no domínio de vigência dos Códigos do Trabalho de 2003 e 2009, pelo que, reportando-se a presunção de contrato de trabalho neles estabelecida à qualificação duma situação que é uma realidade jurídica actual e não viu a sua natureza alterada ao longo do tempo em que produziu efeitos, é-lhe aplicável em cada momento a presunção que nesse momento conste da lei vigente.

Acórdão do Tribunal da Relação de Lisboa de 11.02.2015 (Alda Martins)

Ver abaixo:

Artigo 19.º, CT - Testes e exames médicos

1 - Para além das situações previstas em legislação relativa a segurança e saúde no trabalho, **o empregador não pode, para efeitos de admissão ou permanência no emprego, exigir a candidato a emprego ou a trabalhador a realização ou apresentação de testes ou exames médicos**, de qualquer natureza, para comprovação das condições físicas ou psíquicas, **salvo quando estes tenham por finalidade a protecção e segurança do trabalhador ou de terceiros**, ou quando particulares exigências inerentes à actividade o justifiquem, devendo em qualquer caso ser fornecida por escrito ao candidato a emprego ou trabalhador a respectiva fundamentação.

2 - O empregador não pode, em circunstância alguma, exigir a candidata a emprego ou a trabalhadora a realização ou apresentação de testes ou exames de

gravidez.

3 - O médico responsável pelos testes e exames médicos só pode comunicar ao empregador se o trabalhador está ou não apto para desempenhar a actividade.

4 - Constitui contra-ordenação muito grave a violação do disposto nos n.os 1 ou 2.

Sobre o problema da 2.ª parte do n.º 2 do art. 12.º, CC, cfr.:

"O n.º 2 do artigo 12.º do Código Civil, segundo BAPTISTA MACHADO (Introdução ao Direito e ao Discurso Legitimador, obra citada, p. 233), trata-se de norma que ainda exprime o princípio da não retroatividade nos termos da teoria do facto passado, nele se distinguindo 'dois tipos de leis ou de normas: aquelas que dispõem sobre os requisitos de validade (substancial ou formal) de quaisquer factos (1.ª parte) e aquelas que dispõem sobre o conteúdo de certas relações jurídicas e o modelam sem olhar aos factos que a tais situações deram origem (2.ª parte). As primeiras só se aplicam a factos novos, ao passo que as segundas se aplicam a relações jurídicas (melhor: Ss Js [situações jurídicas]) constituídas antes da LN mas subsistentes ou em curso à data do seu IV [início de vigência]'.

Sobre essa mesma norma, OLIVEIRA ASCENSÃO (O Direito, Introdução e Teoria Geral, Uma Perspetiva Luso-Brasileira, 10.ª edição revista, Almedina, Coimbra, 1997, p. 489) pronuncia-se em termos que se afiguram impressivos, estabelecendo a seguinte distinção: '1) A lei pode regular efeitos como expressão duma valoração dos factos que lhes deram origem: nesse caso aplica-se só aos novos factos. Assim, a lei que delimita a obrigação de indemnizar exprime uma valoração sobre o facto gerador de responsabilidade civil; a lei que estabelece poderes e vinculações dos que casam com menos de 18 anos exprime uma valoração sobre o casamento

nessas condições; 2) pelo contrário, pode a lei atender diretamente à situação, seja qual for o facto que a tiver originado. Se a lei estabelece os poderes vinculações do proprietário, pouco lhe interessa que a propriedade tenha sido adquirida por contrato, ocupação ou usucapião: pretende abranger todas as propriedades que subsistam. Aplica-se, então, imediatamente a lei nova.'"
Acórdão do Supremo Tribunal de Justiça de 23.01.2016 (Pinto Hespanhol)

CASO EXEMPLO: CONFLITOS DE LEIS NO TEMPO QUE TRATAM DE CONDIÇÕES DE VALIDADE FORMAL, DE CONTEÚDO DAS RELAÇÕES CONTRATUAIS E DE PRAZOS

Em 20 de Setembro de 2023, Francisco e Joana celebraram, por meio de mensagens numa plataforma digital de *marketplace*, um contrato de compra e venda no qual Francisco se vinculou a vender o seu veículo Renault 1992 à Joana, que se obrigou a pagar 1.500 euros pelo automóvel.

Por residirem em cidades diferentes, o momento acordado para a entrega do automóvel e o pagamento do preço foi a data de 30 de Setembro de 2023.

As mensagens nada mais expressavam a vontade de assumirem as obrigações descritas acima.

Acontece que o art. 3.º da Lei n.º 92/2023, de 16 de Setembro, que foi publicada sem disposições transitórias, alterou os arts. 875.º e 878.º do Código Civil para as seguintes redações:

Artigo 875.º (Forma)
1. Sem prejuízo do disposto em lei especial, o

contrato de compra e venda de bens imóveis só é válido se for celebrado por escritura pública ou por documento particular autenticado.
2. O contrato de compra e venda de bens móveis sujeitos a registo só é válido se for celebrado por documento particular autenticado.
Artigo 878º (Despesas do contrato)
Na falta de convenção em contrário, as despesas do contrato e outras acessórias ficam a cargo do vendedor.

a) Diante do novo texto normativo do art. 875.º, Francisco entende que o contrato não é mais válido. *Quid iuris*?
b) Joana alega que, com a nova lei, as despesas relacionadas com a entrega do veículo devem ser custeadas por Francisco. *Quid iuris*?
c) Indignada, Joana instruiu o seu advogado para apresentar uma ação judicial contra Francisco. Francisco foi citado em 01 de Outubro de 2024 para contestar no prazo de 30 dias, conforme a lei vigente.
Responda justificadamente qual o termo do prazo para Francisco apresentar a contestação nas hipóteses abaixo (analise separadamente as três situações e utilize um calendário para responder):
i. A Lei n.º 10/2024, de 12 de Outubro, alterou o prazo para 10 dias.
ii. A Lei n.º 20/2024, de 21 de Outubro, alterou o prazo para 5 dias.
iii. A Lei n.º 30/2024, de 03 de Outubro, alterou o prazo para 40 dias.

[1] The Code of Hammurabi (trad. Por L.W. King), disponível em <https://avalon.law.yale.edu/ancient/hamframe.asp>. Tradução nossa.

[2] The Twelve Tables, Avalon Project, disponível em <https://avalon.law.yale.edu/ancient/twelve_tables.asp>. Tradução nossa.